富爸爸的财富花园

[美] 约翰·索福里克（John Soforic）◎著
王婉如　刘寅龙◎译

THE WEALTHY
GARDENER

中国科学技术出版社
·北 京·

The Wealthy Gardener: Life Lessons on Prosperity Between Father and Son by John Soforic
Copyright © 2018 by John Soforic
Simplified Chinese Edition Copyright © 2023 by **Grand China Publishing House**
All Rights Reserved.
No part of this publication may be reproduced, distributed or transmitted in any form or by any means, without prior written permission.

本书中文简体字版通过 Grand China Publishing House（中资出版社）授权中国科学技术出版社在中国大陆地区出版并独家发行。未经出版者书面许可，不得以任何方式抄袭、节录或翻印本书的任何部分。

北京市版权局著作权合同登记　图字：01-2022-6715。

图书在版编目（CIP）数据

富爸爸的财富花园 /（美）约翰·索福里克（John Soforic）著；王婉如，刘寅龙译 . -- 北京：中国科学技术出版社，2023.10
书名原文：The Wealthy Gardener
ISBN 978-7-5236-0249-2

Ⅰ.①富… Ⅱ.①约… ②王… ③刘… Ⅲ.①投资－基本知识 Ⅳ.① F830.59

中国国家版本馆 CIP 数据核字 (2023) 第 152909 号

执行策划	黄　河　桂　林
责任编辑	申永刚
策划编辑	申永刚　陆存月
特约编辑	魏心遥　蔡　波
封面设计	东合社·安宁
版式设计	王永锋
责任印制	李晓霖

出　　版	中国科学技术出版社
发　　行	中国科学技术出版社有限公司发行部
地　　址	北京市海淀区中关村南大街 16 号
邮　　编	100081
发行电话	010-62173865
传　　真	010-62173081
网　　址	www.cspbooks.com.cn

开　本	787mm×1092mm　1/32
字　数	251 千字
印　张	10.5
版　次	2023 年 10 月第 1 版
印　次	2023 年 10 月第 1 次印刷
印　刷	深圳市精彩印联合印务有限公司
书　号	ISBN 978-7-5236-0249-2/F·1171
定　价	89.80 元

（凡购买本社图书，如有缺页、倒页、脱页者，本社发行部负责调换）

积累财富，需要我们以极大的勇气了解自己的思想，过自己的生活，让财富的愿景永驻心头。成功源于工作、自由和个人成长，它们是创造财富的必要条件。

THE WEALTHY GARDENER

权威推荐

罗纳德·L. 霍利斯（Ronald L. Hollis）博士
全球最大制造业 B2B 在线交易市场 MFG 总裁兼首席执行官

《富爸爸的财富花园》是我的藏书之一，我将它送给身边的亲朋好友以帮助他们成长。对我来说，它和拿破仑·希尔的书一样重要。

苏珊·斯洛阿特（Susan Sloate）
畅销书《走向卡梅洛特》(*Forward to Camelot*)、《盗火》(*Stealing Fire*) 作者

我读过的最重要的书之一。

埃迪·王（Eddie Wong）
华尔街某金融公司前高管

《富爸爸的财富花园》是我读过的关于普通人如何积累财富的最好的一本书。

格斯·A. 梅兰德（Gus A. Mellander）博士
他先后担任了 12 年的大学院长和 20 年的大学校长

> 这本书适合定期重读和查阅。

格蕾丝·贾德森（Grace Judson）
《办公室政治的五个关键》（*The Five Deadly Shoulds of Office Politics*）作者

> 这是一本被我标记进日历里的书，我每年都要至少读一次。

"大学投资者"（The College Investor）
千禧一代个人投资理财平台

> 2020 年个人投资理财类图书第一名！

目 录

序　言　　追求财富是一种高尚的生活方式　　　　　　　　1

第一部分　寻找你的财富花园

第 1 课　**充分利用人生中的每一天**　　　　　　　　　4
　　　　　想要改变生活，首先就要规划时间　　　　　　4
　　　　　坚持做正确的事　　　　　　　　　　　　　　8
　　　　　再忙，也要每天为梦想挤出 1 小时　　　　　　11

第 2 课　**把工作当成朋友**　　　　　　　　　　　　　15
　　　　　工作的回报不仅是钱，更是尊严　　　　　　　15
　　　　　信念可以创造财富奇迹　　　　　　　　　　　18
　　　　　不储蓄，收入再高也是穷人　　　　　　　　　22
　　　　　不愿牺牲闲暇，就只能放弃梦想　　　　　　　25
　　　　　思维练习：思考带来"好运气"　　　　　　　30
　　　　　最富有的园丁：为目标而努力，才能拥有内心的平静　35

第 3 课 **财富花园就是我的生命花园** 38
  要面对挑战，更要学会欢迎挑战 38
  任何逆境都无法夺走我内心世界的光明 41
  拖延让勇气慢慢消散 44
  内心的力量带来无限可能 48
  生命有四季，财富创造也有它的周期 52
  成长是最美的收获 55

第二部分　耕种你的财富花园

第 4 课 **发现财富创造的原动力** 62
  找到你的生活目标 62
  决定你收入的是什么 65
  5 年，重启人生 69
  迈出第一步，目标就实现了一半 72
  如何提高工作效率 75
  爱运动的人工作时表现更好 78
  自信程度影响人生高度 81
  只相信能为你带来财富的信念 85
  一份能给你满足感的工作 89

第 5 课 **认识你自己** 93
  发现你的价值 93
  发现你的热情 97
  发现你的天赋 100

你天生就有志向，必须坚持下去		106
倾听内心的声音，那是使命的召唤		110

第 6 课　9 条通往财富的道路　　114

勇敢起来，而且要谨慎	114
不妨做个"梦想家"	118
犹豫就会错过，坚韧才能胜利	123
打造你的优质社交圈	127
抓住时机，果断决策	133
超凡的努力才能带来超额的回报	136
成为有钱人，从确立财务目标开始	140
成功源自合理的时间安排	144
目标足够大，行动才有效	148

第 7 课　财富自由人士的自我修养　　152

心中常怀感激，机遇之门终将敞开	152
坚信自己的目标，梦想才能实现	156
掌握财富思维的人必将富有	160
冥想，找回你真正的力量	163
正念力	166
静下来思考，找到前进的方向	170
大胆相信你的第六感	174
不满足是成功者进步的阶梯	178
对贫穷的恐惧是追求财富的助推器	182
成功者的共识：远离烟酒	185

痛苦是通向成功的桥梁 191
你能解决的问题越大，你将收获的财富就越多 195

第 8 课　你不可不知的财富真相　199

最佳创意常在散步时出现 199
用理性驾驭激情，才能做财富的朋友 202
重要的事，每次只做一件 205
目标要坚定，计划要灵活 209
学习学习再学习，财富终将属于你 213
掌控了自己，才能掌控财富 217
你要优秀到让别人无法忽视 221
拥有选择权，才能真正拥有财富 225
提高社交能力是取得成功的前提 229

第 9 课　有钱人其实都在这样想　234

逆境会让你成为更强大的自己 234
接受现实是走向成功的起点 238
让情绪为你指引财富的方向 242
成功者敢于承担全部责任 246
努力的方向决定成就的高度 249
越自律越自由 253
工作的终极价值是发挥影响力 256
所有人都愿意帮你，但你要明确提出请求 260
积累小优势，持续滚动财富雪球 264
放下对失败的悔恨，才能重新迎来成功 269
发掘习惯的力量，打造终极人生战略 273

第 10 课	**富翁的 10 条财富心法**	277
	知道自己为什么需要财富，才能最终拥有财富	277
	富人的特征：节俭，节俭，还是节俭	280
	重中之重！保证你的赢利能力	282
	财富最大的敌人不是贫困，而是债务	285
	最简单的致富方法：把现金存进银行	288
	追踪财务指标，直达财富自由	291
	财富的增长，取决于跑赢通货膨胀的能力	293
	如何实现风险最小化	297
	你真的明白复利是什么吗	300
	睡觉时也能赚钱，才是真正的富翁	303
第 11 课	**美德是财富最好的伙伴**	306

第三部分　在你的财富花园中迎接丰收

第 12 课	**财富智慧的代际传承**	314
	最后一堂灵魂财商课	316
后　记	**我希望孩子的孩子都能走上成功的光明大道**	321

序言

追求财富是一种高尚的生活方式

财富园丁独自坐在孤零零的长椅上,俯瞰着庄园角落的池塘。他认真地写下几行诗句,作为他刚刚完成的手稿的序言:

回首往事,一切皆已清晰。
在每一堂课中,我已渐渐衰老。
生活之书已经写就,
在每一页中,勇气默默流露。

财富园丁坚信这样一个真理:**使我们实现财富自由的,绝不仅仅是生活中的某一个要素,而是无数机缘与要素的综合,是一种高尚的生活方式**。年轻时,朋友们曾认为他注定会在工作与生活之间失去平衡。他们建议他慢一些,放松一下,去更多地享受悠闲,享受每一天。

"为什么不满足于现状呢?在我们的生活中,有很多事情都比金钱更重要。"他们告诉财富园丁,"为什么要活得这么累呢?""的确有很多事情比金钱更重要,"财富园丁同意,"但只有克服了'金钱问题',我们才能专注于这些更加重要的事。没有足够的金钱和时间,我们将寸步难行。"朋友们善意的劝告根本无法说服财富园丁。他一直都很清楚自己到底想得到什么,他在寻找自己的财富花园。

因为财富园丁不喜欢面对经济焦虑,更重要的是,他希望自己能够体验更加丰富和自由的生活。"能用金钱解决的,都不应当成为问题。"他经常这样说,"没有钱,生活的细枝末节也会让你倍感困扰。"

到了晚年,财富园丁意识到其实所有人都面对着同样的经济问题。每个人都想得到更多的钱,却很少有人清楚该如何积累财富。财富园丁的成功就在于他拥有与众不同的目标。

因为对园艺的喜爱,老朋友们戏称他为"财富园丁"。他欣然接受,并将自己的葡萄园也命名为"财富花园"。这个名字让老人想到"生活是一片沃土"这个古老的比喻。

天色渐晚,他把书夹在胳膊下,起身回家。漫步在蜿蜒的田间小路,他不禁想道:自己的付出值得吗?临近暮年,他已经拥有了普通人不可企及的财富,这些东西还重要吗?当然重要,他相信,事业的成功、财富自由以及他获得的个人成长,都在证明这场心灵之旅的价值。

回到家,他来到自己的花园,缓缓地俯下身,把用塑料袋包裹着的书埋在泥土里。他不知道吉米能不能找到这本书,财富园丁的人生感悟或许将成为永远的秘密。

THE WEALTHY GARDENER

第一部分

寻找你的财富花园

做正确的事比正确地做事更重要。

"现代管理学之父"彼得·德鲁克

第 1 课
充分利用人生中的每一天

想要改变生活,首先就要规划时间

岁月悄悄流逝,财富园丁准备给自己为期一年的长假,远离喧嚣和循规蹈矩的日常,重新评估自己的生活。动身前,财富园丁给忠诚可信的运营经理桑托斯布置了任务:在接下来的一年里,除了日常工作职责,还有一个额外的要求。

"我买下了附近的农场,"财富园丁说,"我不在的时候,希望你能改善一下这家农场的面貌。让它有自己的特色。我不能保证你的努力一定会得到回报,但你会得到我最大的支持,请随意调用我的员工,尽情发挥想象力,展现自己的最大潜能吧。"对于年近六十,为人谨慎的桑托斯来说,发挥想象力并不是一个十分诱人的词。于是他答道:"也就是说,您要求我放弃空闲时间,花一整年去改造一个破旧农场,还可能拿不到工资吗?"

"是的,这就是我的要求。"财富园丁去休假了。一年后,他回到农场,却发现自己的庄园一片狼藉,年利润额大幅度下降。附近的农场也毫无变化,依旧是他离开时年久失修的状态。面对财富园丁沉静的目光,桑托斯解释说,这是因为有些员工总在上班时间偷懒怠工。可桑托斯既没有去找能够改变现状的工人,也不愿意贡献自己的时间,所以这片农场仍旧无人问津。

"你跟着我干了几十年,"财富园丁叹了口气,"我本打算回来之后把这座农场送给你,作为你多年勤劳和忠诚的回报。"他微微地闭上了眼睛。"不过,事已至此,既然你没能照管好它,我也别无选择,只能让你继续承担现有的工作。"桑托斯十分震惊,但还是承认了这个难以接受的事实:"我的确没有管这个让人头疼的项目,"他坦率地说,"因为我有本职工作要做,而你又说这个项目未必有回报,于是我决定还是先做好手头的事情。"

思考片刻,财富园丁看着他的运营经理。"你难道还不明白吗?我是说,永远都不存在确定无疑的回报,"他平静地说,"你可以满足现状,只管好手头的事情,但我们应当勇于尝试啊。"桑托斯默默点了点头,转身走了。时间一天天过去,但桑托斯仍然不知道未来会怎样。他在日复一日、年复一年循规蹈矩的工作中迷失了方向,彻底失去了对未来的憧憬。

显而易见,每个人每天都只有24小时。那么,核心问题就是如何使用时间:我们在所度过的每一天、每一周和每一年中,做了些什么?如果因为太忙碌,无法做出更大价值,你会觉得遗憾吗?

我们的生活状况恰恰就是我们如何使用时间的写照,它反映了我们的目标、效率以及对时间的态度。大学一年级时,我的成绩非常糟糕,院长叫我前去谈话。他对我说："追求没那么艰难的生活，当然没什么可羞愧的。"我坐在大办公桌对面的椅子上，满脸大汗，思绪飞速运转，我需要立即认清眼前的局势。首先，我还没被开除，至少当下还没有；其次，对面的这位先生认为我缺乏勇气，我得承认他说得很对。

院长猜测我是因能力不足而成绩不佳，事实上，成绩不佳是因为我每天都无所事事，我在挥霍自己的时间。他不知道，我有一大群狐朋狗友，每天晚上我们都在玩牌。他也根本不可能理解，一个年轻人居然会肆无忌惮地浪费大学教育的机会，为了社交活动而放弃课程。不过，在那次谈话之后，我为自己制定了目标，规划了一份学习时间表并如期执行，竟然在期末考试中直接拿到了"A"。

有一个关于时间的古老寓言：四个人死后去了天堂，他们惶恐不安地在天国之门外面站成一排。圣·彼得在门口，手里拿着四本书，分别记录了他们每个人的一生。排在第一位的男人走过来，站在圣·彼得面前。这个人智力和能力都一般，他的一生也乏善可陈：结婚后便生儿育女，辛辛苦苦地养着一家人；他循规蹈矩地适应周围环境，在当地工厂被提升为领班；他自愿参加当地教会；在小联盟的一支球队做教练；而且一直是学校董事会的成员。"你这一辈子还算没有白白度过，"圣·彼得抬起头说道，"我需要更多像你那样的人。所以我准备让你起死回生，继续做好社区的支柱。你值得他人的尊重。"男人消失在一团烟雾中。

接下来是一个女人。她走上前，圣·彼得仔细翻看着她的人生之书，嘴里还嘟嘟囔囔的。最后，他抬起头看着她。"你拥有超凡的能力和智慧，却没有发挥它们。你这一生只是人浮于事。你始终在逃避工作和困难，喜欢无所事事，以至于生活轻浮。既然你证明自己只能做个酒囊饭袋，那我就把你变成一只奶牛吧,你什么事都不用做,只需要闲着吃草就行,等时间到了,人们就会把你送到屠宰场。"又一团烟雾弥漫开来,女人不见了,传来一阵牛叫声:"哞哞哞……"圣·彼得的考验是如此严格。

下一个人走了过来,这是一个中年男子,他看起来非常不安,因为圣·彼得在翻开他的人生之书时,大声叹了口气。圣·彼得说:"你拥有成为作家的天赋,这种天赋极其罕见,而且你也有机会施展这种才华,你的内心有创作的冲动,但是酗酒彻底摧毁了这种冲动。最终让你成了一名苦力,每天入不敷出。这种放荡的生活让你成了金钱的奴隶,你的一生太失败了,世界永远也不会看到那本只有你才能写出来的书。既然你已经证明自己擅长浑浑噩噩,那我就让你变成一头公牛,到炎热的太阳下去耕地,这样你永远也不需要天赋了。"男人消失在烟雾中。

只剩下最后一个人了,和前面三个人不同,排在最后的女人平静地走上前来。圣·彼得放下手里的书,饶有兴趣地打量着她。"你勤于思考,找到了自己的志趣所在。你小心翼翼地规划自己的时间,而且经受了生活的洗礼。"圣·彼得露出微笑,"你待人真诚热情,不求回报,支撑家庭,用良知和美德教育后代,你听从内心的声音,按照自己的价值观生活。""我该怎么安排你呢?"圣·彼得耸了耸肩,"这样吧,你会成为一名人间天使,回到人间,继续发挥你的影响力。"

这个故事的寓意是什么?如果你不想变成一头奶牛,就充分利用自己的时间,不要偷懒;如果你不想像公牛那样一辈子辛苦劳碌,就发挥你的天赋,用智慧去工作,并学会控制你的花销。你得有尊严地活着,聆听你内心的声音,选择一份有价值的事业,不论它是什么,你都要努力为之奋斗。

坚持做正确的事

两天后，在桑托斯三番五次的请求下，财富园丁和他见面了。显然，桑托斯想得到第二次机会，利用自己的时间改造邻近的农场。这一次，他主动要求辞去运营经理的职务，全身心地投入改造农场的工作。"我会全力以赴，"桑托斯说，"我会延长自己的工作时间，不再贪图享受。只要给我这个机会，我绝不会让您失望的。"

桑托斯讲得口干舌燥，财富园丁耐心地听着。讲完后，两个人都沉默下来。最后，财富园丁清了清嗓子说："在改造农场这段时间里，你的生活费怎么安排呢？""我的朋友和表兄弟愿意借钱给我支付生活开销，"桑托斯急切地回答，"而且家人会和我一起工作，不需要您的员工帮忙，相信我，我不会再像去年那样愚蠢地浪费机会了。"

财富园丁笑了笑说："我得承认，我的内心很复杂。""希望您给我这个机会，"桑托斯迫不及待，"这次我一定会竭尽全力。""我知道你会的，"财富园丁轻轻地说，"我知道你很有干劲。但有时候，一个人仅仅靠努力是不够的。我不在家的那段时间里，你是否为葡萄园和酿酒厂认真工作了呢？""我从没有停过一分钟。"桑托斯非常诚恳，"从黎明到黄昏，我都在忙碌。我也没有让其他人闲下来。""可今年的利润大幅下降。"

桑托斯的脸色略显苍白："我确实已经尽力了，我只能努力到这种程度了。"财富园丁皱了皱眉头："现实是最公正的法官，结果是最有力的证据。如果要把农场交给你，我有两个条件：首先，即使我不在，你也要确保我的业务能赚钱；其次，你应当是自愿无偿承担这项任务的。但是这两个条件，你都没能满足。"

桑托斯张着嘴巴想说点什么，却无言以对。随后，双方陷入了一阵尴尬的沉默，财富园丁认真考虑了桑托斯的处境，叹口气道："不过，只要厘清目标、关注结果，我们就能提高自己的行为的影响力。尽管去年做得还不够，但我们可以在接下来工作里改进方法，提高效率。"

"这么说，您答应给我第二次机会了？"桑托斯问。"我会咨询一下我的顾问，然后再回复你。"财富园丁答道。谈话结束了，财富园丁在他的小办公室里独自思索着。其实，他也希望能让自己最忠实的朋友获得这次机会，但是最近公司的财务状况让他有所保留。尽管付出了最大的努力，桑托斯依然没有成功。如果自己的慷慨反而让桑托斯遭遇财务困境，那该怎么办呢？

老练的农夫会告诉你："如果收成不好，也许你该换换种子。"这其实是在说有效行动，有效行动是指能够实现目标或为目标创造条件的行动。<u>如果我们在有限的时间里因忙碌而手忙脚乱，那么就应当改变自己的行为方式，更好地利用时间。</u>

在2000年左右的股市崩盘期间，我的储蓄大幅缩水，财富蒸发让我因"所有努力都付诸东流"而痛苦万分。在这次危机前，我的愿望是过上一种成功的生活。但在这之后，我有了更深刻的认识。我开始觉得，或许财富不多也能拥有幸福，我不想忍受生活中的压力、自己的无助及对拮据的担心，但我的财富观念中逐渐融进了某种更深刻的情感。

为了改善状况，我重制了每周的时间表，尽可能避免任何空白，以便更有效率地利用每分每秒。那时，我是一名脊椎按摩师，月收入与水管工相差不多。但是在股市崩盘后的三年里，我的收入大幅飙升，增加了一倍多。值得一提的是，我甚至没有以任何方式去宣传或推广自己的诊所。那么究竟发生了什么呢？我给自己做了一份规划：

彻底戒酒并停止一切消遣活动；开始学着独立思考；保持乐观的态度；每天坚持锻炼身体；坚持绝对严格的饮食方案；将具体的赚钱目标写下来；把目标绘成图；将愿景制作成一份生动的剪报；考虑患者对我们的需求和意见；坚持不懈地鼓励自己，相信自己一定能成功；开车时听个人发展方面的有声书；规划自己的时间安排；延长营业时间；多陪陪家人；在非工作时间恢复自己的身心状态。

如果你认真读了这份清单，仍不能理解我收入翻倍的原因，请务必保持耐心。我会在后续章节及课程中全面解读这些活动。渐渐地，我的诊所开始忙碌。我的会计发现，闲钱越来越多。我的小店员不停地问："到底发生了什么事？为什么忽然忙起来了？"我意识到，我的财富花园之所以会枝繁叶茂，是因为我始终如一地坚持着看似琐碎的行为。我感到这些新的决策和目标让我的内心达成了一种和谐的状态。

可以确信的是，那些年的成功并非因为我干得更多或者比别人更努力，我不是一个只想着干更多活但从不思考问题的园丁。我追求的是简单，我会把精力集中到能带来最多收获的行动上。如果你想学习这种方法，首先需要给自己确定一个清晰的目标，认真找出你可以完成的最有效的行动，然后用有限的时间去创造最好的结果。其中有一项行动是思维练习,我每天都会在独处时集中精力在脑海中描绘自己的愿景,在想象梦想中的生活时,我会感到自己逐渐被一种充满情感的巨大力量所包裹。

再忙,也要每天为梦想挤出 1 小时

尽管任务繁多,但财富园丁每天都会抽出时间和自己的两位顾问进行 1 小时的谈话。对他而言,这两位顾问不可或缺,他们总能未雨绸缪,得益于他们充满智慧的建议,财富园丁从来没有做过草率的决定。

实际上,他的顾问只存在于他的脑海里。第一位是理性判断力,第二位则是直觉。如果只有其一,不管是哪一个,都有可能成为危险的诡辩家,把你带入困境。但是和这两位顾问在一起的每一刻,都会让你受益匪浅。

每次讨论会,他都会先考虑当天最紧迫的问题并确定将要采取的解决方案。为了确保决策的合理性,他会理性地审查所有已知事实,还会分析所有潜在方案的利弊。随后,他会闭上眼睛思考,从直觉上感受每一种方案。有时,他没有找到感觉,这是一个信号,意味着他还需要知道更多。他的确会对某些方案有特殊的好感,但他自己也无法解释为什么,他把这种预感称为心灵的开关。

一周之后,财富园丁再次和运营经理会面。他们坐在酒庄的办公室里,讨论行动方案。"我愿意再给你一次机会,"财富园丁说,"但我不能接受你提出的条件。你需要继续和我工作一年,以证明你有能力维持企业的盈利。在这段时间里,你可以用空闲时间改造邻近的农场。

此外，在改造过程中，你不能使用我的员工。"

　　说完，财富园丁靠在椅背上，沉默地等待回答。桑托斯表情严肃地点了点头："我很高兴有这样的机会，这是我的梦想。""首先，我的顾问认为，你必须证明自己值得我这么做。"财富园丁说，"现实这个'法官'评判的依据是结果，而不是过程。你说自己在我去年休假期间尽了最大努力，但我们的利润却下降了。在下个年度，你需要考虑如何在相同的工作时间内创造出更好的结果。其次，如果你不能利用空闲时间去追求自己的梦想，那么就说明你身上没有成功的种子。"

　　桑托斯坐在椅子上不安地摇动着，"不过，如果我能放下手头的工作，"桑托斯小心翼翼地提出反驳，"我现在就可以开始改造任务，而且能更快、更好地完成任务。""你已经清楚我的意思了，"财富园丁回答道，"你要么利用空闲时间追求自己的梦想，要么就保持原状。你必须在两者中做出选择，你打算选哪个呢？"

　　桑托斯无奈地叹了口气："我选第一个。""还有一个条件，"财富园丁向前倾了一下说，"我希望你招个学徒。你可以交给他一些工作，这样可以减轻你的负担。"桑托斯眯起眼睛问："是谁？他能帮我做什么？""他叫吉米，"财富园丁说，"他是个很棒的孩子，但是需要历练一下。请你帮我这个忙，把他交给你，我以后就不再过问他的事了。"桑托斯疑惑地看着财富园丁，说："既然是您想帮他，当然没有问题。"

要么安于现状，要么用空闲时间追求梦想，每天为梦想留出 1 小时足矣。

The Wealthy Gardener

有效的 1 小时，就是你用这 60 分钟做了正确的事情，并且得到了重要的结果。有效时间和你浪费的时间正好相反，它能让你一步步地靠近目标。

这里有个颇具启发性的故事，完全可以让"没有时间追求梦想"的借口彻底破灭。故事发生在密西西比，30 岁的律师过着非常忙碌的生活，他每周在自己的事务所工作 60 小时，还要照顾他的两个孩子，日程安排得满满当当，他的确正处在人生中最忙的时候。有一次在法庭上，这位律师听到了一位年轻受害者的证词，十分震撼，并对此深有感触，于是按照当天听到的证词写了一部小说。

我们不妨细细地品味这个故事，这位律师打算写小说的想法完全来自人生中的一个偶然片段。他为什么没觉得这个想法有点疯狂呢？从听到证词到打算写一部小说，这个短暂的灵感时刻，或许只是短短的几秒停顿，很有可能就是他这一生中最有价值的瞬间。

如果他没有停顿足够的时间去思考，这个想法或许会被忽略，这个世界或许永远都不会知道有约翰·格里森姆这个人。但是他最终还是选择遵从发自内心的声音。每当我们想放弃某个想法或灵感时，不妨想想这个故事，因为它会告诉我们，恰到好处的暂停，会让我们有更深刻的认识。不过，格里森姆怎样才会有时间做这件事呢？

忙碌的生活不可能给他这样的空隙，因此格里森姆需要在工作和家庭生活之余去创造时间。"我会在凌晨 5 点起床。"格里森姆回忆说，"五点半来到办公室，给自己泡一杯浓咖啡，然后坐下来开始写作。我的律师事务所的业务非常多。我还要去州议会上班，我和妻子要养育孩子，经营自己的生活。因此，从五点半到八点半或九点是我一天中唯一安静的时间。九点赶到法庭，3小时的笔录总是让我筋疲力尽，我在工作中投入了太多精力。"

这个故事属于这样一个孤独的身影：在每天繁忙而劳累的工作之后，他坚持不懈地额外工作1小时，日复一日，年复一年。他把这些时间投入他的写作事业中并为此付出了极大的努力。

格里森姆回忆道："我经常去书店转一转，看到成千上万本漂亮的图书，我会说'有谁会愿意听我的想法呢'。但谁知道我到底想说什么？我还有什么可补充的吗？我很幸运，用了三年时间完成了这本书，并且出版了。"但约翰·格里森姆最初的目标很简单：就是要"写完这本书"。然后，他克服了无数困难，并且为之投入了多年的辛苦劳作。

最后，约翰·格里森姆完成了《杀戮时刻》的创作。但是这本书在商业上并不成功。然而，他仍坚持创作，在其他人过着优哉游哉的生活时，他依然每天为自己的梦想投入一点时间。他的坚持不懈最终迎来了回报，第二部小说《糖衣陷阱》成了轰动一时的畅销书。这一成功又引发了人们对他第一本书的关注，《杀戮时刻》也成了畅销书。

在面对不确定性时，只有内心强烈的追求才能激励我们将时间投入艰苦的奋斗中，激励我们像格里森姆一样，在孤独的、前途不可预见的环境下追求自己的梦想，在没有预期回报、极其忙碌的情况下，创造出宝贵的有效时间。

第 2 课
把工作当成朋友

工作的回报不仅是钱,更是尊严

财富园丁一边冥想,一边料理他后院的花园。

这是一个闷热的夏日午后,他休息了一下,来到将他的田地与邻居的田地隔开的栅栏边,栅栏的另一侧是一个看上去很混乱的花园,他的邻居贾里德正躺在路边座椅上全神贯注地玩手机。财富园丁关切地看着他。贾里德32岁,他最近失业并离了婚,于是搬回来和父母一起住以缓解经济压力。

"我希望手机上有自动除草的程序!"财富园丁大声对贾里德说。贾里德吓了一跳,抬起头,笑了起来,然后走到栅栏边。"你还好吗?老人家?"贾里德开玩笑说,"你今天看起来比平时更脏,汗也出得更多。""这就叫辛勤工作。"财富园丁打趣道,"肮脏的园丁才是快乐的园丁!你今天下午打算做什么呢?""我在找新工作。"贾里德故作轻松地回答,"我只是回来和父母待一阵子。"

"我听说了你的情况,"财富园丁说,"进展如何了?""老实说,都很难和我的上一份工作相比。"贾里德坦言,"大多数公司没有招聘计划。而且我不想每次都从底层做起,毕竟我已经有了很多年底层工作的经历了。""在你的工作经历中,什么事情最让你烦恼呢?"贾里德长叹了一口气,财富园丁清楚地听出了其中满含着抱怨。"就是管理者不想做的事情,都是那种必须有人做但又没有人愿意做的苦差事。"

财富园丁笑了笑说:"这有点像在花园里拔杂草啊。"贾里德点点头。两个人沉默了一会儿,财富园丁继续说道,"孩子,我知道这可能不关我的事,但你妈妈一直在坚持打理花园。这里曾生机盎然。不过现在看起来似乎有点杂乱无章。她还好吗?她的身体出什么问题了吗?"

"谢谢您,她的健康状况一直都不错,"贾里德笑出声,"是因为我回家之后,照顾花园变成了我的事情。我确实不是一个称职的园丁,我实在不明白伺候花草有什么乐趣。"

对于贾里德的话,财富园丁是这样说的:"园艺的乐趣就在于它能够体现工作的尊严。它让我们投入一项事业中。这件事可能是我们喜欢的事情,也有可能不是,但它至少是一件需要我们投入心力的事。"贾里德大笑起来:"你是不是想告诉我,做一个肮脏的园丁更快乐?"

财富园丁将目光从贾里德身上移开,若有所思地说:"在这个世界上,不存在没有尊严的工作,有自己的方向和目标,我们就会更快乐。"

> 不存在没有尊严的工作,工作的尊严就是让我们不会流离失所或寄人篱下。

尊严是一种被人们尊重或敬慕的品质。随着我们成为独立生活的成年人，我们会发现，工作的尊严就是为我们提供生活开支。我们无法喜欢工作的每个方面，但任何工作都让我们比流离失所或寄人篱下更有尊严。

大学毕业后，我创建了自己的企业，却依旧没能摆脱财务困境。我每天都很挫败，对自己的处境感到羞愧，总觉得处处不如别人。金钱上的捉襟见肘也让我觉得自己毫无价值。最令人沮丧的是，投放的广告宣传对业务毫无作用，我只能无所事事。我想，如果电话铃声响起来，或许一切都会变好，我迫切地需要工作给我带来尊严。

银行账户里的钱不断减少，我变得越来越绝望。我不得不面对人生中最绝望的时刻，新公司的停业让我无比痛苦，我独自坐在公园长椅上，内心被忧郁的氛围笼罩着，呆呆地凝视着面前沉寂的池塘。但就在那一瞬间，我忽然意识到，尽管我在这份工作中失败了，但我仍能找到生存的方法。创业失败不会击败我，它会让我更强大。

遗憾的是，有些人没能明白这个道理。两个朋友在创业最艰难的那一年选择了自杀，另一个朋友也在创业的第二年自杀了。那种孤立无助的痛苦和财务破产的绝望，我深有体会。

美国政治家、数学家詹姆斯·加菲尔德（James Garfield）曾说过："贫穷令人不安，但对一个刚刚步入社会的年轻人来说，最危险也最有收获的事，就是被无情地抛到生活的海里，然后一个人去挣扎，要么沉下去，要么学会游泳。"我的父亲在16岁时就被生活毫无征兆地扔进海里。那一年，祖父意外去世，留下父亲独自照顾母亲和三个妹妹。葬礼结束后，父亲和祖母把账单铺在厨房桌上。他们花了几分钟的时间才明白，生活陷入了危机。那一刻，贫穷让他们抱头痛哭。

他别无选择，只好去工作，努力赚钱。后来，他来到当地一家出版公司。他每周给这家公司当三天的看门人，在没有工作的另外两天中，他学习打字，尽管这没有报酬。但不管怎么说，他毕竟走出了家门，开始一边赚钱，一边学习。

试图在枯燥的日常工作中找到乐趣，只会让人感到挫败，这种预期会给人带来一种难以名状的痛苦。成功需要我们具有一种勇气：甘愿做很多自己不喜欢的事情；我们应当理性并且克制地看待工作，把它当作朋友，它为我们提供经济上的尊严，但并不保证事事顺心。

父亲与他的工作逐渐建立起一种特别的友谊。他结了婚并组建了自己的家庭。他告诉我，他也曾要求雇主加薪，结果时薪只涨了 5 美分。他扛住了这种侮辱，仍旧坚持工作。与工作的友谊和他的坚忍执着逐渐带来了回报，他不必再担心财务问题，在空闲的时间里，父亲开始翻新自己的双层公寓，这给他带来了额外收入，他将这笔钱用来储蓄和投资，逐渐积累起自己的财富。如今，父亲成了这家出版公司的总裁兼首席执行官，并在湖边购置了房产，准备与家人共度余生。

信念可以创造财富奇迹

经过贾里德一周的劳作，财富园丁发现，邻家的花园发生了可喜的转变。这无疑是贾里德努力的结果，同时也说明了花园里的人正在经历一场无声无息的转变，贾里德和工作之间实现了一种和谐。财富园丁问："因为你的劳动，原本混乱不堪的后院已经大有改善。指甲里满是泥垢的感觉如何？"

贾里德笑着用手套擦了擦额头："我必须承认，我并不讨厌这份工作，但也说不上喜欢。"财富园丁和贾里德站在围栏两侧，两个人都蓬头垢面、大汗淋漓。年迈的园丁笑着谈起自己对这份工作的热爱。

"工作就像我们忠诚的朋友。"财富园丁说，"到最后，你难道没有发现，任何工作都比闲着更有意思吗？""我必须承认，"贾里德不情愿地说，"仅仅过了几天，我就开始对花园感到满意了。工作其实并不像我想象的那么难。"

财富园丁说："所以，贾里德，你告诉我，你有没有学到什么工作能力以外的东西呢？你是不是感觉到，通过劳作，你和这座花园的能量有了某种联系呢？"贾里德问："和花园的能量有联系？什么意思？"

"你做得很好，你的努力也是可以看见的。"财富园丁说，"虽然努力至关重要，但花园所需要的不只是努力。我们只知道蜂蜜的香甜，却很少注意到授粉时的蜜蜂、吸引蜜蜂的鲜艳花朵、落在肥沃土壤上的种子和使种子发芽成长的雨水。我们没有见证自然界的协调，尽管这种协调不断在我们周围展现；我们也没能体会到这个花园固有的神奇之处。"

"我确实没有注意到。"贾里德笑道，"但这又有什么意义呢？"

"因为在自然界，我们可以看到周围的合作性力量，或者说，我们至少可以感受到它的影响。我们看不到风，但能听到树叶在风中沙沙作响。同样，在每个花园中，都有一种无形力量在影响着我们，这种力量也存在于我们的生活中。"贾里德似乎有点不自在，他停下来若有所思。

最后，他大声叹了口气说："好吧，这对我来说太深奥了。我唯一知道的是，在我干完这些苦差事后，一切确实都变得更好了。"这话确实有点反讽的意味，贾里德的生活已经一团糟了。财富园丁也知道这些，他小心翼翼地不去提起贾里德已经破产、离婚、失业和丧失生活目标这样的事情。

"我可以告诉你，在我自己的生活中，我总能找到……""你为什么觉得我需要你的建议呢？"贾里德打断了他。财富园丁改口道："听我说，孩子，没必要把自己封闭起来。我们都经历过艰难时期，没有什么可羞耻的。"贾里德问："那么，你能怎么帮我呢？""我知道有这么一件事，"财富园丁说，"那就是如何致富。"贾里德哼了一声："这么说，你可以让我在经济上找到安全感吗？"

财富园丁回答："不，只有你自己才能做到。但我可以告诉你，我是怎么做的，尽管有些事情我自己也不能解释。对我来说，财务安全是一种无形力量，一种藏在你内心世界中的力量。"

安全是一种没有危险或不受威胁的状态。25岁时，我和朋友创建了一家诊所，诊所门可罗雀，经济状况非常艰难。有一次，一位年近古稀的老绅士走进我们这家生意清冷的诊所。他患有背痛，与其说是我在帮助他，还不如说他是来帮我的。通过谈话，我了解到他曾是一名牧师，后来突然想尝试着改变一下人生路线。于是大约60岁时，他再次回到学校并取得心理学学位，后来开办了自己的私人心理咨询公司。

我们逐渐成了朋友。我把自己在金钱方面的困境告诉他，他主动提出做我的心理"成功教练"。经过认真考虑，我接受了这个永远地改变了我的人生轨迹的建议。我练过体育,"教练"这个说法让我回忆起自己在高中篮球比赛中带队得分的场景,但我只有在找到那种战无不胜、超凡脱俗的感觉时,才会有这种难得一见的表现。我很熟悉人在体育比赛中的心理状况,因此,我不排斥这种针对"商业成功"的"心理辅导课"。不过,也有可能是因为我那时正处于绝望的状态。

我的"成功教练"给我安排了每周一次的训练课:先讨论这周发生的事情,例如诊所的经营状况,还会重点关注我对此的态度。然后,我们会讨论下周的目标。谈话结束后,教练离开房间,留我一人躺在长椅上,戴上耳机,闭上眼睛。此时,我需要深呼吸以平息自己的情绪。耳机里传来微弱的音乐,随后是教练愉快的声音。他指导我在脑海里想象下一周的业务目标:新患者的人数、患者总人数,以及收费总额等。

在他的指导下,我开始想象和感受这些预期增长。教练不仅要求我相信这些增长,还要求我想象患者给诊所打来电话的场面。

每次训练课结束后,教练都会给我一盘记录了全程的磁带,同时叮嘱我,接下来的一周,每天早上和晚上都要坚持以最虔诚的态度收听这段录音,来作为我的心理训练课后作业。训练课后的第一周,就有新患者给诊所打来电话。我想这或许只是一种巧合,但我不确定,心理训练和诊所的生意之间有什么关系。

我唯一可以确信的是,现实世界也的确响起了电话铃声。我目睹了这一变化,而且坚持进行心理训练。通过集中精力思考自己期望的结果,我逐渐学会控制自己的思绪。每当感到忧虑时,我就会给自己创造出一个我非常期待的场景,例如诊所的电话一直响个不停。我逐渐开始相信"这种想象或许真的可以助我一臂之力",很快,这种原本微弱的希望发展成了一种简单的相信"我能让一切都好起来"的信念，并且我发现它的确在起作用。每个星期，诊所的电话都在响个不停。

在进行心理训练的半年里，患者不断增多，让我应接不暇。实际上，我没有做其他任何改善业务的事情。妻子问我到底发生了什么。我只能说，我自己也无法解释，但我感觉自己总能以某种方式吸引别人。

那段时间，我努力树立一种信念，既不是希望，也不是什么请求；既不是祝愿，也不是祈祷。而是一种超越常规的意念，它能够让我随时进入到拿下比赛时充满自信的无敌状态。它告诉我，诊所的电话即将响起。然后，电话就真的响了起来。

不储蓄，收入再高也是穷人

业务会议开始了。两个人坐在财富园丁对面，其中一位是桑托斯，作为业务经理，他最近正在利用空闲时间翻新邻近的农场；另一位则是桑托斯的新学徒吉米。

财富园丁看着桑托斯和吉米，缓缓讲道："不管怎么说，赢利能力永远都是企业的生命线。你们打算怎样保证农场明年的盈利啊？"桑托斯充满激情地主动发言："最关键的始终是秋季作物产量，因为秋季的收成决定了一整年的利润。"

"我也同意，收成确实是一个关键因素。"财富园丁说完，把目光转向了吉米，继续道，"你对这件事怎么看？""利润取决于收入和支出，"吉米说，"如果不能在整个年度持续压缩开支，那么即使秋季丰收了也并不能保证盈利。"

财富园丁尽力不流露出微笑,而桑托斯已经呆住了,这个孩子身上有某种东西,他想,和其他从感化院出来的孩子都不一样。21岁的吉米喜欢独来独往,他头脑聪明,肌肉发达,性格内向,远比同龄人成熟得多。一方面,他野心勃勃地想证明自己的能力;另一方面,他对自己为什么会成为问题少年而被关进感化院,却只字不提。

财富园丁在感化院做志愿者,每周都要去感化院上课。吉米成了他最喜欢的学生。渴望学习的吉米向财富园丁展示出孺子可教的特性。而吉米也很快就领会了财富园丁的感悟,而且跃跃欲试着要将这些感悟转化为实践。财富园丁相信,这个有志向的孩子迟早会摆脱过去的阴霾。

桑托斯厉声说道:"对于一个没有任何实践经验的人来说,动动嘴巴很容易。""但与其说这是一个经验问题,还不如说是一道数学题。"财富园丁看着桑托斯咧嘴一笑,"那么,我们来讨论一下吧。如果你把企业的营收能力放大到最大,但仍不能满足年度开支目标,你会怎么做?合理的行动方案应该是怎样的呢?"

桑托斯目瞪口呆,沉默不语。财富园丁看着吉米问:"你会怎么做?""我们别无选择,要么坚决满足开支目标,要么破产,"吉米说,"开支是变化的。当利润消失时,员工肯定会离开。事情就这么简单。"财富园丁点了点头,没有反驳他的说法。随后,他打开一个文件夹,拿出一张预期的损益表,摊到桌子上。桑托斯和吉米迅速浏览了一下这份损益表,其中显示,支出总预算为30万美元。

"每年经营这项业务需要多少钱?"财富园丁问道。桑托斯脱口而出:"30万美元!"财富园丁点了点头,然后瞥了一眼吉米。

"我不确定,"吉米说,"我还要看看可以在哪个环节削减成本。但如果费用是固定的，那么我每年需要的肯定要远远超过 30 万美元。我们无法在没有剩余现金流的情况生存下去。"财富园丁向后靠在椅子上，几乎无法抑制住笑容。

> 要想享受生活、自由地思考、追求更有意义的事业，储蓄必不可少。
>
> —— *The Wealthy Gardener*

财务结余是指资金充裕或者做到收入大于支出。在经历了与经济困境的搏斗之后，我过上了不愁吃喝的生活。我体会到了用工作养活家人带来的尊严，并且找到了这种能提供真正安全感的内在力量。

三年后，我意识到自己只是在维持生计。我每周工作六天，从不休假，但仍没有留下什么积蓄，空空如也的银行账户让我又一次觉得非常挫败。最后，我终于明白，仅仅做到收支平衡远远不够。

如果收入在满足生活开支后没有结余，我就永远无法带着家人去度假。而且每当我和家人或朋友在一起，试图让自己放松一些的时候，工作的念头总会突然袭来，让我不得安宁。最重要的是，我让自己和那些依赖我的人在经济压力面前变得弱不禁风。

我觉得存些钱或许会改变我的家庭生活状况，让我和妻子不再为了生活而奔忙，而是轻松地享受生活。我们可以自由地思考，利用休闲时间去读书。我们可以追求更有意义的崇高事业。我们可以带着梦想去度假。我们可以有自己的爱好并为了这份爱好而投入。我们的愿望将更远大，我们的选择也将更令人振奋。但如今我还没有足够的收入可以用于储蓄，该怎么办呢？我和妻子对支出进行了一番梳理，我们希望能够尽量节省，但是却发现能削减的费用并不多。

尽管我有不错的收入，但由于我们所居住地区的生活成本非常高，以至于居然没剩多少可以用于储蓄的。于是，我和妻子共同讨论了一下财务状况，对所有能改变现状的方案进行了分析。但最后得到的结论是，根本就不存在简单易行的解决方案。尽管也有一种可行的方案，但这个方案需要巨大的勇气，因为它将彻底改变我们的生活方式。

经过大量的讨论和深思熟虑，我们最终以 8 万美元的价格卖掉了诊所，离开了芝加哥，搬到了位于匹兹堡附近的家乡。这个地区更接近乡村，远离大都市的喧嚣，而且生活成本低得多。在这里，我们很少能看到水泥路，相反，到处都是郁郁葱葱的树木。

我在这里重新开起了诊所。我仍然每周工作六天，但星期六是我的"储蓄日"。因为我在这个周末赚到的每一美元都是财务结余，并且成为我们的储蓄。比起在芝加哥，我们有了更多的结余，我可以为家人提供更好的生活条件，让他们免受未来经济风暴的冲击。这最初的储蓄也为后来我投资房产租赁业务提供了基础。事实证明，财务结余绝对是不可或缺的。

不愿牺牲闲暇，就只能放弃梦想

这是一个阳光明媚的早晨，当财富园丁透过窗户看到隔壁院子里的贾里德时，却感到心情沉重。贾里德正在浇灌花坛，他似乎完全沉浸于眼前的休闲时光。轻松的生活注定会让他无所事事。"唉，上帝，我真不知道该怎么说。"财富园丁低声喃喃自语。他走出屋子，向贾里德挥了挥手,站在栅栏边上等着贾里德走过来。

"介意我问一个私人问题吗?"财富园丁说。贾里德耸了耸肩:"说吧,没关系。"财富园丁问:"你已经很久没有工作了,对吧?""这么说只能算是轻描淡写,"贾里德笑道,"太长时间了,真的,从我搬到这里和父母住在一起开始,我就一直没有工作。"

"我猜你就会这么说,"财富园丁说,"这让我想起你之前对我说的话。你告诉我,只要你努力工作,事情最终都会好起来的。""是的,确实是这么回事,"贾里德说,"我认为自己凭工作就获得成功。我可不需要什么神灵、宗教或虚幻的想法来帮助自己。"

财富园丁说:"那么,你为什么不利用现在的空闲时间去赚钱呢?我的意思是说,为什么不找份工作,帮你度过这段没有工作的日子呢?"贾里德问:"你的意思是,让我去五金店干活?"

财富园丁停了下来,他必须让自己保持冷静。对他来说,每一份工作都有神圣的尊严,劳动赐予了他生命中的一切。"只要你想攒钱,这样的工作又有什么不好的呢?"财富园丁加重了语气说,"你可能会觉得,一份普普通通的工作有点配不上你。这就是你们这一代人常有的通病,也是很多像你这样的人始终不能摆脱生活压力的主要原因。"贾里德皱着眉头:"我现在主要考虑工程方面的工作。"

财富园丁说:"实际上,你现在只是在专注于给花草浇水。"贾里德怔住了:"您说得没错。"财富园丁接着说:"你可以这么想,和父母住在一起,可以省下不少钱,即使是做一些普通的工作,也可以把赚到的钱都变成储蓄,看机会再去寻找更好的工作。"

贾里德又问:"就算只能拿到最低工资也去吗?""这也比你给这些

花朵浇水赚到的要多啊,"财富园丁毫不掩饰地说道,"不要忘记,这都可以变成储蓄。更重要的是,我们说的只是每周的 40 小时工作时间,除了睡觉你还有 70 小时的清醒时间。你完全可以制订一份计划,利用这些时间去找一份好工作。"贾里德叹了口气:"我会考虑的。""想想你在花园里浇花时心中的梦想吧,"财富园丁说,"如果你不牺牲自己的闲暇时间,就不要抱怨你只能过普普通通的生活。"

> 要么为了实现非凡的生活而付出代价,要么因为平凡的生活而留下遗憾。
> ••• *The Wealthy Gardener*

牺牲意味着我们为追求更大的事业而必须放弃某些东西。我们都知道,获得财富需要牺牲,但最重要的是要清楚非凡牺牲和普通工作之间的区别。"沙鼠农夫"的寓言很好地体现了这一点。

很久以前,有一位善良朴实的农夫,名叫鲍勃。他在一座小镇旁买下了一家不大的农场。随着冬天过去,土地解冻,鲍勃以一种特殊的方式开始了工作:他用木柱栅栏将农田划分为大小相同的三份。围栏完成后,鲍勃选了一块开始播种。邻居们好奇地看着他们,但出于对外地人的防备,没有人走过来问他。

这种离奇的耕种方式持续了几年,鲍勃一直坚持只用三分之一的土地收入作为整个农场的开销。最终,一位年长的邻居再也无法忍受。他已经在山顶上的农舍里观察了好几年,他想知道这到底是怎么回事。这个疯子为什么只在三分之一的土地上耕种呢?他穿过田野,走到正在门廊里闲逛的鲍勃面前。"我多一秒都忍不了了，"这位老邻居气喘吁吁地喊道，"好奇心快把我逼疯了。你现在为什么不干活啊？"

"我已经完成了一天的工作。下午四点半就已经停止了劳作。"

邻居很着急，他的声音听上去有些哽咽："好吧，还有一个问题：你为什么把自己的农田分成三份，而且只使用其中的一块呢？""你就是为了这件事吗？"鲍勃咧嘴一笑，"请坐下来，不要急，我很乐意和你分享我的秘密。"邻居叹了口气，放松了身体，坐在鲍勃旁边的摇椅上。"你是在为生活而努力，而我希望有一种平衡的生活，"鲍勃说，"因为我想要得到平衡，所以我将农田划分为三个面积相等的部分。"

"这怎么会让你得到平衡感？"老邻居催促着问。鲍勃对他眨了眨眼："我打赌，你永远都不会知道，每块地都有自己的标签。"邻居的眉毛皱了起来，他转过头来看着三块农田。从这个门廊看过去，他可以看到，三块地被分别标记为"O""E"和"G"。然后，他迟疑地说："好吧，我……"

"哦，我知道你在想什么。"鲍勃说。老邻居问："呃，但这些字母代表的是什么呢？"鲍勃站起来，自豪地环视了一下自己的农场。鲍勃接着说："'O'代表平凡（ordinary）。那块农田足以让我过上一种无须太多工作的平凡生活。"

听了这话，邻居惊诧得张口结舌。"这就是你每年只耕种三分之一土地的原因吗？"他喘息着问道。

"对极了！"鲍勃说，"这块农田被标记为'O'，我靠它维持生计。每周只工作40小时，你们还在工作时，我可以坐在这里休息。"

老邻居惊得目瞪口呆："那'E'代表什么呢？""'E'代表非凡（extraordinary），"鲍勃用手指轻轻点着自己的太阳穴说，"我从来没有走进过那个地块。它已经远远超出了一般的工作量。这是额外的工作，尽管它能给你带来额外的收入，但也需要你投入更多的时间。""但这可是你全部土地的三分之一啊！"邻居说。

鲍勃说："不管你想得到什么，你一定要先找到适合自己的土地，老朋友。非凡的地块不属于我。在我看来，它属于贪婪的人，因而我没有将它纳入优先考虑的范围。既然是没有被纳入优先考虑范围的事情，为什么还要占用自己的时间呢？"

"我还是没法接受你的想法。"随后，老邻居又嘟嘟囔囔地问，"好吧，那么，'G'代表什么呢？""那是我的沙鼠场（gerbil field）。"鲍勃说。"你的沙鼠场？"老人尖叫道，"那是什么东西？"

"是我用来休息的地方。"鲍勃说。"我对这块地没有任何规划，我或许是这个星球上最没有思想的生物，我不想过度思考，更不愿意浪费自己的时间。沙鼠场是忘记金钱烦恼的最佳去处。""那么，你到底想说什么？"邻居一脸茫然地问道。

"为了让我的生活保持平衡，我把土地分成三块，这样我既能用普通的工作量来维持生计，又能避免为了额外工作或额外需求而牺牲自己的空闲时间，不会因为缺钱而烦恼。"鲍勃说道。

老邻居揉了揉下巴："你知道我怎么看待你说的这些吗？"

"你怎么看？"鲍勃笑道。老邻居说："我认为你工作再努力一点，生活会更容易，因为那样的话，你的烦恼会少很多。这样，你就不需要像一只没有脑子的啮齿动物那样，迷迷糊糊地度过空闲时间！"

当然，这是一个荒唐的故事，但它巧妙地给我们一个启示：未来所有成就的种子，都是我们以前用汗水播下的。<u>如果我们只在平凡的地块</u>

上耕种，每周只工作 40 小时，那么，我们或许会在未来几年中取得普通的收成。但如果我们同时在平凡地块和非凡地块中耕种，而且每周拿出更多空闲时间去工作，那么，我们就更有机会在有生之年取得非凡的收成。

我们要么为了实现非凡的生活而付出代价，要么因为平凡的生活而留下遗憾。非凡的生活需要我们牺牲更多休闲的时间，但平凡的生活会让我们牺牲自己曾经珍爱的梦想。当然，这取决于你最想要什么。

思维练习：思考带来"好运气"

秋天过去了，夜晚愈加寒冷，日子一天天地变短，橡树叶落在地上，发出哗哗的声响。财富园丁坐在石头庭院里，慢慢地饮着热茶，葡萄园里的美景一览无余。就在这时，他听到汽车轮胎在路面上嘎嘎作响的声音，一辆吉普车沿着蜿蜒的乡村道路驶向他的房子。

昨晚，吉米打来电话，告诉他第二天想找他谈谈一个会议，但没有给出任何解释。过去五年，财富园丁和吉米的关系已不再只是导师和学徒，而更像亲密无间的父子了。不到一分钟，吉米从人行道对面走过来。在进入正题之前，他们聊起了桑托斯的农场。

"我正在帮助桑托斯启动改造工作，"吉米首先说道，"但我想说清楚，我可不想在这里当一年的学徒。""这只是一个临时工作，"财富园丁说，"你应该利用这个机会，了解一下企业的基本情况，特别是财务方面。你们两个相处得不好吗？""这倒不是什么难事，"吉米说，"桑托斯的初衷是好的，他有几个表兄弟正在帮助他，但他希望农场能在春天时开业，希望财源滚滚。但我没看到他有什么真正的经营战略。"

"我们今天就是为了讨论经营战略吗？"财富园丁问。

吉米用另一个问题回答了财富园丁："在某种程度上，我的问题确实和战略有关。我一直想知道，你为什么总能处理好这些事情。你的企业为什么总能避开风险？"财富园丁平静地笑了笑说："看来我真的是非常善于隐藏自己的失败了。"他看着眼前的这个年轻人，他知道，是时候进行一次严肃认真的谈话了。他相信，吉米比贾里德更容易接受新思想。

财富园丁说："随着年龄的增长，我越来越感激幸运女神对我的眷顾。一方面，我很清楚，如果没有自己的努力，一切都无从谈起。"他望着远处的地平线继续说，"但是我也知道，还有很多人也在同样勤奋地工作，却没有在经济上实现成功。我并不比他们优秀。事实是，我确实比他们的运气更好。吉米，你相信运气吗？"吉米摇了摇头："我觉得，只想着好运气没什么用。"

"没错，"财富园丁说，"只有努力工作才能赢得成功。但是在私下里我会觉得，日常的思维训练确实给我带来了好运。"吉米满脸好奇，但没有做出回应。财富园丁坐在椅子上，缓缓伸开双腿。"我们走走吧，今天非常适合散步呢。"

吉米点点头，站起来，没有说任何话。他跟着财富园丁，走上葡萄园里的砾石小径，他们一起漫步，但都没有说话。"美国原住民也曾走在这片土地上，"财富园丁说，双手背在身后，"他们相信祈雨舞的确有用。撒哈拉沙漠、埃塞俄比亚、中国、非洲、泰国还有欧洲的部分民族也经常会跳祈雨舞。我并不是说，我相信祈雨舞，但我确实认为，对于心灵我们仍然一无所知。特别是当它被激发起来并专注于某个目标时，它所拥有的力量或许是无法想象的。"

"你能让我见识一下你的祈雨舞吗？"吉米笑道。财富园丁严肃地说："我希望我们可以尊重彼此。"吉米点点头："我觉得这样最好。"他们又走了一会儿。财富园丁说："我经历了很多关于金钱的竞争，最终发现，正是日复一日的勤奋和日复一日的思维练习，成就了我的财富运气。"

吉米看起来将信将疑："你的日常思维练习究竟是什么？"

他们继续沿着林间小路走着。财富园丁回答道："在我的小花园里，不管你看到了什么，它们都是我很久以前就已经想象出来的。在安静的遐想中，我会集中思考我最想得到的东西。我每天都会高度专注地设想这个目标。我每天都在关注它，我会在脑海里勾勒出它的形象。最初，这个仪式让我在工作中拥有了更强大的力量。此外，这种关注也让我能够恢复到自己的最佳状态。后来，它似乎把我和一种智慧连接了起来，给我带来了想法、计划甚至运气。"

吉米笑了笑说："你成了虔诚的祈雨者了。"

"不要对我过于苛刻，"财富园丁笑着说，"很多人都相信信念的力量。在我的生命中，这种雨就是诸多不可思议、难以解释的运气、灵感、巧合、计划和机会。我的财富并非完全来自我的奋斗。但话说回来，如果没有自己的付出，我注定会穷困潦倒。但思维练习的确让我的工作更有效率，让我拥有了更乐观的态度，给我带来了好运。"

吉米一边走一边陷入沉思："我在生活中如何使用这种方法呢？"

财富园丁说："很简单，让自己的每一天都有意义，集中精力去思考你最想得到的结果。当我们与内心的欲望相联系时，就可以在工作中展现出更大的力量。你会发掘出自己的全部力量。只要你能随时停下来倾听内心的指引,这种内心的智慧就会成为你的向导。"

思维练习是一种让你的思维意识高度集中的日常仪式,这种每天集中精力的练习有助于我们保持信念,提振信心,甚至能带来好运气,至少可以给练习者带来积极的影响。

在芝加哥时,我每天都要抽出时间进行这种思维练习。我可不是一个"大概知道我想要什么"的人,我非常清楚自己的确切目标是什么,在思维练习中,我会严格地将全部注意力集中到"追求财富自由"这个核心目标上。

搬到 500 英里(1 英里 ≈ 1.6 千米)外的新家之后,我的一切从头开始了。在空闲时间里,我恢复了思维练习。家里的松木桑拿房成了我独自修行的场所。每晚我会全神贯注地进行以财务目标为集中点的思维练习。我将自己的目标绘制成图片,贴在桑拿浴室的墙壁上。

财务成功在我的心目中是什么样的呢?我会潜心思考这个问题并借助绘图将问题形象化。我记得自己曾画过一幅患者排成一队依次走进诊所的图。我还画过两个孩子大学毕业后的情景,他们开心快乐而且没有欠下任何助学贷款。还有一张潦草的画作,内容是我坐在一块云的下面,这片云正在下雨,雨水给我带来了好运。我还在网上收集各种图片,把它们打印出来并贴在桑拿房中。我用这种概念化技巧,把原本抽象的愿望转化成了具体的形象。

我之所以进行这些深度集中的练习,目的就是为了体验财富自由。

通过假设已经实现了财富自由的方式，培养我对目标和愿望必定实现的坚定信念。那么，我到底如何体验这种愿望实现的感受呢？

进入桑拿房后，我会先清理自己的思绪，静坐着什么都不去想。在感到心绪已经平和之后，我会慢慢睁开眼睛，凝视挂在墙上的图片。接着闭上眼，感受这些图片所描绘的场景。通过这个过程，我让自己进入梦想中的未来情景。如果思绪发生偏离，我就会睁开眼睛，再看一下图片。然后，我把全部注意力重新集中在这些图片上，专注自己的目标并再次尝试体验梦想实现的场景。

我在墙上贴了两段话，并且不断重复它们，一句话是："将来，我的业务将为我带来足够的收入，而且无须我投入额外的工作和时间；我每年有一个月时间用来度假，而且现金流足够我应付开销。"也就是说，我的目标就是能快乐地生活30天，而不会有任何财务问题。

墙上的第二段话代表了我到50岁时需要实现的长期目标：财富自由。"到50岁时，我会拥有足够的剩余收益，这不仅能满足我的生活开支，而且能带来多余的现金流，对公司进行再投资，从而用自有利润实现企业的进一步发展。我的目标是每年从这项业务中获得22万美元的收入。"实际上，我在重复这句话的时候，并没有什么真正的企业。

想象这些场景时，我还没有计划，没有什么鼓舞人心的想法，也没有积蓄，更没有收入。未来一片空白，而填补这片空白就是我的使命。随着岁月的流逝，我思维练习的内容越来越多，并且融入了确认的方法。我把下面的几句话也钉在浴室的木墙上，将我对财富梦想必定实现的自信心融入潜意识中。我会以尽可能丰富的情感大声地读出来，绝不使它们仅仅成为毫无力量的干瘪论调。

我必须为了成功而努力，因为我不可能失败！我兢兢业业为患者提供服务，我理应得到更多。我将有更好的发展。我不期待一帆风顺，财富不会手到擒来。我寻求力量和智慧，而不是轻松和舒适。我将会实现财富自由，而且我一定会做到！每一天，我都会比昨天更富足。

我将这些图片和句子深深地印刻在自己的脑海中，通过不断重复，让它们在我的内心深处像火焰一样熊熊燃烧。随着岁月的流逝，我也会调整自己使用的文字和图像。

我的愿望会变得更加清晰，而我想象中的目标对我来说也变得更加真实可信。对我来说，这就是一场神圣的祈雨舞。它让我时刻处于最佳状态，让我的世界豁然开朗，运气、灵感、机缘和难得一见的机会，都仿佛命中注定一般降临到我身上。

到了 50 岁，我的两个孩子已经大学毕业。我也能够用多余的收入养活家庭。而且现在我的公司每年收入超过 22 万美元，这不仅让我衣食无忧，而且还可以进一步扩大资产。

最富有的园丁：为目标而努力，才能拥有内心的平静

财富园丁认为，追求成功是通往自由的本能愿望，但生命中最宝贵的财富却是内心的宁静。这个人生真谛来自他人生中最艰难的经历。他永远也不会忘记，六年前在一个周六晚上他接到的那通电话。对方告诉他，他的妻子玛丽出了车祸，当场死亡。

财富园丁陷入了痛苦和绝望中。他突然觉得,人生再也没什么值得期待的了,没有任何事情值得他去幻想,也没有任何东西值得他去关心。玛丽是他的人生知己,他一生中最好的朋友,也是他的灵感源泉。而她的离世也让他失去了人生的目标。

邻居弗雷德不忍看到他继续沉沦下去,他邀请财富园丁到每周开放一次的青年周日学校帮忙。也就是在这段时期,财富园丁恢复了内心的平静。随着时间的推移,财富园丁在帮助他人的过程中重新找回了正常的心态。他开始重新操持自己的企业,甚至开始扩大酒庄业务,以适应不断增长的市场需求。有了方向,他也重新获得了满足感。但是他内心深处的伤口还远没有痊愈。他的内心依旧充满了苦涩。

财富园丁得知,是一名未成年人酒后驾驶,引发了玛丽的事故。这个男孩在车祸中幸免于难,但被指控犯有酒驾和交通肇事罪并被判处两年监禁。监禁第二年,他被转到当地一家为问题少年开设的感化所。为寻求内心世界的平衡,财富园丁决定到感化所去见见这个男孩。

在见面的那一刻,他看到了一个充满悔恨的年轻人。男孩反复道歉,财富园丁也在宽恕男孩后逐渐抚平了内心的创伤,从此恢复了正常的生活。尽管生活又回到自己熟悉的轨道上,但是财富园丁的内心深处开始酝酿新的想法。他回忆起那个在痛苦中挣扎的男孩,男孩的痛苦和悔恨让他记忆深刻。他的脑海中闪现出一个灵感:到感化所去做一名志愿教师。他知道,感化所中的孩子几乎没有成功的机会,但是,他或许可以帮助这些孩子,也借此重新找回自己的目标感。

这些孩子首先需要在经济上自立,只有这样,他们才能摆脱曾经把自己带上犯罪道路的生活陷阱。他告诉孩子们,<u>之所以需要实现财</u>

富上的成功，就是为了让自己有朝一日能去追求比赚钱更重要的目标。他们把每周一次的课程称为"雏鹰俱乐部"，意味着希望孩子们能在这里茁壮成长，展翅翱翔。作为一名志愿者，财富园丁每周到感化所授课一次，作为回报，他得到了一个铁制的花园模型。现在，他把这个模型立在花园里，模型上镌刻着他对同学们的谆谆教诲。

努力过自己想要的生活

我是一个用时间去积累丰盛的人：面对任何环境，我都能主宰自己的情绪；我是一个拒绝不劳而获的人；不管结果如何，我都为曾经的付出感到自豪；我从不满足于得过且过、不求上进的日子，而是在内心中不断提醒自己，"为什么不能是我？"

我是一个有目标、有追求的人；每天准时出现在工作岗位上，勤奋工作；我在工作中寻求的是满足，而不是快乐；我努力让自己与众不同，让世界变得更美好；不过，即使我的行动没有带来预期的影响，我也不会因为不够努力而后悔，因为我已经竭尽全力。即使走到生命的尽头，我也不会因为虚度一生而后悔，因为我曾经付出过，我曾经全力以赴地奋斗过，而且我深刻地认识到，我终生都在为一个清晰的目标而努力，我已经竭尽全力，通过了人生的考验。

第 3 课
财富花园就是我的生命花园

要面对挑战,更要学会欢迎挑战

一天晚上,财富园丁走到邻近的农场,去查看桑托斯的工作情况。他发现,这片土地竟然已经完全荒芜了,更不可思议的是,离天黑还有 2 小时,却没人在这里劳作。就在这时,他隐隐听到谷仓后面,传来一阵低沉的呻吟声。他朝着声音的方向没走几步便停了下来,咧开嘴笑了,因为眼前的场面的确滑稽:吉米独自一人,用力翻腾、抱怨、咒骂着菜园里的作物。几个月前,他提议吉米来照料这块园子。

财富园丁清了清嗓子。"当心!"他喊道,"不要和花草树木作对!"吉米抬起头,咧嘴一笑:"我发誓,如果一个人真的觉得种菜很好玩,那么,他肯定是疯了!""我倒不这么认为。"财富园丁笑着说。

"你这是抬杠!"吉米反驳道,朝他走了过来,"我认真打理了这么久,还是问题不断。只要有杂草长出来,我就拔掉它们,但马上又有新的杂草长出来。我捡起鼻涕虫和甲虫,但马上又有新的鼻涕虫和甲虫出现。我立起栅栏防止兔子钻进来,但鼹鼠和老鼠就会在下面打洞。花草树木会得病，会被虫子和老鼠吃掉，阳光太足它们会被晒蔫，阳光太少它们又长不好。唉，在这个星球上，怎么会有人喜欢园艺呢？"而财富园丁只是笑："你为什么会认为，我是让你开一个小菜园呢？"

"你说这样可以让我更好地了解农业。"吉米说。"我确实骗了你，"财富园丁坦率地说，"不过我认为在这个小花园里，你可以学到经营一座更大的花园所需要的知识。"吉米回头看了一眼这块小田地，说："老实说，除了汗水和勤劳工作，我觉得自己没有学到什么东西。"

"但这是你走上成功之路的必要基础，"财富园丁语重心长，"我希望你能明白，成功之路意味着你将面对许多阻碍。当然，生活同样如此。你或许在某一天解决了某个问题，但新的问题很快就会出现。生活从不简单，它需要你投入大量的精力。但是在工作中，你可以做出选择，你可以怨恨你无聊的劳作，你也可以用园艺大师的态度去工作。"

吉米很聪明："意思是要学会接受挑战吗？""不仅要接受，还要学会欢迎挑战，"财富园丁强调说，"给我们造成痛苦的并不是挑战，而是没有做好接受痛苦的思想准备。如果你每天都期待着迎接挑战，那么，你就永远不会被挑战压倒。这是我们要学的第一堂人生课。"吉米又问："那么，我的第二堂课是什么呢？"财富园丁略带责怪地说："先照顾好这座小小的花园吧。只有在克服了很多问题之后，我们才能过上有意义的人生，而一味地追求一帆风顺，只会让你在未来遭受更多痛苦。"

> 永无止境的挑战让我们的生活变得更有意义，以战士的心态迎接它吧！

The Wealthy Gardener

日常挑战是我们需要克服的问题或状况。在很多年里，我曾天真地以为，只要能消除并克服日常生活中的问题，我就会获得快乐。二十几岁时，我读了一本叫《做你热爱的事，财富自然会来》的书。这本书告诉我，工作带来的压力和挣扎既是不正常的，也不是必要的。"让你快乐和幸福"是当时很多工作哲学的基本信条。而到了现在，我们最经常听到的是"点燃激情"这样的说法。

　　这种对激情的憧憬会让我去期待幸福和快乐的工作，让我在工作中遇到接踵而来的挑战时，变得非常沮丧，失去信心。因此，我认为，这本当时的畅销书以及其他人的类似建议，不仅是错误的，而且是危险的。更理性的做法是把挑战视为工作乃至人生中不可避免的常态。

　　进入中老年后，我的事业也进入了最高产、最繁忙的时期，我同时经营着三家小企业，每天都在与各种问题对抗。忙乱嘈杂的生活环境，让我逐渐习惯于使用"压力处理能力"这个词。面对着不断积累的压力和问题，一个人承受并解决压力和问题的能力也会不断增强。当我们更加强大的时候，就可以冷静应对曾经让我们无计可施的挑战。压力和不安也在不断扩大我们的视野，提高我们的能力。有一句英国谚语："平静的大海永远不会造就熟练的水手。"在我们忍受痛苦的同时，我们也在越来越强大。在人生中最疲惫不堪的阶段，我坚定地告诉自己，无论如何，一切终将过去。事实也确实如此。

　　我发现，解决了眼前的问题后，积极设想之后可能遇到的问题会很有帮助。这样，就可以提前在心理上战胜这些障碍并对可能出现的结果进行预判，这种想象可以让我们保持理智和冷静。

　　无论如何，我们都应当试一试，接受挑战。问题在于，我们能否想象出战胜困难的那一天会是什么样的？我们是否拥有面对问题并坚持到底的思想准备？我们是否能以战士的心态来应对困难，并坚持我们的既定方向？如果我们没有为困难到来的那一天做好准备，我们的心理会在困难的重压下崩溃。因此，最好的办法就是把工作看作是由一系列问题构成的，只要有信心、肯付出，问题总会被解决的。

问问自己下面这个问题或许有所帮助：解决掉这个问题之后，我的生活会变成什么样呢？有时，我们对"轻松的一天"的渴望完全是正常的，但是对"轻松的生活"的期待则会带来妄想和不幸。因为再好的花园都会有杂草，我们永远有的忙。只有不断克服生活中的困难，保持乐观的态度去面对挑战，为了丰收而去勤奋地播种耕耘、日复一日地清理杂草，我们才能享受到生活的乐趣。

任何逆境都无法夺走我内心世界的光明

在每周一次的业务会议上，大家讨论经营农场出现的问题，以及如何预防未来的自然灾害，可还没 5 分钟，他们就已经争论了起来。

"我有一个问题。"吉米说，"桑托斯曾说，您经历过的最严重的灾难是在 20 多年前，一场龙卷风毁坏了全部庄稼，夷平了谷仓，也几乎摧毁了您的生活。"

"没错，那是最艰难的一年，"财富园丁若有所思地说道，"那场灾难对我打击重大，谁会预料到这样的事情呢？一场风暴，带走了你的全部财产，让你在一瞬间不知所措。""这么说，自然灾害是我们最大的威胁了？"吉米问道。

"不过，你千万不要忘记，"财富园丁说，"我还有一笔应急资金，我购买了财产险。我相信自己不会有事的。我仍然拥有健康、意志以及创建企业的知识和能力。我可以重新制订计划。我有决心东山再起。暴风雨永远也带不走我的这些无形资产。只要我有志向、目标和信心，我就可以从头开始。"

财富园丁略微停顿了一下，他的目光移到一扇窗户上，眺望着葡萄园里郁郁葱葱的土地。"不过，对我的生意来说，自然灾害还算不上最严重的威胁，"他轻声说道，"最大的威胁是玛丽的去世。龙卷风摧毁了我的物质资产，但玛丽的去世则带走了我最宝贵的精神财富。"

吉米两眼紧盯着地板，而桑托斯则完全沉默了。

财富园丁担忧地看着吉米。他知道，这个年轻人或许也经历过悲惨的灾难，他担心吉米会永远走不出来。"在人生中的某些阶段，我们只能忍受，任何语言都不能表达我们当时的心情，"财富园丁继续说，"人生似乎已没有一丝希望，任何努力似乎都已经毫无意义。但我们必须重新学习生存，学习奋斗，让自己找到人生的意义。即使我们不再坚强如故，至少也要竭尽所能。"

财富园丁向前倾斜了一下身体。"人生中最大的威胁，就是那些削弱我们的勇气和前进动力的事情。但是，我们的责任就是要做点什么，即使不是为了自己，也要为了他人。不管遭遇什么危机，我们都能走出来，而且我们必须走出来。"他和吉米的目光在一瞬间汇聚到一起。

> 如果要看到阳光，就必须熬过风暴。
>
> —— *The Wealthy Gardener*

危机就是我们在生活中遭遇严重的困难、问题或危险的时期。尽管我们无法逃避生活中的灾难，我们可能会面临失业，可能会遭到其他人的背叛，甚至可能会意外受伤，但所有风暴终究会散去。此时，我们必须继续前行，重新找到人生的方向。我们必须牢牢把握住当下。没有什么龙卷风能卷走我们的世界。

我们不仅要担心危机，更应当准备好随时进入危机。期待轻松舒适的生活只是一种一厢情愿的妄想。更可行的方法是寻求内在的力量和智慧，平静、坦然地迎接不可避免的考验。

我曾经历过许多次财务危机，最严重的一次我的身体都出现了透支反应。我开始脱发，脸上、眉毛和头顶甚至出现了秃斑。如果不服用药物，我几乎无法入睡，而即便是在药物带来的昏迷状态中，我依旧会在半夜醒来，坐立不安。但这场危机也让我彻底摆脱了不必要的担忧，让我认识到一个人生的终极训诫。

当我从困境中走出来，我明白了，其实任何灾难都无法夺走我内心世界的光明。在我身处最严峻的逆境时，在黑暗岁月中最黯淡无光的时刻，这个训诫开始在我的心中闪耀。我可能会失去工作、收入或孩子的大学学费……但任何人、任何事都不可能带走我内心的光明。

当你身处危机，正面临着最糟糕的时刻，那么唯一要做的就是让自己生存下去。就像北方冬天的橡树一样，尽管寒冷的天气绵延数月，北风怒吼，白天越来越短，黑夜越来越长。橡树依旧傲然挺立，忍受严寒和风暴。它忍受着痛苦，它会存活到春天。它可能会失去一根枝杈，但它至少还活着。

弗兰克·莱恩说："如果要看到阳光，就必须熬过风暴。"阳光迟早都会出现。像花园能经受住暴风骤雨一样，人类也是如此。如果有机会选择的话，我们一定要成为最有韧性的生物。即使面对死亡或是亏损的危险，我们也能死里逃生，或者扭亏为盈。

定义我们人生的，是我们面对悲剧时的反应，是我们在风暴中展现出的决心。

艾森豪威尔曾 12 次被盖洛普公司评选为当代最受尊敬的人；他曾是第二次世界大战期间的盟军领导人；他曾是哥伦比亚大学的校长；他曾是北约的最高指挥官；他担任过两届美国总统；他结束了朝鲜战争，并创建了美国的高速公路系统，签署了设立美国国家航空航天局的决议。他直到去世前还在担任和平大使。

艾森豪威尔的全球影响力无与伦比，但他的个人生活却极具悲剧色彩，在辉煌的人生即将走到终点时，艾森豪威尔曾经说过："我们四岁儿子的离世，始终让我们痛彻心扉。"艾森豪威尔没有从伤痛中走出来，但他学会了忍住悲痛，继续生活。虽然危机让他万分痛苦，但这无法熄灭他心中的火焰。

拖延让勇气慢慢消散

弗雷德正在散步，刚刚退休的他非常担心儿子贾里德的工作，不知不觉来到了财富园丁的花园旁。"你有过停止工作的时候吗？"弗雷德开玩笑地说，"我以前认为你已经退休了，但回到家之后，总能瞧见你在花园里忙碌。"

财富园丁被逗笑了，走到围栏边。"这就是我的退休生活，我喜欢有事情可做,喜欢做我喜欢的事情。简单的快乐才是退休生活的关键。"弗雷德不住地点头。"我也在学着这样做,"他说,"我曾以为,抛开忙了这么多年的日常工作,我会感到很轻松呢。"

财富园丁说:"我还有一把耙子,可以送给你。""不用了,谢谢,我有自己的耙子,而且我们家的花园里也有落叶。"弗雷德说。两个人不约而同地笑了。

"我说这些只因为我们是老邻居,弗雷德。"财富园丁说,"我了解你,只有在承担重大责任时,你才会开心,才会满足。所以我想,你要调整退休生活的节奏,或许还需要一段时间才能适应。""我应该和贾里德谈谈,"弗雷德打趣地说,"他似乎很享受我这样的退休生活。"这句玩笑话让两人都咯咯地笑了出来。但是,弗雷德逐渐严肃起来,接着说道:"我只是不知道该如何帮助他。"

"我也曾试着跟他说话,"财富园丁说,"而且,我会继续努力的,哪怕只是为了你。""我会接受你的帮助。"弗雷德说。财富园丁笑着换了个话题,"弗雷德,那么你呢?你有什么计划?""你是什么意思?"弗雷德问。

"我的意思是,你现在退休了,有大把的时间。你已经拥有了做任何事的自由。你今后的梦想是什么呢?"财富园丁回道。弗雷德默默地思考着这个问题:"我明白你想说什么,你这个老家伙。我抱怨贾里德没有生活方向,而你却让我把注意力集中在自己身上。好吧,我知道该怎么做。相信我,我认真计划一下吧。"财富园丁说道:"我相信你会做好的。我们下午再见吧?""当然。"弗雷德说。

在分开时,他们都忍不住笑了起来。但凭直觉,财富园丁觉得弗雷德对未来并非那样确信。有些退休人士始终无法找到值得让他们投入时间的事业。无所事事可以成为一种习惯，勇气也会在安逸的生活中慢慢消退。

> "有一天"是我们为逃避眼前的不适和焦虑而找到的最有力的借口。
>
> —— The Wealthy Gardener

拖延就是把某个行动或决定推迟到未来的某一天。成功者勇于体验变革的挑战，而拖延者永远不会采取行动。似乎有种"看不见的力量"在嘲笑我们："我知道你会努力工作，但你能做出艰难的选择吗？你会接受为获取财富而必须承担的痛苦吗？你愿意选择一个未知领域去实现自己的梦想吗？"

年轻时，我有个朋友叫格雷格，他是一家木材公司的会计师。格雷格个性开朗，很会自娱自乐。讲笑话时，他会笑得喘不过气、憋得满脸通红。在搬到北方之前，格雷格一直住在佛罗里达。他告诉我，将来某一天，他或许会在圣彼得斯堡（佛罗里达州的海湾城市）开一家小企业、出租水上自行车或经营租船捕鱼业务。他给我讲自己在海边度过的那段时光，甚至还给我讲过他20多岁时经历的一次冒险，他曾在沙滩上游荡了整整一个夏天，没有其他原因，就是为了过瘾。他的心永远不会离开阳光海岸。

但随着年龄的增长，责任也随之而来。他组建家庭，背负着一份抵押贷款，拥有三辆汽车，过得非常忙碌。我鼓励他去追求自己的梦想，"为什么不回到佛罗里达呢？"我问道。格雷格说，他迟早都会回去的。

但和很多事情一样，格雷格只是说有朝一日会这样做。也正是这种"小小的谎言"让他保持了理智。如果必须立刻放弃梦想，格雷格也许会崩溃。因此，他没有说"我放弃"，只是暂时推迟了它，而且相信总有一天他会去做的。女儿临近高中毕业时取得了某大学的奖学金，顺利进入大学。现在，她只在假期时才回来看看他们。"要么现在就动身，要么就干脆放弃，"我提醒他，"你已经50岁了，朋友。""我知道，你说得对，"他说，"等到我女儿大学毕业后，我会做的。"很快，格雷格的女儿大学毕业了，我也不再责怪他了，因为这样的谈话只会让他感到不舒服。最终，格雷格彻底失去了前进的动力。他每天朝九晚五、循规蹈矩地上班，而梦想则慢慢消失，最终无影无踪。

没人承受得了梦想破碎的痛苦，因此，我们总会巧妙地欺骗自己，用"迟早会有一天"这样的借口来安慰自己。"有一天"是我们为逃避眼前的不适和焦虑而找到的最有力的借口。<u>"有一天"会让我们甘于现状，无所作为，而放弃梦想带来的遗憾却不会立刻出现</u>。随着时间的推移，格雷格似乎变得浑浑噩噩。尽管他还是会给我们讲一些非常幽默的笑话，但笑声最终因为他的诊断结果而彻底消失。格雷格患上了一种罕见的癌症，而且只剩下两个月的时间。

他离开了这个地方，而且永远也不会回来了。在人生最后两个月的时间里，他将和妻子一起在佛罗里达度过。格雷格只能独自承担拖延的最终代价。在过去的几个月里，不知道他会怎样想，然而，在如此短暂的时间中追求自己的梦想，似乎为时已晚？我当然无从得知。我们从未说过再见，我也无法想象，他那个永远都无法实现的梦想会给他带来多么痛苦的折磨。

内心的力量带来无限可能

今天的阳光格外温暖,财富园丁在他的葡萄园里和邻居们一起,一边喝着葡萄酒,一边欣赏爵士乐演出。他走近贾里德,一个月前贾里德开始在一家包装公司工作,因此,他和财富园丁已经有段时间没有交流了。在相互问候之后,财富园丁邀请贾里德来到了他的办公室。

谈到自己的工作时,贾里德向财富园丁介绍了自己在这段时间的经历:如何在这家工厂开始新工作,如何不到一个月就被提拔为监工,负责监督一个包装小组。贾里德说话时显得非常自信。

"这确实是个很大的进步啊!"财富园丁说,"现在你的时间显然比浇花时更有价值,而且你似乎很满意现状嘛。"贾里德稍稍停顿了一下:"我想,现在的生活并不算太糟,但我还是要面对现实。一年前,我还是一名坐在空调办公室里的工程师,收入是我目前薪水的整整两倍。当时我也没有和父母住在一起。"他叹了口气,"所以说,我并不完全满意。我希望自己的生活更丰富,但因为我在这份工作之余几乎没什么空闲时间,所以我在寻找工程师工作这件事上一直没能取得什么进展。"

财富园丁也在考虑贾里德的情况。目前的情况可以让他省钱、享受友谊,而且能体会到财务上的尊严,但他在内心中难免会有不满和失落。"你现在有了收入确实是件好事,"财富园丁小心翼翼地掂量着每一句话,"尽管这可以给你省下点钱,但你现在可能正处在人生中的一个危险阶段。"贾里德吃了一惊:"我处在一个危险的阶段?""你目前的情况当然没有任何问题。"财富园丁说,"但前提是你能淡化自己的不满情绪。当事情还没有糟糕透顶、但也谈不上有多好时,人们往往会陷入一种所谓的'舒适陷阱'。此时，我们往往会忽视内心的真实愿望。"贾里德舒了一口气，他对财富园丁的大惊小怪感到不满："原来如此，看来，我们要再次和你的花园之神谈话了。"

"你其实做得很好，"财富园丁叹了口气，"但你的人生方向是什么？你在现在的生活中是否充分发挥了自己的潜力？""这只是暂时的安排。"贾里德敷衍地说。

此时，两人陷入一阵令人不安的沉默中。财富园丁向前倾身，从桌子上拾起一颗橡子，"你知道我为什么每天都把这颗橡子放在面前吗？"财富园丁问。贾里德没有回答，耸了耸肩。"这是为了提醒自己，永远都不要太傲慢，误以为自己无所不知，"财富园丁平静地说，"当我看到这颗微小的橡子时，我会想到它的潜力，提醒自己在未知的世界面前一定要学会谦卑。只有大自然才能创造出种子并让它生根发芽、开花结果。"

贾里德看着橡子："我想，你又要对我做演说了吧？""想要充分发挥潜力，首先需要对未知世界采取开放的态度。我们必须接受这些我们无法完全理解的奇迹，比如这颗橡子的巨大潜力。"财富园丁说。

贾里德笑了起来："我当然知道橡子！""你现在的思绪就像这颗橡子，"财富园丁严肃地说道，"它现在就放在我的桌子上，它的确有可能长成一棵大树，但这颗橡子已经在我的桌面上待了10多年，在这段时间里，它的潜力发挥了多少呢？"贾里德若有所思地看着这颗橡子，没有回答这个问题。"但是，"财富园丁继续说，"如果我们把这粒种子放到肥沃的土壤中，它就会以某种方式复活。一颗休眠了10年的种子，将神奇地长成一棵大橡树。而这棵树又会生长出数以千计的橡子。"贾里德深深地呼出一口气，说："你想说的是什么呢？"

49

财富园丁说道:"千万不要漠视来自内心的力量。你拥有的潜力当然远远超过这颗小小的橡子,而这种力量则会帮助你将自己的潜力发挥到极致。""我只有一个问题,"贾里德反驳道,"就算我同意你的说法,又能怎么样呢?""的确。"财富园丁笑着说,"空谈这种普世智慧可能会有些妄想的成分,但关注目标、设立信念、制订计划、投入时间和有目标地生活,显然有助于我们实现自己的梦想。"

> 千万不要漠视来自内心的力量,它会让我们的人生豁然开朗。
>
> —— The Wealthy Gardener

内心的力量看不见摸不着,简直无处捉摸。但是我们可以在情感上感受到它强烈的支持,它会带我们进入一种宁静和谐的状态。就像之前我所做的心理练习,内心的力量会让我们的人生豁然开朗,灵感的雨露、惊人的巧合和千载难逢的机会纷纷从天而降。

50岁时,我已经实现了财富自由。我体会到了巨大的解脱感。尽管我的激动之情已经溢于言表,但我也感到一种新的、无法理解的忧虑。我没有忘乎所以,因为我已经逐渐认识到这种仁慈的忧郁是我内心的智慧对我自己的低声私语。它在提醒我停下来,静心冥想。

我开始关注心中那个模糊不清的愿望。当时,我的儿子迈克正在读大学四年级,很快就要开始寻求自己的经济独立。我感到一种冲动,我应该把我三十多年来获得的知识分享给他。

现在,我们不妨暂停这个故事,看看其中的内在力量:一种忧郁的感觉开始引起我的注意；每当我考虑开始行动时，这种忧郁感就会消失。每当我停下来，在头脑中寻找答案时，这种感觉就会再度出现。我开始停下来思考，领悟其中的意义，感受这一天中最神奇的时刻。

我决定暂时抛开一切借口，去追随这种力量。我写了封长信，用尽我那个月的全部空闲时间，费尽心思将自己的人生感悟全部汇聚到这封电子邮件中，然后，将它发送给还在大学校园里、对人生浑然懵懂的儿子。我解释说，我可能会创作一本关于成功的书，希望他能对书的第一章做出客观真实的评价。

那天晚上，迈克打电话给我，他的鼓励让我非常感动，我们讨论了这封信。挂断电话后，我的感觉很好。我们开始了一场父子之间真正的对话。

于是，我开始创作一本关于成功的书。我每周完成一到两课的内容，然后便通过电子邮件发送给迈克。他会对内容进行评论、提出观点和建议，然后发送给我。在此基础上，我们还要继续讨论。但是几个月后，我再次开始感到忧郁。这是内心的声音告诉我：我要做出改变，有些事情不太对劲。

那时，我每周还要在诊所工作3天，同时还管理着65套出租公寓。我觉得，如果能暂时离开诊所一段时间，哪怕只有3个月，我就能把希望与儿子分享的内容制作好，甚至可以和公众分享这些知识。我确实有暂时关闭诊所的冲动，毕竟，这时的我已不再需要诊所带来的收入，而书的计划对我来说似乎越来越有意义了。我被这个目标强烈地吸引着。但始终没有付诸实践，我不愿意离开自己的患者。

我似乎陷入了绝境。因为不想为了获得写作和思考的时间而改变生活节奏,我忍受着一种较为温和的忧郁状态。我感受到一个发自内心的声音,但我并没有跟随它的指引。

有一天,我们家的下水道堵了。我先后给三位水管工打了电话。但他们都没有时间。有一位水管工表示,他可以把管道疏通器借给我。我首先表示了感谢,然后马上跳进卡车,去取管道疏通器。管道疏通器是一个直径约3厘米的金属线圈,它会在电机的驱动下旋转起来。我戴上一双薄手套,将管道疏通器插入地下排水沟。然而,左手的手套被旋转线圈勾住了,将我的手拉进了电动机。

我的左手顿时感到一阵剧痛。鲜血喷涌而出,一时间血肉模糊,我的小拇指被电机锯掉了一半。儿子找到钥匙,开车送我到急诊室,医生对我进行了急救处理,他们又把我送到创伤医院接受麻醉手术。

后来,医生告诉我,由于6根手骨骨折,而且有一根手指被截肢,因此,我必须静养3个月。在这期间,我不能从事任何体力活动。为什么我要提这个手指受伤的故事呢?这件事让我有了3个月的独处时间,一个人静静地构思和创作这本书。你肯定会说这只是一个巧合,但谁知道呢?毕竟这可能是我得以从诊所日常工作中解脱出来的唯一方法了。

生命有四季,财富创造也有它的周期

财富园丁咧嘴一笑,站起身来,看到隔壁的贾里德坐在长椅上,拿着一瓶刚刚打开的啤酒,脚边还扔着5只空瓶子。财富园丁走到篱笆边,两个人都看到了对方。"你一定是渴了。"财富园丁开玩笑地说。

贾里德手里拎着啤酒瓶,也走到篱笆边:"我一直在想你上周末说的话。你说的确实是对的,我的生活有点可悲。"

"我可从来没有说过这样的话。你是不是已经喝醉了?"财富园丁问。"我已经32岁了,离了婚,几乎一无所有。我身边的朋友都有自己的房子和家庭,而我却和父母住在一起。我的职业前途一片迷茫。年轻的时候,我也曾认为自己到了这个年龄应该会非常成功。"

"但一切并没有结束啊。"财富园丁说。贾里德耸了耸肩:"再过8年,我的人生或许就走完了一半。"听了他的话,财富园丁大声笑起来。"这有什么好笑的?"贾里德问。

"我的橡子故事明显刺激了你,"财富园丁说,"但我还没有把那个小种子的故事完整地告诉你。"

贾里德略带嘲讽地说:"那么现在就请开始吧。""看这里,孩子。"财富园丁说,"你是否注意到,我们正站在一棵红橡树下?"贾里德抬头看着这棵大树,树枝在他头顶伸展。

"45年前我亲手种下了它,"财富园丁说,"我在这块肥沃的土地上埋下一颗小橡子,去年,它开始产出更多的橡子。你知道这意味着什么吗,贾里德?"

贾里德喝了一大口啤酒,两眼茫然:"我没有任何想法。""照你刚才的话说,这棵树就是个彻头彻尾的失败者,"财富园丁说,"北方橡树的平均寿命是200年,但是到目前为止,这棵可怜的树还只知道拼命地长高,不停向下深入它的根系,才能勉强熬过冬季。"

贾里德明白了:"45年了,它还没有产出太多的果实。""这不是很有趣吗?"财富园丁说,"尽管这棵树还没有产出太多果实,但它符合生物的周期。你的财富创造也有它自己的周期,就像一棵大树的成长有季节性一样。实际上，你的生命才刚刚进入繁荣的夏季。"

"我的夏季？"贾里德问道。

"没错，这只是你的财务生命周期的中间阶段，"财富园丁说，"32岁，你正在离开生长的季节，进入积累的季节。我可从来没说过你的生活是可悲的。但我确实打算叫醒你。你必须高度专注于自己的方向，充分发挥自己的潜力。你的财富大树还没有长成，它需要坚定的信仰和不断调整的事业规划。只有依赖对时间的有效利用，我们的财富才能持续增长，否则，我们的财务大树终将枯萎死亡。"

> 能让你赚大钱的不是你的判断，而是耐心等待的功夫。我们所做的事，不超过任何人的能力范围。
>
> —— The Wealthy Gardener

季节是一个以特定条件或活动为标志的时期。积累财富就像一部由三幕演出构成的戏剧，包含了春季的播种、夏季的成长和秋季的收获。

上幕：0~30岁——财务认知

上幕的核心主题是春季的播种。我们吸纳了家庭中的金钱观念，接受教育，然后就业，开始用我们的时间来换取金钱。我们学着成为一个有财务自理能力的成年人。我们了解银行、信贷和开支。我们会发现，消费有时会令人兴奋，但我们也知道，消费会降低我们的财务稳定性。在我们财务生命周期的春天里，未来一片光明，我们有大把的时间，可以做很多事情。因此，在春天，我们的乐观情绪也达到了极点。但接近

30 岁时，我们将发现，每个人的生活都千差万别。

中幕：30～60 岁——积累财富

中幕是夏季的积累。在这个时期，我们不再盲目追寻年轻时代的理想和情怀，开始意识到金钱至关重要。我们需要舒适的生活，或者说，至少要有足够的钱，不必为了每天的生计担心。这是我们财务生命周期的夏季，我们成为更有创造能力的成年人。我们会设定财务目标，还要考虑如何省钱。

在这个季节，我们的收入能力达到顶峰，但开支也变得更多。我们有了自己的家庭；我们的职位在晋升，获得奖金，而且有机会不断提升教育水平。我们会逐渐发现，问题的重点不在于我们赚了多少钱，而是在于我们存下了多少钱。我们开始储蓄，并学会了利用储蓄进行投资。

下幕：60～90 岁——财务独立

最后一幕是秋季的收获，经历了积累阶段，我们开始享受舒适的退休生活。在秋天这个季节，我们的生活条件取决于我们积累的财富数量以及能使用的财富数量。如果没有足够的资金，我们就需要继续工作赚钱。因此，不同人在秋季的生活会因为资金积累的差异而相去甚远。

财务生命周期和季节一样，都是可预测的。艾默生曾说："跟上大自然的脚步吧，她的秘诀就是耐心。"不要着急，该来的财富自然会应季而至。

成长是最美的收获

植物学会向来以严肃认真而著称，而财富园丁居然赢得他们评选的

"年度花园"奖。吉米陪他出席了仪式,回去的路上,吉米凝视着车窗外面说:"没想到,园艺竟然这么复杂。""其实并不复杂,"财富园丁说,"它的核心要点很简单。但今天出席的都是大师级的园丁,他们喜欢挑战。""对我来说,这确实有点复杂。"吉米坚持说。

"其实,你的意思只是说,这听起来很陌生。"财富园丁做出了澄清。吉米笑了:"是的,我觉得是这么回事。""但你已经熟悉了园丁的第一课。"财富园丁说。吉米打趣:"您是说,在花园里优雅地挥铲子吗?我发现自己只能做大自然的手下败将,紧紧跟在它后面,处理它留下的麻烦。""你的比喻太恰当了,"财富园丁点头赞许,"这项工作似乎每天都在和泥土打交道,在和混乱和无序做抗争。但园艺大师们知道,尽管会遭遇诸多问题,但园艺的内涵就是从劳动中得到满足,追求心灵上的愉悦。"

"园艺大师也需要大量地学习吗?"吉米问。"我们每个人都需要不断成长,"财富园丁说,"如果我们每年都种植同样的花草,而且从不会遇到任何问题,那岂不是很无聊?你想过没有,如果一辈子都待在你的小花园里,那会是什么感觉呢?你能想象那种一成不变的生活吗?""我想,如果真是那样的话,我宁愿花园荒废掉。"吉米开玩笑地说道。

"但人们的确在这么做,"财富园丁说,"尽管他们不会主动选择这么做,但是当人们在拖延或是刻意回避不确定性的时候,他们实际上就是在选择一成不变的生活。很多人试图寻求安稳,实际上,他们是在不遗余力地维持自己的小花园。"吉米说道:"我确实无法想象那将多么封闭和无聊。"

财富园丁一边开车,一边摇了摇头:"你有没有想过你在花园里的下一课是什么？""我得好好想想了，"吉米叹了口气，"实际上，这已经变成了一件无聊的苦差事。"财富园丁开着车，"你有没有考虑过，"他语重心长地说，"在这种无聊之中是不是也有值得学习的东西？"

吉米陷入了沉思，财富园丁继续说道："如果做苦差事能在某种程度上让你进步，那么它就有意义。但是在你看来，在花园里工作完全是一件毫无乐趣的苦差事，也不能给你带来任何进步。这项极端乏味的苦差事不能给你的生活带来任何启发，更谈不上指明方向。""这就是最让我感到头疼的事情。"吉米说。

"对植物有益的事情对园丁也是有益的。<u>植物向阳而生，同样，人也应该始终朝着最能发挥其潜能的方向发展。</u>"财富园丁说。"那我该如何充分发挥自己的潜力呢？"吉米问。财富园丁笑了："我一直在考虑这个问题，但无法用一个简单的答案回答你。不过，我正在努力。"

卡车沿着农场漫长的车道蜿蜒而行，来到一座小屋前。他们一起进屋，财富园丁沏了茶。"你在花园还有一堂课要学习，"财富园丁说道，他坐在吉米对面的摇椅上，眼睛里闪烁着光芒。"实际上，我故意让你的花园和我年轻时经营的菜园的面积差不多。"吉米满脸困惑地问："您为什么这么做呢？""在我还是个少年的时候，我叔叔在他的地上给了我这么一小块地。那时，我拥有的东西和你一样多。此外，我也希望花园可以尽快发展，"他回答道，"我把这个任务交给你，这样，你也会知道我的人生起点是怎样的，然后，就可以像我当初那样，开始自己的花园之旅。"

吉米挺起了腰，坐得更笔直："那您是怎么做到的呢？"

"尽管花园的实际面积没有扩大，但是我通过拓展自己的思维，扩大了花园的可利用面积，"财富园丁说，"对那些甘于终身学习和不断实现自我掌控的人来说，没有什么目标是不可能实现的。"

吉米皱了皱眉头说："我很想听听您成功的故事。""我可以给你讲讲我自己的真实感受，"财富园丁靠在椅子上说，"我开始时就像你一样，只有一个小小的菜园。但是很快我就开始意识到，除非改变现状，否则我可能一辈子都要待在这个小菜园里。"

吉米没有说话，只是点了点头。"要让花园变得更大、更好，其实并不需要什么天分，"他慢声细语地说道，"我在十几岁时就懂得这个道理。我来自一个没有受过教育的家庭，但我还是迷上了阅读。霍雷肖·阿尔杰写的故事改变了我看待事物的方式。在那些故事中，我仿佛进入了另一个世界，在那里，有志气的穷苦孩子一样可以在人生中获得成功。"

"但你的起点依旧只是一个菜园啊？"吉米疑惑地问。

"是的，不过我还有其他东西，"财富园丁纠正道，"我有一个大脑，有很多的时间，而且不需要很多的生活费用，更重要的是，我有学习和工作的欲望。我不畏惧任何风险，我没有什么可以失去的。所以，我抓住了机会。"

"好的，我明白了。但您是如何发展起来的呢？"吉米问。"我也没有想象到它会发展成今天这样。这在当时看来确实是不可能的。当时，我只是选择了一个自己还无法实现的目标，然后，我让自己投身于这个目标。每当我实现了眼前的目标，我就会再选择一个更大的目标并致力于实现它。通过这种方式，我的能力不断提高。"财富园丁说。

"我明白了，"吉米说，"您是在挑战自我，在挑战中迫使自己不断成长,然后,随着能力不断提高,不可能的目标逐渐变成了现实。"

"是这样的,但还不止于此,"财富园丁若有所思地说,"我充分地利用自己的空余时间,而那些时间恰恰是发挥个人潜力的关键。除了努力,我逐渐认识到思维的力量,正是这种能力让我实现了飞跃式进步。内在的无形力量,让我的付出收获了事半功倍的效果。"

吉米叹了口气:"现在,我正处在和您当初一样的起点上。"

"给自己确定一个成功的目标,确定一个确切的金额,再给这个目标确定一个截止日期。然后,为了这个目标而努力,在努力的过程中不断成长、不断拓展自己的思维。然后,你将看到,所有的花园其实都是从园丁的内心生长出来的,"财富园丁说,"因此,要让你的花园越来越大,首先就要让你的思维超越花园的界限。给自己设定一个不可能的目标,然后,投入你的时间去实现这个目标。"

"所以说,在追求目标的过程中,您变得越来越富有?"吉米问。

"是的,目标一定要超出我现有的能力。当植物停止成长时,它们便会走向死亡。因此,我们必须不断成长。"财富园丁回答。

"但是,如果我已经实现了自己的终极梦想,之后该怎么办呢?"吉米继续问。

"是的,年轻的朋友,这是一个很好的问题,"财富园丁笑道,"园艺大师们永远都在进步,他们的梦想也在不断变化。"

吉米咧嘴一笑:"所以说,我们永远也不可能穷尽自己的全部潜力?""我自己也始终不能给这个问题找到一个令人满意的答案,"财富园丁说,"那么我们怎么才能知道自己的最大潜力到底是怎样的呢?每当我因为不够聪明而未能实现目标时,每当我们没有足够的能力完成某项工作，或者竭尽所能但依旧失败时，我们都会觉得达到了自己能力的天花板。但如果拥有足够的欲望和信念，我们就会发现，我们还能变得更聪明、更强大，足以实现自己的梦想。我们可以学习，我们可以在努力实现目标的过程中成长。"

THE WEALTHY GARDENER

第二部分
耕种你的财富花园

钱找人胜过人找钱,要懂得钱为你工作,
而不是你为钱工作。

全球著名投资家、"股神"沃伦·巴菲特

第 4 课
发现财富创造的原动力

找到你的生活目标

获得财富需要终身学习和探索,需要充分挖掘并发挥我们的潜力,从而让每一天都在生命中留下印记。

每到星期三晚上,几个老朋友就会凑到一起打牌,聊聊往事,彼此取乐。弗雷德是最积极的参与者,而财富园丁则是牌局上注定的输家。然而,这次的谈话却变得严肃起来。弗雷德承认:"老实说,我从来没有想过,我在退休后会感到这么迷茫。这倒不是因为我怀念工作的时光,而是因为我不再工作了。这是一种非常空虚的感觉,就像少了什么一样。在工作时,我至少知道自己每天早上为什么要起床。虽然那些工作没有意思,但至少能给我一种安慰。"财富园丁看着坐在牌桌对面的老邻居。弗雷德已经退休一年多了,但至今仍未调整好自己的心态。

"有些过渡需要一点时间,"财富园丁回应道,"高中毕业后,你就一直在努力工作。一切都会好起来的。""我已经适应得够久了。"弗雷德随手抓起一张牌,"康妮觉得,我应该捡起打高尔夫球的爱好,或者开始做园艺，但我不喜欢在大热天里追着一个小球跑，或者在泥土中拔杂草，都很无聊。"财富园丁颇有同感地点了点头："你还记得你在玛丽去世后对我说的话吗？"

弗雷德深深地呼了一口气："是的，我告诉过你，一定要找到一件有价值的事做。"财富园丁说："你知道，当时我深深陷入痛苦中不能自拔，心痛得近乎崩溃。哀悼亲人是必要的，但我却放弃了正常的生活和工作。这是一个可怕的错误。"弗雷德没有回应。

"你还记得当时你告诉我的其他事情吗？"财富园丁问道。弗雷德缓缓地点点头："我觉得你需要生活得充实一些。你必须让自己动起来，重新开始。你需要找到生活的目标。""我需要一个目标。这是一个拯救了我生命的建议啊。"弗雷德看着手里的纸牌，没有说话。最后，他抬起头，看着自己的老朋友："很有道理，但是你妻子的去世和我在退休后的挣扎并不一样。我认为这两件事是不可比的。"

"或许你是对的，"财富园丁说，"但你现在同样失去了目标。而且用你的话说，只需要让自己动起来，投入一个有价值的事业中，就会好起来。"弗雷德尴尬地笑了笑，没有反驳，算是对这个说法的肯定。

> 只有找到能让我们心动的目标，我们才有机会发现并激发出自己的全部潜能。
>
> ••• *The Wealthy Gardener*

目标是一种目的或追求，尤其是指超越自身利益的追求。一个超越单纯积累财富的目标，对于持续不断地获取财富至关重要。是什么驱使我们为了追求财富而甘愿做出牺牲呢？对我来说，我希望过没有工作的生活，这样我就可以利用自己的时间去做其他事情，但另一方面，我也深知自己需要为妻子和孩子提供保障。这些目标就是我追求财富的动力。为了个人的自由和家人的幸福，我宁愿牺牲自己的一切舒适。

如果没有这些目标的催促，我早就放弃无数次了。每向上一步，都需要我投入更多的空闲时间，还需要超乎寻常的节俭。大多数人会说自己的工作是在牺牲时间供养家人。这是一种错觉。工作并不是一种牺牲，因为它是一个人维持生存的基本前提。即使并不追求什么伟大目标，我们也必须有一份工作。无论如何，<u>每周工作 40 小时是我们在这个世界上活下去的基础，而不是对个人生活的牺牲</u>。

获得财务成功要求我们有效利用空闲的时间。因此，我们需要牺牲的是安逸。到了晚上和周末，在本来可以做其他事情时，我会耐心打理公寓出租业务，尽可能提高公寓的使用效率。我还记得，在阳光明媚的星期六下午，我会对公寓进行更新改造。我也曾怀疑做这些事情是否值得。为什么要用空闲时间做这项工作呢？此时，我想到了自己的孩子。如果我不牺牲这些时间，他们就会被大学期间积累的债务压得喘不过气。而且如果他们看到我除了满足生存需要，从来不做任何额外的付出，那么我该怎么让他们相信勤奋工作会得到回报呢？

于是我继续努力工作，按部就班地赚钱。等到了中年，我已不再需要为了生计而奔忙，开始把时间花在更有意义的事情上，我投入了禁闭般的写书事业中。这些经历告诉我，自身利益之外的目标会激发我们全身心地投入，也会反过来为我们带来一种满足感。

就像德国哲学家阿尔贝特·施韦泽所说："当我们为他人而活时，

生活会变得更艰难，但它也有可能让我们更成功、更快乐。"

金钱本身可能不足以激励我们牺牲个人利益，但送孩子上大学的目标或许会推动我们不断前进。摆脱贫困或债务或许不足以让我们放弃安逸，而追求自由的梦想可以激励我们更努力地工作、不断积累财富。每个人都有动力去寻求生活的目标。只有找到能让我们心动的目标，我们才有机会发现并激发出自己的全部潜能。

决定你收入的是什么

财富园丁站在讲台后面，对这些犯过错的孩子们娓娓道来。在过去的 6 年里，他一直利用业余时间为感化院里的问题少年授课。今天，他正在讲授有关工作的 4 条基本定律。财富园丁在身后的黑板上写下 4 个问题，作为这堂课的开场白：

收入公式

1. 你做的事重要吗？
2. 你是否得心应手？
3. 替换掉你的难度有多大？
4. 你在为多少人提供服务？

财富园丁说："如果你的收入不足以维持生活，那么你就必须从这四个角度去思考你的工作。因为你的收入往往反映了外部世界如何看待你的贡献。"吉米坐在旁边的一把椅子上,静静地听着。

一个男孩说:"如果我不想为任何人服务,那该怎么办?"

"好吧,我有个残酷的消息要告诉你,"财富园丁说。这些孩子似乎并不理解他。"别人根本就不关心你需要什么。事实上,他们甚至不关心你的存在。你只能自己去赚取需要的东西,而回报就是对你提供的服务的最真实的反映。"

这个男孩马上追问:"为了钱,我就必须为别人而做出牺牲吗?"

财富园丁说:"雇主之所以会给你报酬,是因为你能满足他们的需要。这就是现实。大多数工作都是这样的,你参与工作并发挥自己的能力,也因此得到报酬。如果你拒绝提供服务,就得学会忍受饥饿。"

"我的父亲一辈子都在给别人打工,"另一个孩子说,"他在工作时背部骨折了,虽然得到赔偿,但他很快花光了,而且还丢了这份工作。"

"不要对你的父亲太苛刻,"财富园丁说,"他在工作赚钱时,可能一直都在想着你。不过,我们回头看看这条公式,或许能够说明他的情况。他做的这份工作有必要性吗?"

"他在装配线上工作了三十多年。"小孩说。"所以,他的工作在很长一段时间里还是有价值的。"财富园丁说道。然后,他开始根据收入公式来说明,这种工作的问题就是工人很容易被替换。"大多数人的问题在于,他们觉得自己是不可替代的。然而这种想法往往是错误的。"

班上的一个男孩举起了手:"我妈妈说,我们每个人都有自己独特的兴趣和才能,因此,只要发挥这些能力,钱自然就会到手的。"财富园丁认真地打量了一下这个男孩:"你妈妈是做什么的?"

"她是钢琴教师。"男孩回答。财富园丁说:"好吧,我们可以用这个公式分析你说的话。"激烈的讨论过后，全班同学一致认为：

1. 社会对这项服务的需求是有限的。
2. 他的妈妈可能是一位优秀的钢琴教师。
3. 但遗憾的是，取代她同样不会太难。
4. 这位妈妈每周只为 15 名学生上课。

"因此，我们可以认为，钢琴课可以提高生活质量，"财富园丁说，"但对大多数人来说，这是一种奢侈品，而不是生活必需品。因此，这个职业不太可能带来可观的收入。"学生们沉默了。

"能找到自己喜欢的工作当然是一件好事，"财富园丁继续说，"但是工作也应该给予你同样的爱。这和任何一种关系都是一样的：如果你付出了全部，却得不到任何回报，那么你当然会怨气冲天。"

"那么工作怎么才能给我们同样的爱呢？"后排的一个男孩问道。

"它应该让你得到满意的回报，它应该满足你的内在需要，它应该给你带来足够的钱，让你过上自己想要的生活，"财富园丁说，"随着时间的推移，任何无偿的努力都会带来怨恨。因此，适合你的工作就是能为你带来回报的工作。"

> 如果你不能为其他人提供质量更好的服务，就希望能取得更多的回报，那么你注定会沮丧、失败、士气低落并最终放弃。
>
> —— *The Wealthy Gardener*

回报就是我们通过付出而得到的东西，是对有价值的投入的回报。财务成功显然需要适当的回报。我们需要赚钱，而且不仅要满足基本生活，还要获得盈余。尽管我也并不总是能够领会这个收入公式，但不管怎么说，我最终还是做对了。我按照公式分析了我在宾夕法尼亚农村的房屋，然后出售了它，拿到了买入和卖出之间20万美元的差额利润。

下面就是我所做的分析：

1. 我满足了自身的需求。在我居住的地区，我发现，购房者把所有的积蓄全部用于支付首付款，他们没有留下维护房屋、添置新家具、更换天花板或绿化园林需要的钱。考虑到这种情况，我采取了一站式出售的方式。

2. 我为别人提供了难得的品质。我是个完美主义者，只有当装修完成后，我才会出售房屋，因此，我的房屋比其他人的同类房屋更完美。

3. 我很难被别人取代。我有现金储蓄，但大多数想和我竞争的人却没有这笔钱。我的钱就像一个越滚越大的雪球，这就让我有能力做好这笔生意。对初始资金的要求造成了一条限制竞争的护城河。百万富翁级别的投资者对公寓和商业房地产更感兴趣，根本就不会考虑我倒卖的这些小房产。所有这一切，为我打造了一个完美的细分市场。

4. 我每年可以运作5套房子。和每年买卖上百套房产的专业不动产经纪人相比，我的服务简直就是小儿科。由于我还经营着其他两家公司，因此这点小生意也足以让我的储蓄节节高攀。

当然，买卖房地产让我处于额外的压力之中，但我甘愿忍受赚钱的磨难。没有压力，我们就不会有收获。我们既可以用更多的投入换取更多的回报，也可以采取更好的策略、接受更多的培训，甚至进入全新的行业，从而以相同的投入换来更多的回报。我们为他人提供服务自然会涉及两个问题：

1. 我如何帮助他人？
2. 这对我来说有什么好处？

如果我们能够在这两个问题之间找到适当的平衡，我们就可以更充分地利用自己的时间，过上一种更有掌控力的生活。

"我们每个人都在服务其他人，比如我们的心上人、亲戚、朋友、邻居、同事、客户、潜在客户和雇主，"世界上第一个真正的女护士南丁格尔说，"如果你不能为其他人提供质量更好的服务，就希望能取得更多的回报，那么你注定会沮丧、失败、士气低落并最终放弃。"财富来自一种能以爱回报我们的有意义的服务。

5年，重启人生

星期六早上，他们坐在财富园丁卧室的火炉前，窗外是冰天雪地，身边是熊熊的火焰。吉米问道："如果你处在我这个年纪，你最关心的会是什么呢？"

财富园丁笑了笑："你知道，我每天都要进行心理练习和深度思考训练。所以，如果我现在是你这个年纪的话，我希望我可以用5年时间来熟练这个技能。"

吉米吃了一惊："为什么需要5年时间呢？""一棵橡树每年只能长高2英尺（1英尺≈0.3米），"财富园丁说，"这种变化微乎其微。但是5年后，这棵橡树会长高10英尺。人们都希望它能在短时间内长成参天大树，但这显然不符合自然规律。一切有价值的回报、一切技能的掌握，都需要长期的投入。""我可以耐心等待，"吉米呼出一口气说，"那我需要怎么做呢？""你要想清楚你最想得到的东西。此外，你还需要学会有效利用时间，尽最大努力用好自己的每一天。你需要建立自己的事业，找到一种意义，让你能度过困难时期。"

吉米大声叫起来："这么多啊！""最初听起来可能确实有点太多了，"财富园丁笑着说，"其实这没什么，只不过是把每天浪费掉的时间转化为有目标的时间，并且专注于这个目标。"吉米若有所思地凝视着窗外，白雪纷纷飘落。他确信，自己将以某种方式找到答案。因为生活无非就是时间、希望以及对未来的美好期待，除此之外，别无他物。现在，他隐隐感到了一种来自内心的拉动。

吉米问："你年轻的时候会规划自己的生活吗？""正如我在不久前向你解释的那样，"财富园丁说，"我设定了一些小目标并努力实现它们。我逐渐发现，我的生活每5年都会发生巨大变化，以至于很难预测我之后的目标将是什么。于是，我学会按5年的时间来规划自己的生活，我把段时间称为'宏伟的桥梁'。5年是我所能预见的最长时间。这段时间足以让我们的生活发生彻底改变，而且这也是我们可以管理的最长时间。"

吉米沉默了一会儿，问："那么我应该从哪儿开始呢？""每天静坐，让你的思维进入最平静的状态，倾听你内心的声音。在沉默中，集中注意力去想象你渴望得到的东西。如果你无法聚集自己的注意力，你就永远都无法在平凡而忙碌的日子里释放自己的潜力。"

> 学会按 5 年的时间来规划自己的生活，每隔 5 年，我们都可能过上全新的生活。
>
> —— *The Wealthy Gardener*

5 年的奋斗：这是一次为实现目标而展开的充满活力的、足以改变生活的奋斗。我的一位朋友曾陷入巨大的债务陷阱中。学生贷款整整困扰了他 20 多年。毕业不久他就结婚了。妻子的学生贷款与他自己的贷款差不多。再后来，他们有了一个孩子，购置了房子，租了两辆新车。于是，他们一步步地在债务陷阱中越陷越深。

30 岁时，他们终于意识到，自己的工作完全是在给别人还钱，这让他们对自己的未来感到无助、压抑和沮丧。他们已经累积了 3.5 万美元的信用卡债务；15 万美元的住宅抵押贷款；汽车贷款也超过 6 万美元；还有合计超过 11 万美元的学生贷款。"最难的就是如何减少债务，"他告诉我，"因为这些债务已经让我们彻底崩溃了。尽管我不可能一劳永逸地消除巨额债务，但至少要先还掉金额最小的信用卡贷款。我可以卖掉汽车，也可以卖掉我们的房子。"

接下来的几年里，我目睹了他们生活的变化。他们放下了自己的面子，搬进了我的出租公寓。我非常钦佩他们。他的妻子每周工作 40 小时，他也在不遗余力地奋斗。在空闲时间里，夫妻俩开始从事网络营销业务。5年内，他们就彻底还清了全部债务。

我的另一位朋友安吉也在5年内走出了悲剧。结婚后，安吉先后生了两个小孩，然而，她的丈夫却因脑动脉瘤突然去世。他们的迪士尼乐园之旅被取消了；一年后，她卖掉了自己的房子，搬到父母家里，和他们一起生活，父母帮助她照顾两个孩子。安吉从事全职工作，独立维持家里的开销。之后，安吉还到社区大学学习护理课程，希望可以获得学位。在那段时间，每当我看到安吉时，她都脸色苍白，疲惫不堪。但是5年后，安吉成为一名全职注册护士，并且在父母家的旁边买了套房子。

为什么说这是一场5年的奋斗呢？因为有目的的积极行动可以改变任何事情，让我们每隔5年，都可能过上全新的生活。尽管我们不可能随时改变不理想的生活环境，但我们总可以开启新的人生方向。就像一艘在海上航行的游轮，只要在新的方向上稳步前进并持之以恒，我们就可以向新生活不断靠拢。我们可以报名参加一门培训课程并以最终进入某个行业为目标；我们可以还清一张信用卡，向着完全摆脱债务的方向努力；我们可以节约省下的每一美元，从而走向财务上的成功。不管怎么说，我们总可以做点什么。

迈出第一步，目标就实现了一半

星期五下午6点，贾里德坐在酿酒厂的室内酒吧里，慢慢品着一杯葡萄酒。财富园丁远远地瞥见了贾里德，走过去坐在相邻的一把椅子上。他们互相问候，贾里德解释说，他晚上要和一个女孩在这里见面。

"最近情况如何呢？"财富园丁问道，这显然是指他们最近一直在讨论的就业问题。上一次谈话时，贾里德喝得酩酊大醉，一个人躲在父母家的后院里唉声叹气。

"我觉得还可以吧。"贾里德随意说道。财富园丁觉得贾里德的含糊回应，恰恰是对这个问题的否定答案，显示出他并没有认真考虑上次的谈话。"那么你在等的这个女孩呢？你喜欢她吗？"财富园丁问道，转向更轻松的话题。"她很特别，"贾里德笑着说，"我从没见过像她这样的女孩。我们在一起的时候，我感到非常轻松，一点压力也没有。我觉得，我可以毫无保留地展现出自己真实的一面。""这很特别，"财富园丁同意道，"如果你在这个国家的其他地方找份工作，她会怎么看呢？"贾里德拿起酒杯，喝了一口葡萄酒："每当我提到这件事时，她就会安静下来。所以，你应该明白这是什么意思。"

"这意味着她是在无声地反对你找工作。"财富园丁回答道，"但我还是要问：你是否正在积极寻找工作呢？""我现在经常加班，"贾里德说，"加班时的工资是平时的一倍半。我的日子非常充实，因此，我也没有什么空闲时间。"财富园丁想了想贾里德的话。他明白，贾里德已经不打算找新工作了，他将自己不再努力追求归咎于没有空闲时间。"这么说，你对自己现在的生活很满意了？"财富园丁问。贾里德缓缓地笑了笑："我不像我们上次谈话时那么低落了。"

财富园丁沉默了一会儿，没有说话。"这是坏事吗？"贾里德问道。"肯定不是，"财富园丁说，"随着我们周围的人和环境的变化，我们的欲望也会改变。但重要的是不能安于现状。""你认为我有点安于现状？"贾里德又问。"我不想对你做出任何判断。我只是根据你告诉我的信息考虑这件事。当初我们谈话时，你的生活状况让你萎靡不振。我告诉过你，在32岁，你才刚刚开始财务生命周期的夏天。而现在，你又给我带来了一个完全不同的故事。"

"你说得对。我不是故意要有所保留的。"贾里德说。"安逸的生活当然没错，"财富园丁说，"你选择了自己的生活并得到了自己想要的东西，那就很好啊。"两个人都沉默下来，陷入了各自的沉思。

财富园丁暗暗地想，观察人的言行是否一致很有趣，因为人们的确很容易就可以给自己的食言找到借口。就在这时，一个漂亮女孩走了过来，坐在贾里德身边。财富园丁找了个借口离开了，他知道，他刚刚遭遇了贾里德面对面的抵抗。贾里德正处在一种他无法掌握的状况中。

> 奋斗者往往会不断地奋斗下去，而无所事事的人往往会给自己的无所事事找出很多借口。
>
> —— The Wealthy Gardener

阻力是一种反对或压制性的力量。它是人们因懒惰、拖延、精力分散而放弃当下工作的常用借口。我的一位朋友比尔曾在一家跨国煤炭公司担任高管。2015年，煤炭价格暴跌，市场需求大减，整个行业一片黯淡。大批煤炭公司纷纷宣布破产。我着急地问他："比尔，你考虑过换一家新公司或换个行业吗？"当时，他的工作正处于危险中。"你得考虑考虑自己的选择了。""是的，你是对的，"他说，"我知道我应该考虑一下了。"但他一直没有付诸行动，直到最后公司破产，他也失去了这份工作。

他没有去做他知道自己应该做的事情。但阻止他寻找新出路的，既不是恐惧，也不是无能或愚蠢，而是没能踏出第一步。18世纪法国名流杜·德芳侯爵夫人曾告诉我们："距离无关紧要，最困难的是如何迈出第一步。"走出大门的第一步要比随后的2英里更有挑战性。同样的道理也适用于我们的工作，最重要的永远是第一步。在所有的工作中，第一步最能检验我们的决心。一旦踏上征程，我们往往就能坚持下去。

每天早上，我都会做150次俯卧撑。为了克服阻力，我强迫自己完成第一次俯卧撑，这很容易就能做到，但不去做则更容易。然后完成100次。休息片刻后，我再完成最后50次。15分钟后，我就可以完成全部150次俯卧撑。这看似很简单，但其实是一个非常严肃的心理挑战。我之所以这么说，并不是因为它难以完成，而是因为它很难开始。人们在面对每一项任务时，似乎都会遇到类似的阻力。美国首屈一指的个人成长专家博恩·崔西建议，每天先完成最不想接受的任务。他说，如果你今天必须"吃掉一只青蛙"，那么最好先把这只青蛙吃掉，然后再去做任务清单上的其他工作。如果你必须在一天内吃掉两只青蛙，那么他建议先吃掉最丑的那只。奋斗者往往会不断地奋斗下去，而无所事事的人往往会给自己的无所事事找出很多借口。

如何提高工作效率

吉米独自坐在卧室昏暗的台灯下，回味着和财富园丁的谈话。他喜欢财富园丁通过橡树林的寓言解释的长期效率的概念。"想象一下，你的目标是种植一片占地1 000英亩（1英亩≈4 047平方米）的橡树林，但现在你只有一片贫瘠的土地，"财富园丁说，"这项任务将成为你为世界留下的恒久遗产，在你离开这个世界很久之后，这片树林将成为鸟类、哺乳动物和昆虫的乐园。但有一个条件，你只能在未来10年的空闲时间里完成这项工作。你会怎样完成这个壮举呢？"这个让人感到荒谬的目标让吉米大笑起来。"我需要1万颗橡子，"他说，"而且我每天都会播种。""想一想这个任务的具体细节，你会怎样分配你的时间呢？"财富园丁问。

吉米想了想。"我每个工作日可以为这项任务投入1小时，"他随后又说道，"然后，每个周末可以工作10小时。每小时可以种几英亩，一个月就可以种100英亩。因此我可以在一年内完成所有工作。"

"没错，这个看似荒唐的任务其实并没有那么困难。当你知道自己最需要的是什么，然后为了这个明确的目标始终如一地投入时间，那么你不需要太多的努力就可以达到目标，"财富园丁说，"富有成效的生活往往会对总体时间投入带来影响。<u>我们只需把大的成功分解为若干部分并在行动上持之以恒。行动计划有助于我们在漫长的旅程中坚持到底。</u>""可是获得成功比播种橡子难多了。"吉米说。

"真的吗？"财富园丁问道，"这或许只是一个借口吧？很多人之所以会这么说，只是给自己浪费时间找一个好听的借口而已。但是在种植橡树林这个例子中，你会注意到，你几乎把全部空闲时间都投入这项任务中了。效率来自对计划的不懈坚持，而计划则源于明确的目标。因此，你必须知道自己需要的是什么，然后始终如一地坚持下去。"

吉米叹了口气："如果我还不知道自己到底想得到什么，那么该怎么办呢？""那你就需要花时间去思考这个问题，"财富园丁笑着说，"用你每天最有效率的1小时，这是最适合用来思考、设计、梦想、规划和澄清生活目标的时间。它足以让其他时间得到升华。"

现在，吉米开始思考。他应该怎样充分利用自己的空闲时间呢？他决定，每天晚上独自坐下来，拿出一定的时间去思考和梦想自己的未来。经过三周的练习，吉米开始学会享受独自思考。他可以看到这种时间给他的生活带来了怎样的影响。他清楚地意识到，自己一生中并没有多少空闲时间可以利用。于是，在所有清醒的时刻，他都变得更加专注。

高效是一种朝着目标不懈前进的状态。一个人的财富来源于他之前数天、数月甚至数年的辛勤努力。哪些日常仪式可以帮助我们以正确的态度长期保持高效呢？对我来说，每天花时间思考、梦想、规划、制定战略、审查问题和描绘结果，能让我不断调整思维，随时保持足够的效率。换句话说，每天都把注意力集中在目标上会让我事半功倍。我会在空闲时间里调整自己的注意力，全神贯注地思考自己的目标以及我为什么会有这样的目标。

尽管有重复的嫌疑，我还是要强调通过日常仪式确保效率稳定的重要性。通过进行日常性的心理练习，我可以不断更新自己对目标的看法：

1. 重复。我会重复某些词语和句子，从而强化自己的信念。除了某些具体的词语，我还要重复埃米尔·库艾的一句话："每一天我都会变得越来越好。"这句话听起来似乎有点蠢，但我相信这种声明会为更美好的明天开辟道路。

2. 想象。我会用面向未来的眼光预见自己的生活。我会想象每周任务的结果以及长期目标的最终成果。现在,我正在想象一个人坐在沙滩上,感受着完成手稿的自豪感。

3. 目标和计划。我把计划写在卡片上,而且每天完成一个。我的计划是跑步 3 英里,每天摄入的热量不超过 8 371.7 焦耳;这可以让我更具体地完成我的最终目标:减重 2.27 千克。

在提高效率方面,我们必须随时对照每周计划,不断修改那些无助于推动自己前进的计划,利用好每天最有效的几小时。我们必须不断压制那个在我们头脑中低语的失败之声。当我每天保持着成功的心态,其他所有问题自然会迎刃而解。这些心理练习会鞭策我的日常行为,激发我的动力,使我的力量得到恢复,让我与财务目标的实现不期而遇。

爱运动的人工作时表现更好

我们必须学会把担心转化为自信,将疲惫转化为活力。除此之外,我们的精神无须其他任何弥补。

吉米提前 1 分钟到达晨跑地点。"你确定自己能做到吗?"财富园丁一边系鞋带,一边开玩笑地问。"无意冒犯,"吉米谦逊地说,"但我很确定,我还能跟上老年人的步伐。"财富园丁走向门口时,笑得很开心。他们跑完 3 英里后,在财富园丁的办公室门前停了下来。"你跑步时话不多啊。"财富园丁笑着说。吉米浑身是汗,喘着粗气。

"这太不公平了,"他上气不接下气地回答,"你已经训练了将近一个世纪。"财富园丁再次笑了起来,邀请吉米进办公室。两个人坐下来,吉米开口说："所以，我知道你的意思，我觉得今天的这次强制性训练肯定会带给我一个教训。我想听听……我应该从这次艰苦的训练中学到什么？""你有没有听过'伐木工人的寓言'？"财富园丁问。"没有，"吉米说，"但我确实很想听听。"

"从前有一名伐木工人，"财富园丁说，"他每天都要花很多时间去砍伐树木。你可以想象，最初的工作压力让他变得强壮起来。但几年之后，他的体力开始衰减。经过漫长的岁月，工作让他感到疲惫不堪，他开始怀疑自己。"

"有一天，他垂头丧气地坐着，一个小个子的伐木工人走过来，问他出了什么事。这位疲惫的伐木工人说，他干不动了，打算离开，试着找一份新的工作。小个子伐木工人认真地想了想，问他：'你有没有磨过自己的斧头？'疲惫的伐木工人目瞪口呆，意识到了自己的疏忽有多么愚蠢。"财富园丁咧嘴一笑，"我们必须让自己的身体和心智保持强健，否则，我们就会变成这个拿着一把钝斧子对着大树挥舞的伐木工人。"

吉米想了想，问："你是在建议我每天都要运动吗？"

"就像伐木工人必须经常磨斧子一样，我们也必须经常锻炼自己的身体，"财富园丁说，"如果每天锻炼，你自然会吃得更好、睡得更好。你就可以让自己成为一个不一样的人。锻炼可以让你在日常工作中表现得更好。"

"这听起来倒是不难。"吉米说。"看似简单的事情往往并不容易做到。这需要几个星期的时间，但运动会让你上瘾，而且这种瘾会给你带来很多好处。"财富园丁微笑着说，"你觉得我为什么要告诉你这个呢？"

"让我的思维更敏捷，以应对每天的挑战，"吉米慢慢地说道，"因为艰苦的任务很容易迫使人们迸发出强大的能量,而如果我们没有足够的力量,即便是最简单的任务也会变得非常困难。"

财富园丁点点头:"你的状态越好,你能做到的事就越多,你就能在工作中得到更多的享受。"

> 疲惫不堪时,更要锻炼自己的体力,保持身体的最佳状态,这种朴素的力量能让我们重返巅峰。
> —— The Wealthy Gardener

巅峰状态是指一个人处于最佳的模式下。我的一位朋友曾经有着前途无量的事业和一个充满关爱的家庭,而他也在为了职位升迁而奋斗,但后来,他突然失去了明确的目标,觉得疲惫不堪,每天昏昏欲睡,毫无工作动力,对生活也失去了兴趣;事实上,他已经明显脱离了自己的工作和家庭。他曾对我倾诉:"我拥有一切能让我开心的东西。但老实说,我现在已经不在乎这些了。"

很多原因都有可能让人们萎靡不振,而其中最重要的当属身体情况不佳。我的朋友去看了医生,开始大量饮用咖啡,还尝试了心理咨询,到教堂祈祷,甚至开始服用抗抑郁药物。但这些措施都无济于事,他变得越来越疲惫。

后来有一天,我在健身房里见到了他,他在跑步机上锻炼,大汗淋漓。他告诉我,他最近一直在锻炼,已经感觉好多了。让我感到震惊的是,他告诉我,在最糟糕的时候,他曾考虑过自杀。他承认:"就在这时,我知道自己必须彻底改变。"

我发现，他的世界没有发生任何变化，但他却改变了自己。他开始每天进行大量的运动，从走路、慢跑并逐渐过渡到快跑。他给自己设定了完成半程马拉松的目标，而且后来也确实做到了。他慢慢地恢复了体力、精力和活力。尽管他不需要一份新的工作，但他确实需要一种更强大的心理状态，以适应越来越繁重的日常工作要求。

多年后，他开玩笑说："自从我决定照顾自己的身体那天起，一切都发生了变化。"如果你需要一次提升，如果你觉得自己不足以应对挑战，或者对自己承受生命考验的能力感到怀疑，那么运动可以帮你解决疑虑并为你带来能量。

除了为身体带来的显而易见的好处，运动还可以让我们拥有更清晰的头脑，增强我们的认知能力，让我们更有活力、思维更敏捷，有更强的压力处理能力，也更加自信、更加淡定，并且能在层出不穷的问题面前保持镇静。当然，我们并不一定要锻炼，我们也可以使用钝斧头工作。但是，如果我们通过锻炼来达到巅峰状态，那么我们的生活会更好，保持身体健康、保持头脑的清醒，是我们义不容辞的责任。

自信程度影响人生高度

自信是创造财富的过程中不可或缺的力量，因为只有相信自己，我们才能容忍最恶劣的环境。

财富园丁站在感化院教室的前面，他的面前是一群问题少年。"正如我在上一堂课提到的那样，"财富园丁说，"你在这个世界上的生活水平取决于你的合法谋生手段。你们现在能想象到充裕的财富和繁荣吗？"

没有人举手，房间里陷入一片死一样的沉默。"这就是问题所在，不是吗？"财富园丁说，"没有了希望，你们就没有走出去的意愿。没有了自信，你们就会失去忍受的意志。我的目标，就是让你们学会创造财富的方法，只有这样，你们才不会碌碌无为。只有知道如何通过合法方式实现财务成功，你们才会去尽自己的最大的努力。"财富园丁转向黑板，迅速写道：

自　信

自信帮助我们：

1. 面对最恶劣的条件。

2. 一次次重新站起。

3. 克服困难，一路前进。

写完后，财富园丁看着孩子们，然后又转过身仔细看着黑板。"第一条规则，你不会得到你所希望的最有利的条件，但必须面对最恶劣的条件。此刻，你想要的可能很多。但你最想要的是什么呢？""我想变得有钱！"一个男孩喊道。"但是你有信心接受比这差一点的状态吗？"财富园丁问。

男孩没有回应，只是笑了笑。"你是否会接受远低于有钱人水平的合理收入呢？"财富园丁问道。他慢慢走在男孩们中间的过道上，双手紧紧地背在身后。"你会接受什么样的生活呢？"财富园丁巡视了一下整个教室，他感觉到，男孩们根本就没有理解这个关键信息的本质。他决定尝试一种新的方法。"不妨给你们讲一下'雕塑家的寓言'。"他说，缓缓地走上讲台。

"有一天，一个人爬上一块巨石，他的梦想就是把这块石头雕塑成一件杰作。凭借着初学者的热情，他废寝忘食。但是一年之后，他对这项工作的兴趣开始消退。他不那么努力了，创作的进度也开始减慢。作品还完全没有成形。随着疲劳期的到来，他开始怀疑，'我的努力是否值得？''我真的有必要完成这项任务吗？'他反问自己。'我能雕塑出自己心中的形象吗？'但是，他的内心潜藏着人类追求崇高的力量。这位雕塑家以一种近乎天真的信心重新开始征程，他可以实现自己的梦想；他之所以能忍受折磨，是因为他越来越相信，只要有足够的时间，他就能找到将这块岩石塑造成形的方法。5年后，岩石有了雏形。他继续雕琢，心中的形象也逐渐清晰。又过了5年，他终于完成了这份杰作。

"'你是怎么做到的？'人们非常惊讶。这位雕塑家说：'就是通过多年来不断克服自己心中的怀疑。如果屈服于这种怀疑，我永远也不会开始自己的创作，更无法坚持下去。而一旦有了信心，我就甘愿为此献出生命。我知道自己的需求是什么，我对未来的作品充满信心，我绝不会半途而废，这就是我坚持下来的秘诀。'"

财富园丁环顾教室四周，继续说："信心对于你们的生活至关重要。就像这位具有远见卓识的雕塑家一样，寻求财富的人，也需要以非凡的决心去创造不寻常的财富。你们必须始终相信，自己一定能实现目标。"

"他把那块巨石雕刻成什么了？"一个男孩问道。

"这件雕塑作品是一个象征，"财富园丁说，"它象征着你的成功。我们每个人都是雕塑家，都要创造出属于自己的杰作。这件作品需要很多年的时间,它需要愿景和努力,需要你下定决心克服所有疑虑。你必须拥有超越常人的自信。"

自信是一个人对自己实现目标的能力的信任程度。自信程度决定了我们为自己设定的目标会有多大、我们能容忍怎样的痛苦,以及我们为了追求目标可以付出多大的努力。而自我怀疑只会让我们陷入恶劣的处境。

篮球一直是我儿子迈克成长过程中的一种逆境训练,虽然这是我们之间的玩笑话,但其实也不无道理。有一次,迈克的对手中有几个他的小学同学,于是他决心要在这场比赛里拿到最佳发挥。我知道这不免有些感情用事。而比赛结果也印证了我的设想,他只得到了可怜巴巴的 2 分。比赛结束后,我们进行了一次深谈,他很沮丧。

我们讨论了他在比赛中处于不利局面时的反应,我建议他忘记这场比赛,不要再去想这件事;把这场比赛当作一次教训。经历了这次挫折后,他有了全新的认识。在接下来的一场对阵一支更强大队伍的比赛中,他得到了 32 分,那是他期盼已久的绝佳表现。

我永远不会忘记那个场景,观众高声呼喊他的名字。我感慨万千,我并不在乎他得到的荣耀,我更关心某些更重要的事情:他终于找到了自信,认识到了自己的力量,这种力量会让他受益终身。他或许只是赢得了一场微不足道的篮球比赛,但我认为这件事本身的意义是深刻的。它展现出了一个人对控制和克服生活逆境的决心。

这是一种正视并克服一切困难的态度。能让我们成功的,正是人类所拥有的克服一切困难的力量。在这个例子中,迈克并没有凭空去相信自己，他切实地体验了一种对自己的信任。

我们的生活状况不是由我们想要什么决定的，而是由我们愿意接受和容忍什么决定的。如果我们希望实现财富自由，但只是接受了财务稳定，拥有一份能支付日常费用的工作，那么我们就只能实现后者。如果我们想要过上富足的生活，但接受了平凡，那么我们注定只能在平凡中挣扎。信心决定了我们的梦想是什么、我们能容忍什么，以及我们努力追求的目标是什么。丹尼斯·威特利说："阻止你的不是你能做什么，而是你认为自己不能做什么。"自我怀疑就是我们头脑里的杂草。有了对实现目标的信心，我们才能相信自己，敢于付出任何代价、面对任何逆境、克服一切困难并不时调整自己的前进方向。

只相信能为你带来财富的信念

很多人只是被动地接受了家人和朋友的观念，而明智的做法是选择那些能为我们带来财富的信念。

财富园丁若有所思地盯着桌上的笔记本，刚刚跑完步的吉米浑身汗水，没有敲门就走了进来。他们互致问候，开始每周的训练课程。"桑托斯的经营方式有点问题，"吉米说，"他不想让任何人有其他想法。他固执己见，根本就没考虑提高产量或削减开支。我发誓，他只想着按部就班，而不是发财。"

财富园丁笑了笑。"桑托斯已经 60 岁了，"他才开口说，"思维有点僵化，这是难免的。但观念确实会成为人们获得财富的障碍。"吉米叹了口气："我好像没听懂您的意思。"

两人陷入了长时间的沉默，财富园丁俯下身来，用一种深思的眼光看着吉米。他在想，该怎样向吉米解释信念是如何引导我们的行为的。"桑托斯是我合作过的最好的员工。在过去，他凭借工作中的表现赢得了我的信任，他兢兢业业、富有责任心，但这种观念也对他发挥自身潜力带来了难以想象的制约。"财富园丁说。

"您是说他在思考方面做得不够吗？"吉米问道。

"他有一种根深蒂固的思想：他习惯在狭隘的范围内思考问题。桑托斯拒绝接受任何看似不切实际的事情。他从不会停下来倾听内心智慧的引导。归根到底，他习惯了按部就班的行为模式，因此，他也只能达到这样的水平了。"财富园丁说。吉米点点头："您还想告诉我什么呢？"

"如果你想积累财富，勤奋至关重要，但它也有局限性。我们只能努力工作，毕竟，每天就只有这么多的时间。因此，我们应该对新策略和可能性保持开放的态度。不要排斥你还不理解的东西。听从你的内心，那就是你应该做的事。"财富园丁说。

"相信我们精神上的祈雨舞。"吉米笑着说。"是的，但还是要小心，"财富园丁建议，"有些人祈求财富降临到自己头上——他们相信自己能得到神的恩惠，而只需要做很少的工作或个人牺牲。"

"他们相信那种让人梦想成真的精灵？"吉米问。"很遗憾，他们确实对此笃信不疑。他们祈祷不劳而获，他们忘记了艰苦奋斗是一种责任。当杂草在他们的花园里蔓延时，他们还在虔诚地祈祷。"财富园丁说。

"所以说，他们在推卸自己的职责。"吉米说。"如果你想积累财富，每天进行心理训练是必要的，但也不要忽视应该承担的职责。我相信你会专注于自己的愿望，不断增强实现目标的信心，但同时你也需要付出不懈的努力，去履行你自己在这个过程中的神圣义务。"财富园丁看着窗外，"大多数人之所以永远不会变富，是因为他们认为做太多的工作是一种错误，甚至认为拥有太多的财富是一种罪过。正是这些信念使他们无法充分发挥自身的潜力。"

"人们会相信拥有财富是一种罪过？"吉米问。"谁知道呢？"财富园丁耸耸肩，"我怀疑，大多数人称金钱太多是一种过错，只是因为他们其实不想努力工作、做出牺牲，或者没有条件积累财富。当然，这倒是很有效的自我安慰。"

吉米笑了："那我们应该接受怎样的信念呢？""如果你想积累财富，就要坚信，前期的牺牲是获得未来回报的必要条件。金钱并不邪恶，以善良的意愿拥有金钱，是一种平和心态的体现，是一种生活中的满足，更是保护自己的家庭、获得财务安全和经济能力的象征。"

> 不要评判或害怕那些痛苦的感觉，它们在提醒你，你的信念已开始偏离自己真实的样子。
>
> ··· *The Wealthy Gardener*

信念就是一种坚定的信仰或观点。如果我想变得富有，我就应该强化自己的信念，促使自己制订创造财富的计划并据此行动。很多人说，有钱人并不开心。于是，他们说自己重视幸福甚于财富。他们似乎相信，财富和幸福是非此即彼的关系，你只能拥有其一。但事实并非如此，因为幸福不分贫富。

30岁时，我还属于那种没有积蓄的人。但我天真地相信，我可以更幸福、更富有。我知道，只有努力工作才能过上好日子。我可以有一座漂亮的房子、一个美满的家庭、一个漂亮的庭院和一只摇着尾巴对我汪汪叫的小狗。

我坚信勤奋的重要性，但勤奋并不代表一切。我选择相信：信念也会助我一臂之力。另一个我需要面对的传统观念，是寻求平衡的生活。我发现，平衡的生活会带来平庸的结果。很多持有这种信念的人会说："我有家庭，我不想把所有的时间都献给工作。"我也有家庭，但我相信，我为事业做出的牺牲是有益的，而且我愿意用自己的时间去换取家人的幸福。我相信，<u>追求平衡是一种平庸的思想，它会让我们在面对经济困难和财务不稳定时变得无助</u>。

为了积累财富，我必须接受这样一种信念：我愿意用当下所有的自由去换取未来的时间自由和财富自由。财富自由是我的终极目标，尽管我当时还没见过拥有它的人。我还要和各种惰性做斗争，因为在追求财富自由的过程中，我也会时不时地偏离最终目标。我意识到，如果不能做到始终如一，我的努力将得不到必要的时间去扎根发芽。缺乏耐心可能会让我功亏一篑。

为了积累财富，我必须接受这样一种信念：我愿意付出任何代价，只有这样，我每天的努力才能最终改变我的生活。我必须克服的另一个观念，就是我们的生活一定要舒适。因为一切有价值的成就都需要我们做出牺牲、经历各种不适和困难。我必须改变自己的信念，并接受为取得非常规财务回报而必须付出的代价。

为了积累财富，我必须接受这样一种信念：如果想获得财务上的成功，我必须有效利用每一天。我会不断追求一个能引领我的精神前进的目标，然后在需要做出选择的时候停下来，与我的内心进行沟通。

此外，我还要克服花钱问题。如果我不能控制资金流出，那么我的生活很容易入不敷出。试图在入不敷出的情况下积累财富，就好像竹篮打水，只是个虚妄的幻想罢了。我必须接受这样一种信念：消费是积累财富的敌人，避免炫耀财富或不必要的消费、节俭度日是一种美德。我更愿意相信，生活中最美好的事物就是最简单的快乐。决定我们财务命运的最后一个信念：生活的全部价值就在于自我实现。我有责任尽我所能，不仅是为了自己，更是为了其他人。

我的使命就是倾尽我的全部潜力。我需要设定一个能激励自己倾尽全力的目标并最大限度地挑战自己的能力极限。30 岁时，我还不知道该如何积累足够的资金，去实现我的财务梦想，但我相信自己一定会变得富有，我相信，我可以通过刻意选择自己的信念来影响自己的生活。财富之路已经在我眼前缓缓出现。

一份能给你满足感的工作

财富园丁坐在桑托斯对面，和他探讨着邻近农场的工作进展。"我想跟你谈谈吉米的事情，"桑托斯说，"我喜欢这个孩子，但他总提出一些疯狂的想法。我敢发誓，他只是坐在那里空想而已，他的想法完全没有可行性。现在，他居然在阅读关于幸福、激情、商业和致富的图书。他甚至还写下了自己的个人目标。这孩子竟然想在 30 岁前就成为百万富翁！"

财富园丁咧嘴一笑："那有什么不好的？"桑托斯张口结舌。作为一个强调行动的人，他坚信劳动至高无上。不管给他什么任务，他都能保质保量地完成任务。但他从不会从深层次思考问题，他也无法理解其他人为什么会关心内心的满足感。桑托斯说："这样疯狂地追逐财富并抱有不切实际的期望，对这个男孩来说是危险的。"

"我一点也不担心他，"财富园丁说，"吉米正在探索他的人生。雄心勃勃的目标对一个年轻人来说似乎不是什么坏事。""这些不切实际的大目标迟早会让他栽大跟头。"桑托斯说。

财富园丁耸了耸肩："我们能对谁做出判断呢？我们能预测他的未来吗？我们知道他的潜力到底有多大吗？""我敢打赌，他绝对不会成为百万富翁，"桑托斯嘲笑道，"如果他希望自己能喜欢自己的工作，那他就不会快乐。我见过那些希望在工作中展现出热情的孩子，你猜怎么样？他们根本就不开心。工作就是一种牺牲，它需要人们忍受煎熬。"财富园丁凝视着窗外。对桑托斯解释满足感是维持长期工作动力的前提，是否有意义呢？他是否应该说，内在回报本身就是劳动的一部分呢？"好吧，让我来问你一个问题，"财富园丁说，"当我们从农场移走一棵小树时，小树会发生什么？"

桑托斯停顿了一下，说："它将好几年都无法正常生长。""确实如此，"财富园丁表示同意，"经历了年轻时代的悲剧后，吉米一直在调整自己，他的热情给我留下了深刻印象。他开始研究哲学、战略、金融、货币和心学，他非常投入。当其他孩子在浪费时间时，他在思考、学习和计算。他正在有效利用自己的时间。"

"那又怎样呢？"桑托斯问道，"如果他知道工作很艰苦，而我们只是为了赚钱而工作时，会发生什么呢？你能猜到他会做出怎样的反应？""我认为不会发生这种情况。我一直被那些不喜欢工作的人称为工作狂。

但他们并没有意识到,在我朝着目标迈进的过程中,我获得了满足感。我相信,吉米也能和我一样,找到成功的喜悦感。"财富园丁回答。

"你已经成功了,这么说当然很容易!"桑托斯颇有感慨地说,"我可不敢奢望吉米的生活也会这么轻松。他必须接受谋生的痛苦和艰难!""你知道我为什么选择通过开办葡萄园和酿酒厂来扩大我们的企业,而不是仅仅增加农田的耕种面积吗?"财富园丁问。"提高收入的多元化程度应该是合乎逻辑的。"桑托斯答道。

"我希望这是合理的,"财富园丁说,"我之所以这样做,是因为我对葡萄酒的酿造很感兴趣。我意识到,工作将花费我生命中的大部分时间,只有做自己感兴趣的事情,我才能保持几十年来的工作热情。适合自己的工作才具有可持续性。"

桑托斯摇了摇头,没有回应。"我们要向大自然学习。垂柳会在湿润的泥土中茁壮成长,而铁杉在这种环境中却会死去。一棵树种在什么地方,对它的未来至关重要。"财富园丁继续说。"我觉得,"桑托斯喃喃地说,"无论被种到什么地方,我们都会开花。"

"我们的工作非常重要,它会影响我们的职业观。工作也是我们生活的一部分。只有在适合自己能力和兴趣的工作中,我们才能发挥自己的最大潜力,而吉米正在确认自己的落脚点。"财富园丁说。

> 当我们评估自己对工作满意度时,并不是在评估我们的工资有几位数。我们要评估的是对手头的工作的投入程度。

••• *The Wealthy Gardener*

令人满意的工作会让我们在漫长的职业生涯中获得成功。但什么才是令人满意的工作呢？这是一种微妙的愉快、幸福或满足感，它源于我们在工作中得到自己想要的东西。

满足感表明我们的价值观、倾向、能力、愿望和心声正在趋于一致。在最适合我们个性的环境中工作时，我们会收获一种内在的回报。在中产阶层奋斗了 30 年并最终赢得财富自由后，我有资格证明，我的成功背后最强大的动力，就是我在创造财富以及收获深层次内在回报的过程中得到的和谐。在通向财务成功的旅程中，我既感受到过沮丧，又体验到了满足。

我认识到，"爱上工作的每个方面"这种想法是荒谬的。当你从事一份有收益的工作时，总会承担令人畏惧甚至令人讨厌的职责。我喜爱这份工作的某些方面；但也会讨厌它的某些方面。我发现，能给我们带来财富的工作，也是需要我们付出大量坚定信念的工作。但随着时间的推移，我开始有权做更多自己喜欢的事、更少不喜欢的事，甚至完全抛弃我讨厌的事。但至关重要的是，每当开始一项新工作时，我都需要调整一段时间。

一份能带来满足感的工作，会与我们的价值观、倾向、能力、愿望和心声产生共鸣。我们个性中的这些迷人特质，也是我们的满足感赖以存在的支柱，而这些特质也是之后 5 堂人生感悟课的主题。

第 5 课
认识你自己

发现你的价值

弗雷德正带着一只小狗散步，财富园丁隔着窗户招呼弗雷德，过了一会儿，他们就在葡萄园的碎石路上肩并肩地漫步。自从上个月打牌之后，他们再也没有讨论过弗雷德在退休后面临的问题。

财富园丁小心翼翼地拍着小狗问："这个小家伙叫什么啊？""它叫巴迪，是我最好的朋友。"弗雷德答道。财富园丁点点头，没有回应。

"康妮花了 1 英镑把它买了回来，"弗雷德叹了口气，"她告诉我，她是为了自己才买回巴迪的，但我知道，她把巴迪带回家，是为了让它陪伴我。"他们一路走着，都没有说话，财富园丁陷入深深的思考。多年前，当弗雷德一直做着工厂的监工、得不到晋升时，曾在另一家公司找到了一个更好的职位，随后，他便提交了辞职申请。为了留住弗雷德，他工作的那家公司提高了他的薪资，还给了他更大的发言权。在新的工作条件下，弗雷德的良好状态保持了很多年。直到退休，他都觉得很满足。"巴迪真的能给你带来帮助吗？"财富园丁问道。"巴迪是条好狗，"弗雷德开玩笑说，"但并不是我真正需要的。""我可没有这么想。"财富园丁说。弗雷德微笑着，转向他的朋友说："我听取了妻子的意见，还有我儿子的想法，所以，我不妨也听听你的意见。"

"很公平，"财富园丁忍不住笑出声，"我认识一个人，直到中年都没有体会过满足感。尽管他不满意自己的生活，但并没有抱怨。他只是尽职尽责地养家糊口。但是有一天，他被提升到领导岗位。于是，人们发现，他站立和走路的姿势都发生了变化。他承担着重要的职责，他的员工也非常尊敬他。"弗雷德点点头："我会不会碰巧也认识这个人？""但这并没有让他的内心世界发生任何改变，"财富园丁继续说道，"这个人后来退休了，他的生活也发生了很大的变化。过去那些让他振奋的事情已不复存在。现在，他一个人赋闲在家，没有任何责任。他不再需要承担领导角色，除了在那个不听话的儿子面前。曾经让这个家伙感觉良好的所有责任，都一去不复返了。"

"那么你对这个人的建议是什么呢？"弗雷德冷静地问道。"我是个简单的人，"财富园丁说，"所以，我会告诉这个家伙，一定要记住自己是谁，不要忘记过去取得的成就。我认识的这个人显然需要生活的意义。他需要可以跟随自己的人。他是一位优秀的领导者，当他找到人生的目标时，他的事业就会发达。"此时，弗雷德已经泪眼模糊。

> 千万不要问："我该怎样应对自己的生活？"而是应该问："在我的生活中，我必须实现怎样的个人价值？"

内在价值是我们生活中必须拥有的东西,是我们生命中不可或缺的一部分。明确自己的核心价值观,有助于我们找到最适合自己发展的工作。价值观与我们理想的工作有什么关系呢?内在价值是每个人的独特需求,它既可能是通过后天的培育获得的,也可能是天生的。

下面,我将介绍自己多年来对成就和满足感的研究成果,以充分说明探索个人价值观的现实意义。多年来,我将自己的时间投入两份工作中,即按摩师和房地产经纪人。作为一名脊椎按摩师,我穿着得体,有令人羡慕的工作环境。我有自己的诊所,在这里,我会得到同龄人和朋友的尊重。在专业的环境中,我和患者友好地往来,他们来这里是为了得到专业帮助。我还有一批忠诚的员工。

我在房地产中介业务中扮演的角色则完全不同。我穿着脏兮兮的牛仔裤、布满油漆斑点的衬衫和一双旧鞋。出乎意料的昂贵维修费用,经常让我感到压力重重。我必须在截止日期之前完成任务。但是和管理工人带来的压力相比,这些问题不足挂齿。我经常需要聘请一些工人,然后又会因为他们喝酒、欺骗我、偷我的东西或是干活偷工减料(他们相信这可以逃过我的眼睛)而开除他们。随后,作为房东,我还要面对各种各样的租客,最糟糕的租客几乎彻底毁坏了他们居住的公寓,而且不付房租,这几乎让我发疯。而这些令人不快的因素,居然会让我充满活力,还能体会到不可思议的满足感。

从表面上看,这一切都应该会给我带来愉快的生活。既然如此,我为什么还是感到不满足呢?如果你了解我的核心价值观,或许就会理解我为什么会有这样的感受。在工作方面,我的核心价值就是取得可见结果的能力。我需要能够善始善终的工作。我非常重视有难度的挑战(比如说写这本书）。我重视为了实现目标而努力，并且在不断靠近目标的过程中，获得更高的财务收益。我渴望选择的自由，我需要时间去思考。我既重视赚钱的机会，也会考虑风险。我始终在践行这些价值观。

尽管脊椎治疗行业有自己的优点，但它还无法契合我在工作方面的核心价值观。老患者康复了，但新的患者又会出现。尽管我也会看到结果，但这并不是有终点线的可见结果。这种职业就像一个永不停息的旋转木马，而医生是这个木马的指挥者。这个服务性行业理应是令人满意的，但我并没有在其中获得满足感。相反，尽管房地产中介业务存在很多问题，但这份职业契合我的价值观。我们想取得任何可见的结果，都需要面临巨大的挑战。在项目完成的那天，我会拍照留念并为房屋挂上"待售"的牌子。这表明，我向着最终目标又迈进了一步。这项工作需要规划和思考，而我喜欢可计算的风险。

围绕核心价值观确定目标、行为模式和生活方式，我们就会更有胜算。从事最适合我的工作，让我很自然地成为行业中业绩最好的人。尽管我完全能以脊椎按摩师的身份谋生，但我还是通过践行自己的价值观而获得了额外财富。如果我能重新活一次，那么我会通过研究那些被称为价值观的东西来选择自己职业，这些价值观似乎已成为我们必须拥有的东西，也是我们精神的代码，能够给我们带来内心的满足。

这些内在价值无关道德。我指的不是耐心、诚实、礼尚往来或相互帮助这样的价值观。价值观的核心并不在于是非好坏，而在于"我们是谁"。价值可以是对成就、影响力、自由、金钱、爱情、和平或其他很多事物的需求。这些内在价值构成了每个人的无形特征并通过他们的工作和爱好得到实现。我认识到：

1. 生命的巅峰时刻会为我们提供一种得到满足的价值。

2. 沮丧或愤怒可能表明我们的价值观正在遭受践踏。

3. 在绝望或士气低落时，某种价值被我们忽视了。

4. 他人眼中的某种"强迫性特征"可能意味着一种强烈的价值观（例如一个貌似有强迫症的人其实是高度自律）。明确价值观有助于我们"了解自己"。

"在知识经济时代，成功只属于那些对自己的优势、价值观和如何取得上佳表现有充分认识的人。"彼得·德鲁克说。

价值观是认识自己和成就事业的起点。有人曾说："价值观让我们的生命更有意义，能与更多人的生命相连。"在生活和工作中，我们对内心深处的价值的实现程度，决定了我们所能体验到的意义。千万不要问："我该怎样应对自己的生活？"而是应该问："在我的生活中，我必须实现怎样的个人价值？"这个问题会让我们在走向成功的道路上体验到更多的成就感。

发现你的热情

吉米敲响了财富园丁家的房门，却没有听到回应。过了一会儿，他走到后院，发现他的导师正坐在摇椅上读书。已经是晚上了，他们安排了一次很晚的会面。"我非常忙，"财富园丁笑着说，"这个时间最合适。""我明白，"吉米笑着坐在财富园丁身边，"自从我们探讨信念问题以来，我就一直在思考。而且我一直选择以更积极的信念来积累财富。"

财富园丁点点头:"那么你的想法是什么呢?"吉米犹豫不决地说:"我并不在乎能用钱买来的东西,但我确实想实现财富上的自由。我希望能在生活中有更多的选择,而且我愿意为此付出任何代价。但问题是我不知道自己将如何获得财富,这种不确定性让我感到沮丧。"财富园丁笑着说:"大多数年轻人都想得到财富,却不知道该如何获得。其实只要对自己的目标坚信不疑,普世智慧就会告诉你该如何走出第一步。"吉米点点头,但是他仍然感到困扰。财富园丁满怀深情地打量着吉米。然后,他看了看放在膝盖上的园艺杂志,拿起来递给吉米。

"这是什么?"吉米问道。"你对这本杂志感兴趣吗?"财富园丁反问。吉米瞥了一眼杂志封面,不好意思地笑着说:"一点兴趣也没有。""但我对这本杂志非常有兴趣。你想知道这是为什么吗?"财富园丁继续问。吉米茫然地眨着眼睛:"我不知道。""我也不知道,"财富园丁若有所思地说道,"但我觉得园艺中有着特别适合我的情感。我会感到非常惬意。尽管我不会把这种感觉称为深厚友谊,但我确实喜欢在这方面花时间。"

吉米点点头:"那我该怎样明确自己的人生目标呢?""我想告诉你我的想法,"财富园丁说,"如果你认为从事的工作适合自己,让你感到惬意,让你觉得可以与它成为朋友,而且在这份工作中你只需要做好自己就行,那么这就是适合你的工作。把工作看作一个长久的朋友,让自己每天都想花时间去陪伴它。"

吉米叹了口气说:"好吧,但我该怎样让工作成为自己的朋友呢?""去寻找一份自己感兴趣而且有价值的工作,"财富园丁说,"当我还是个孩子的时候,我做过很多零工。那些掌握财富的商人让我非常着迷。我希望自己有朝一日也能扮演这个角色,而且也一步步地向这个方向靠近。我认为，在追随我们的内心倾向过程中，生活的目标会自然而然地浮现。"吉米大声地喘了一口气，研究着手中的园艺杂志，开始考虑自己是不是也应该订阅在房地产和创业领域取得成功的杂志。

> 找到你的热情所在，是指找到什么事情会让你每天充满活力地起床。
>
> —— The Wealthy Gardener

倾向是一种自然趋势，一种推动我们经常做某些事情的力量。这是一种推动我们实施某种行动的兴趣、趋势、偏好、癖好、习性、好奇心、迷恋或本能冲动。这是一种个体化的使命感、一种无法抵挡的吸引力、一种由好奇心驱动的倾向。我们每个人在生活中都要肩负一项重任——通过工作来展现我们的独特性。我们来到这个世界，就是为了通过我们热切追求的工作来实现自身的价值。

可悲的是，很多人只为了周末而生活。要解决这个问题，最明显但也最具挑战性的解决方案，就是遵循我们的倾向，寻找一份收入过得去而且又被社会需要的工作。发现收入最高的工作其实非常简单，你只需要点击一下计算机的鼠标或是点几下手机屏幕。几秒之内，就可以看到每种工作的收入。先搜索收入最高的工作，然后再从搜索结果选择自己最喜欢的工作，这样做合适吗？

我儿时最好的朋友，现在已成为我朋友中最富有、最有成就感的一位。在选择职业时，他也会像我刚才说的那样考虑各种选项，但他还会使用"收入递减"法。他差一点就成了一名药剂师，但他最终认为，这份工作的收入上限是他不能接受的，于是，他选择了另一条道路，成为一名牙医。

医学生的学业是漫长的，那位朋友为此付出的成本也是极高的。然而，在30岁毕业后，他的年收入一直是我的4倍，而他的工作时间却只是我的一半。他深爱自己的工作并始终如一地在工作中追求卓越，而对工作和超凡收入的执着追求也给他带来了满足感。我们也可以通过网络搜索、走进书店或坐在图书馆中找到自己的兴趣点。

要尊敬让你着迷的事物。这种独特的迷恋情绪可以揭示出隐藏在我们内心深处的倾向、兴趣和偏好。做自己感兴趣的事情会给我们带来满足感。但更重要的是，我们更有可能为适合自己的工作付出最大努力。

发现你的天赋

财富园丁站在讲台上，吉米坐在靠近门口的椅子上。在过去的一个月里，财富园丁一直在感化院对问题少年进行职业培训，他希望能让这些陷入困境的少年为即将在工作和生活中面对的艰难险阻做好准备。"但现实是，在这个世界上，你不可能在所有事情上都如愿以偿，心想事成，"财富园丁在开始上课时说，"你也未必能做到你想做到的任何事情。我们每个人拥有的时间、精力、能力和天赋都是有限的。"

整个教室鸦雀无声，学生们全神贯注，丝毫不愿打断此时的安静。吉米看着财富园丁在黑板上匆匆地写字。在课程快要结束时，财富园丁转向全班学生说："我们已经谈到了成功策略，以及在其他条件相同情况下，如何通过正确的行动取得最大程度的成功。不过，我现在还是要和你们说句实话，好吗？在这个世界上，完全的公平几乎不存在。摆在我们面前的事实是，我们每个人都是截然不同的个体。"他穿过过道，站在教室的最后面。他沉默不语，让学生们静静感悟黑板上的语句：

个　性

1. 价值。
2. 倾向。
3. 天赋。
4. 志向。
5. 内心的声音。

他说："让你与这个星球上其他人不同的，是你的价值、倾向、天赋、志向和内心声音的独特组合。任何有效的财富策略都起源于发现自己的个性，并在适合自己的工作中充分利用自己的个性。"他观察着板书对学生们的启发效果，"生活可能很艰难，但如果我们能充分利用自己的力量来获取优势，那么生活就会变得容易一点。最大程度创造财富的秘诀，就是充分利用我们的个性。"

一个男孩举起手："如果我没有什么特殊才能，该怎么办呢？我该如何通过最低工资的工作养活自己呢？""我给你们讲一个关于天赋的寓言，"财富园丁大步走向讲台，"从前，有一只被农场母鸡养大的老鹰，随着老鹰不断长大，它依旧爱着它的小鸡家庭，尽管这里已经不再适合它。毕竟，老鹰不善于在尘土里面寻找虫子，但它还是努力地去做其他小鸡每天做的事情。更糟糕的是，它显然已经对小鸡每天的活动失去了兴趣。至少可以说，让老鹰像鸡那样生存是很难的。

"有一天，一只老鹰从天上飞过。看到在蓝天上翱翔的鹰，给这只生活在鸡群中的鹰带来了强烈的震撼。这只迷茫的鹰向几只鸡倾诉，它觉得自己很渴望像那只强大的老鹰一样在天上飞翔。结果可想而知，那几只鸡笑了，对这个想法嗤之以鼻。正如我们在故事看到的，这只生活在鸡群中的老鹰很悲惨。在某个决定命运的时刻，它终于展开双翅，飞上了天空，这让整个鸡群目瞪口呆。

"在天空中，这只鹰可以看到脚下鸡群的缓慢运动。而且这只鹰可以俯冲下去，用它那双不适合在泥土中抓虫子的利爪猎取食物。对它来说，成为一只强大的雄鹰、做天空的霸主，远比做一只小鸡容易。因此，只有作为一只老鹰，它才找到了自我的价值并充分发挥了自己的潜力。"

他环顾四周："这个故事的寓意是什么呢？""不要没事和鸡在一起玩耍？"一个男孩俏皮地说道。财富园丁大声笑了起来。"你的笑话不错，"他说，"但是这个寓言里包含了两个寓意：首先，老鹰永远不对自己没有天赋的事情感兴趣；其次，当任务的难度和老鹰的优势相匹配时，它可以更轻松地完成更多任务。"

"你们每个人都会像老鹰一样，朝着最适合自己的方向飞翔。"课堂上一片安静。"你们需要发现并追随自己的兴趣。"他慢慢地说，"知道了自己的兴趣所在，再去做你觉得最容易的事情。我们天生就能比大多数人更擅长的事情很少，但我们也可以比其他人更擅长学习某些事情。寻找别人难以做到，但对你来说却轻而易举的事情。一只要像老鹰那样生活的鸡注定会成为生活中的失败者，而一只努力像鸡那样生存的老鹰同样会不可避免地遭遇失败。"

"我爸爸只能赚到最低工资。那么他算是生活中的失败者吗?"一个男孩问。"我不了解他的情况。但如果你想避免他的命运,你就必须找到一种能发现和利用自身天赋的策略。如果能掌握一系列被其他人重视的稀缺技能,你就能给自己的孩子讲述一个不同的故事。如果荒废自己的才能,追求成功就将成为一场没有尽头的挣扎。"财富园丁回答。

男孩翻了翻白眼,问:"你是说,我父亲就是这个故事中的鸡吗?"吉米从椅子上站了起来:"他只是想告诉你,<u>要学会发现自己的天赋,而且要抓紧一切时间去工作,用你的天赋去赚钱</u>。否则你就只能像你爸爸一样活着!"那男孩被说得哑口无言。班上的其他学生看着吉米,眼中含着敬意,这让财富园丁觉得非常特别。

> 发现了自己的天赋,我们就已经找到了自己的战略优势。
>
> ••• *The Wealthy Gardener*

天赋是某些人天然拥有、其他人却很难掌握的能力。天赋是一种能力、一种学习的天分。它本身并不是一项技能,而是一种能比其他人更轻松地掌握某种技能的自然本能。它是一种与生俱来的潜能和优势。

天赋是我们寻求财富的伴侣。"美国文明之父"爱默生说:"大自然为每个人都提供了某种能力,让他能轻易完成很多人无法完成的任务。"虽然我们可能没有掌握独特能力,但我们至少拥有能让我们胜任某些工作的天赋,而这些工作对大多数人来说可能很困难,甚至是很难完成的。

大多数人可能会说:"但我不具备别人没有的独特能力啊。"

一个努力寻求解决方案的人迟早会得到答案。只要花时间去思考,检验自己的天赋,评估曾经让我们感到好奇的那些时刻,我们就能发现自己的天赋。在回顾自己平淡无奇的年轻岁月时,我一度坚持认为,世间并无超凡脱俗之才。我当时确实是一个平凡而普通的孩子。但凭借坚持不懈和恒久的耐心,我还是屡次迎来了能让我沉浸于其中的时刻。

在我生命中一些时期,我被自己的兴趣所吸引,以至于忘记了周遭的一切。我们的天赋往往是在这种全身心的投入中显现出来的。五年级时,我曾是少年棒球联合会的运动员,那时我很苦恼。球队中最优秀的球员被安排在球队首发阵容,而我被列在末尾的位置。9岁的我无师自通地在一张纸上画出一个表格并在每一列上标注出代表性的技术统计数据,比如大联盟棒球运动员的历史最高纪录。每场比赛结束后,我都喜欢记下自己的统计数据。这样,我可以用这些数字评价自己在比赛中的表现。而正是这种微不足道的行为,为我提供了一种发现自身天赋的线索。

这个故事对我们的启示是什么呢?

第一,我们寻找自己的天赋时,没有必要担心如何使用这些天赋。我们应该像在厨房货架上寻找可用的调料那样寻找我们的天赋。一旦找到这些调料,我们就可以决定做什么饭菜了。同样,一旦发现了你的天赋,你就可以决定如何最大程度地发挥它了。

第二,要注意你在什么时候会进入全神贯注的状态。下面这些实例或许有助于揭示你的学习天赋。童年时,我经常坐在卧室里,盯着自己记录下来的一列列统计数据,通过它们评估我在比赛中的表现。但我犯了一个错误，我把自己的做法告诉了一些朋友，这让他们对我嘲笑不已。这对他们来说显然是不可理喻的，我也无法改变他们的想法。这是一种只可意会不可言传的天赋；它显然还算不上是一种令人震撼、象征着成功的标志，但也是一种不寻常的特质。

第三，通过发现你的价值观和兴趣点，发现自己的才干。在我们愿意花费时间的领域，我们自然拥有成功的天赋。一个有数学天赋的人自然愿意摆弄数字。我们的天赋在我们最感兴趣的事情上体现得最充分。

第四，我们应充分利用各种能力评价方面的资源，如在线能力测试、能力禀赋方面的图书以及标准化评估，后者包括优势识别器（Strengths Finder）或迈尔斯-布里格斯人格类型测验（Myers-Briggs Type Indicator），这些测试模型在数十年以来一直有较高的准确性。

一个典型的天赋案例就是沃伦·巴菲特，童年时，他就会数报纸上的字母数量。比如第一页有多少个"b"？第二页上有多少个"c"？当时，人们或许会认为，这个男孩要么是脑子出了问题，要么是拥有某种奇特的天赋，如果能使用得当，这种天赋或许可以带来惊人的结果。

发现了自己的天赋，我们就已经找到了自己的战略优势。五年级时，我因为记录自己的比赛表现而受到关注。通过这些比赛统计数据，我开始有针对性地进行每周的击球练习。最后，我被选入全明星阵容。这种特立独行的能力既可以用于特定领域，也可以成为一种通用能力。

因此，我现在用挂在墙上的图表来记录自己每周写作、做房地产中介业务和锻炼的时间，自然也就不难理解了。记录自己的效率就是一种天赋，对我来说是一件自然而然的事情，但可能不适合其他人。我们必须充分认识自己的天赋和缺陷并据此开展行动。

你天生就有志向，必须坚持下去

5月的一个下午，财富园丁在花园里忙碌。郁金香在一周之前迎风绽放，但所有的杂草似乎也在纷纷效仿。他听到有人在叫自己，抬头看到贾里德靠在两家房子中间的栅栏边。从去年冬天贾里德在酿酒厂向他介绍自己的新女友之后，两个人就再也没说话。"嗨，你这么长时间躲到哪里去了？"财富园丁问道，"我最近也没见过你的卡车啊。""一个月前，我和女友搬过来了。"贾里德说。

财富园丁张口结舌。就在去年秋天，贾里德还决定放下自己的傲慢，去找一份临时工作，而且继续和父母一起生活，这样可以最大限度地省下钱来重新谋划赚钱之道。"就是我在酿酒厂遇到的那位年轻女士吗？"财富园丁问道。"是的，就是她，"贾里德说，"我们现在已经共同生活5个多月了。我想，她或许就是我等待的那个人吧。"

"既然如此，我就祝贺你了。但不知道你是否还记得我说过的话，她可能会反对你在很远的地方找工作。你解决这个问题了吗？"财富园丁问。贾里德露齿而笑："我们签了两年的房屋租约。"

听了这个消息，财富园丁犹豫了片刻，没有说话。贾里德似乎已经满足于自己目前的生活。如果他真的还雄心勃勃，他还会签一份两年的租约来锁定目前的生活状况吗？"我知道你在想什么，"贾里德打断了财富园丁的思绪后说，"你认为我放弃了自己的志向，但其实我对生活仍有很多希望。""我该怎么回答你呢？"财富园丁叹了口气问，"如果她真是你期待的那个人，那当然值得你为她做任何牺牲。但如果真是那样的话，她难道不愿意为你做点牺牲吗？"

贾里德看着地面，沉默了一会儿。财富园丁继续道："我们可以忽略很多事情，但绝不能忽视我们的雄心壮志。我们天生就有这些志向，我们必须坚持下去。在否认自己的志向时，我们的内心会变得暴躁。所以说，我们最好还是要顺应自己的志向。""那我需要离开她去找一份工作吗？"贾里德问道，"你说的是这个意思吗？"

"我不能说怎么做对你最好，贾里德。但我可以告诉你，志向和希望的区别就在于是否需要做出牺牲。当我们放弃了自己的梦想，短时间内似乎还可以接受，但这最终必然会让你对生活不满。"财富园丁说。贾里德不以为然地说："你的意思是说，如果没有攒下钱，我就会不高兴吧？""这取决于志向。"财富园丁说。"你这是什么意思？"贾里德问。

"每个人都有自己需要实现的未来目标，而且实现这个目标的动力就是我们的志向，"财富园丁说，"你还记得我办公桌上的那颗橡子吧。"贾里德翻了翻白眼，说："我记得很清楚。"

"只要有志向，每一颗橡子都有长成参天大树的潜力。如果有一天我把橡子种在土壤中，然后用塑料箱把它盖住，阳光、雨水以及土壤的肥力会使这颗橡子生根发芽。尽管它肯定能活下去，但这个箱子最终会限制它的成长。"财富园丁说。

贾里德瞪着财富园丁。"橡子的成长动力当然来自内在的发展规律，"财富园丁说，"但这个箱子必定会限制它的成长潜力。随着时间的推移，这棵橡树会感到困惑、沮丧、愤怒和压抑。橡树可能会尝试着适应这个箱子，但这种努力注定是徒劳的，因为归根到底，橡子只有在长成一棵大树的时候才会感到高兴。""你能不能简单点说？"贾里德打断道。"听我说，贾里德，不要把这当成什么艰难的抉择。它只需要你能确定自己想从生活中得到什么。你说，你想攒钱并在经济上取得成功，但你目前的选择和行为显然不符合这个志向。"

> 当你因生活窘迫而感到沮丧、被环境所困扰或是无法忍受碌碌无为的时候，你会感谢与生俱来的志向。
>
> —— The Wealthy Gardener

追求财富的志向是一种对安全和个人自由的天然倾向。这是个人的欲望、决心和动力。它是个人为实现梦想而努力工作的意志——有时甚至会导致一种不努力工作就无法生存的状态。志向是一种坚定克服任何逆境和阻力的决心。它就像一头渴望自由的野兽，不可遏止。

实现财富自由后，我遇到了我最喜欢的一位年轻朋友——乔希。在参加刑事司法学院课程的时候，乔希找到了自己的志向并创办了自己的企业。这家企业的主要业务就是给车窗涂上颜色。随着时间的推移，公司业务蓬勃发展，他为此推迟了大学学业。21岁时，乔希聘用了十几位高中时的朋友。5年后，他扩大了企业的业务范围并为公司购置了一个仓库。乔希拥有火一样的雄心壮志并为此毫无保留地付出，而这些付出恰恰是将真正的志向与一厢情愿的想法区分开来的关键。在我们见面的那天，我们谈到了他对财富自由的渴望。乔希问起我对个人牺牲的看法。为成功而做出的牺牲值得吗？

"我可以肯定地告诉你，"我说，"有雄心的生活并不总是最幸福的生活，但肯定是一种令人满足的生活。对我来说，满足比快乐更有价值。

如果你有真正的抱负，无论如何，你都会做得不错。你就不可能无所事事地坐在沙滩上或无视自己的志向，浑浑噩噩地生活。无论喜欢与否，你都有动力去实现某些目标。"乔希大声笑了起来，因为我的话与他的真实感受一致。当然，每个人都想得到幸福。但对那些还在寻找的人来说，这往往是一种难以捉摸的情感。毫无疑问，我们的满足感是在付出代价后才能得到的。如果我们有志向，也就没有了其他的选项，我们要么接受它，要么竭尽全力去摆脱它。我们必须遵循自己的志向，否则，我们就会感到困惑、沮丧和愤怒。<u>如果我们以合乎道德的方式去追求成功，而不伤害他人的利益，那么凭借这样的志向，我们为时代做出的贡献就是有价值的。</u>财富源于我们为共同利益创造的价值。

我十几岁时的一个晚上，父亲和我坐在餐桌边，向我谈起了志向给他带来的力量。"我要感谢上帝为我的生命赐予的所有祝福，"他说，"但也要感谢为我的生命带来如此多祝福的志向。"作为一个年轻人，这些话引发了我的共鸣。

满足感和个人成长是志向的产物。当你因生活窘迫而感到沮丧、被环境所困扰或是无法忍受碌碌无为的时候，你会感谢与生俱来的志向。你的困境是追求最佳生活状态的燃料。你会因为志向而奋起。在成年岁月，要想让自己过上平和的生活，我们就需要把志向看作一只应该去驾驭而不是驯服的野兽。志向并不是我们想要拥有的东西，而是我们无法逃避或忽略的东西。雄心壮志的结果就是在工作中享受到的满足感。如同橡子注定会长成一棵参天大树，如果没有实现志向的能力，我们就不会被赐予这种志向。志向预示着我们的目标。我们可以对志向置若罔闻，但橡子外面的箱子只能让一棵强大的橡树难以发挥它的最大潜力。

倾听内心的声音，那是使命的召唤

超越现实的所谓直觉，是我们内心的低吟，它带给我们在低迷时不失望的勇气。新的世界永远对那些善于倾听和行动的人开放。这个周末是阵亡将士纪念日，天气阴沉灰暗，他们坐在农场边靠近池塘的铁凳上。弗雷德正在钓鱼，而财富园丁则是为了逃避酿酒厂的嘈杂来到这里。这里的寂静适合独处，玛丽的墓碑就立在小山顶上，她长眠于此。

弗雷德凝视着寂然如镜的水面说："我最近一直在想关于我们上个月的谈话，我相信你是对的。退休后，我已经离开了那些曾给我带来满足感的事情。"财富园丁点点头，没有评论。"这个想法现在听起来可能很疯狂，但还是请你听我说说，"弗雷德紧张地说，"我从来没有向任何人承认过这一点，但我心里一直有一个不为人知的梦想。尽管这不是非常合理，但我还是忍不住要说出来。事实上，它甚至不是……""弗雷德，那就干脆一吐为快吧！"财富园丁催促道。

"好的，我正在努力。在一生当中，我都在怀疑自己是否拥有经营一家小企业所需要的能力。30年来，我一直在学校教课，"弗雷德小心翼翼地说，"我喜欢和孩子们一起工作，我想尝试一下这方面的风险投资。现在，我正在考虑创建一家商业性的日托中心。这对我来说肯定是个挑战，但我觉得自己完全有能力帮助几百个孩子。"

财富园丁张开嘴，似乎想说点什么，却没有说话。"你觉得这很愚蠢，对吧？"弗雷德问。

"我认为这是一种天赋啊！"财富园丁说道，"而且绝无仅有的。"弗雷德仔细打量着自己的朋友："说实话，我希望你能尝试着劝阻我。

可你为什么这么快就赞同我的想法呢？""当然会了，因为你有一个梦想，但你还不能完全理解它，你想要为别人服务。这是每个成功企业的开端。"财富园丁说。弗雷德盯着他的老朋友："接着说，我在听……"

"我认为，我们每个人都有适合自己的正确道路，"财富园丁说，"我们都有发自内心的声音。当一个梦想在心中持续存在，我们就应该以一种神圣的憧憬去看待这个梦想。这是我们内心深处的智慧在引导我们。"

弗雷德反驳道，"我的年纪已经够大了，我很清楚，95%的企业都会在成立5年内失败。"

"我也同意，谨慎对待我们的冲动是一种明智之举，"财富园丁说，"但多年以来，我发现真正的使命感具有顽强的生命力。它们绝不是昙花一现的想象或幻想。来自我们内心声音的那种动力，是一种永不枯竭的持久愿望。它禁得起时间的考验，而30年已经是一段足够长的检验期了。所以说，你真是一个又老又傻的家伙。"

弗雷德咧嘴咯咯地笑起来，他拉回鱼线，检查了一下诱饵，然后又把鱼钩甩到池塘的中心。"我会老老实实地对你说，"他叹了口气，"能承认自己害怕失败，其实也是一件让我很舒心的事情。在我这个年纪，一旦失败，就会让自己看起来很蠢。而且我确实已经没有时间去弥补任何一笔失败的投资了。"财富园丁没有说话，盯着池塘看了一会儿才说："为什么不问问你自己，能否接受最糟糕的结果呢？""在经济上还不是问题，即使失败，我也能活下去。"弗雷德笑着说，"但最大的问题是我的感受。"

"好吧，我认为你有几个选择。"财富园丁说，"你可以决定不去尝试，也可以去尝试，但最终失败。当然，如果你尝试的话，也许会成功。

唯一的问题是，当你再也没有机会去选择时，你对自己当初没有去尝试会怎么想？"

内心的声音是一种超越理性的或无法用证据来验证的感觉。它能展现出我们超出理性或现实约束之外的感觉和直觉，它可能表现为激励或警告。这是一种本能的感觉，让我们感受到隐藏在内心深处的潜意识；它存在于不可思议的精神世界里，是一种极其敏锐的感觉。

每个人在离开这个世界的时候，最大的遗憾就是未能追随内心声音的指引。<u>坐等时间逝去而没有采取行动、让梦想永远止于梦想或没有追随自己的内在智慧，是人生中最令人后悔的事情。</u>我们最大的遗憾，就是在现实生活中错过与我们的天赋个性相互召唤的机会。这些遗憾的根源就是我们忽略了内心声音的呼唤。

正是因为倾听了内心的声音，我才进入房地产领域，实现了财富自由并最终创作了这本书。我们内心的声音就像一种无声的力量，驱使我们靠近或远离某个人、某个选择或某个方向。比如，我根本不想写这本书；或者说，我根本就没有能力写这本书。在我们看清前方的道路之前，内心的声音就会在无形之中影响我们的方向。

实现了财富自由的人生目标之后，我的生活发生了巨大变化。我哥哥的去世也给我带来了另一个关于内心声音的故事。哥哥的身体一直非常健康，但是在52岁那年，他在一场交通事故中被撞倒，当场死亡。我们后来得知，他在事故发生一个月之前就曾向朋友提到，他感觉自己很快就要离开这个世界。

我们该如何解释这种直觉呢？我哥哥的内心声音让他预见到未来将要发生的事件，就像我的内心声音会告诉我"是开始写作的时候了"。在他去世后，我感到一种不可推卸的使命感在呼唤我，于是，我开始和儿子谈论关于成功的人生感悟。于是，我走进了这个未知世界。

内心的声音不需要任何理性的思维，但它总能引导我们走进新的世界。如果我们给自己提出合理的问题，在生活中不断调整我们的感受，那么内心的声音就会给我们带来启示。如果你不这样做，不去寻找它，也没有遵循它的指引，你会有怎样的遗憾呢？当这个内心的声音重新发出召唤，尤其是当它停留在你面前时，你将失去它的启发。

我曾和一位律师的妻子谈话，她告诉我，丈夫正在考虑参与郡法官的竞选活动。这是一个通过选举产生的职位，而他对是否参选还在观望。她告诉我，仅仅是参加这项活动，就需要他们拿出 6 万美元的经费，而且这笔钱只能来自他们的个人储蓄。他们有 4 个孩子，家里的财务状况非常紧张。由于能否当选完全是不确定的，他们在金钱方面承担着巨大的风险。"10 年来，他一直在谈论这件事。"她叹了口气说。我说："我只能告诉你，一定要看清这件事的内在价值，对于这种持久力量带来的任何欲望，我们必须认真对待。"尽管我没说什么，但还是希望他能参与这次郡法官的竞选。

第 6 课
9 条通往财富的道路

勇敢起来,而且要谨慎

财富园丁和弗雷德的妻子康妮在相邻的花园里分别工作时,天空中电闪雷鸣,树叶在狂风中索索作响,随后,大雨倾盆而至。此时财富园丁和康妮不得不停下来避雨,财富园丁嘲笑康妮最近送给弗雷德的那只狗。后来,康妮承认,她确实非常担心弗雷德的状态。"弗雷德一直坐在地下室里,"她说,"心情非常沉重。""我很惊讶。"财富园丁说,"就在几个星期前,弗雷德还在和我谈论他创建日托中心的计划。他对这件事非常热心。我想,他现在应该在筹划细节。"

康妮叹了口气,瘫倒在椅子上,没有回应。如果她自己不想更多谈论丈夫的事,那当然要顺应她的意愿。他们静静地坐了几分钟。"我们可以私下谈这件事,不要让弗雷德知道吗?"康妮终于开口了。"当然,我们是好朋友嘛。"财富园丁说。

"弗雷德以前就想过这件事。"康妮小心翼翼地说,"这么多年来,他一直在想。很多次,他都是差一点就开始去追求这个梦想,但每一次都在最后时刻放弃了，这让他陷入绝望。这也是一生中最让他煎熬的事情。"

财富园丁点点头，没有说话。"弗雷德始终不愿意流露自己的不安全感，"她继续道，"和所有人一样，他总是会给自己设置一道强大的心理障碍。我从来没有告诉过任何人，这是你我之间的秘密。他已经准备去追求这个梦想，但最终还是会放弃。"

"康妮，听到这件事我很遗憾。这种情况持续多久了？"财富园丁问。"我们在生活中很少讨论这个话题。"康妮说，"但是至少在过去的20年里，他经常提到创建日托中心的事情。每次提到这个话题时，弗雷德都会以手头的工作为借口而没有诉诸行动。但是现在，这个借口已经不再成立了。"

"所以，他现在经常一个人在地下室里垂头丧气。"财富园丁低语。"他现在就在地下室。"康妮叹了口气，"可能还在为不去做这件他最想做的事情寻找理由。实际上，他只是不能迈出第一步。他很清楚自己可能因此而失去的东西，而对这个让他不满意的事实却只字不提。"

财富园丁难过地点了点头。"这种情况不是很常见吗？"他说，"每个人都会担心行动的后果，却忽视了无所作为的代价。"

"问题就在这里，"康妮同意财富园丁的说法，"现在，他确实很沮丧，因为他一贯使用的借口已经不存在了。但是按照我对弗雷德的了解，他还会找出其他借口。没准会找到一个更有创意的借口。"财富园丁点点头，没有回复。

"说实话，"康妮继续说，"我根本就不在乎这个项目是否会失败，是否会让我们赔钱。我们一生都在工作，我们已经损失得够多了。弗雷德只有去做这件事，才不会在彻底失去机会的时候后悔。我认为他现在必须去尝试，否则就不要再去想了。"财富园丁赞同康妮的观点："我也和他说过同样的话。"

> 理性的勇气是一种在值得冒险的情况下走向未知领域的能力。
> ●●● The Wealthy Gardener

勇气是一种让我们去做我们害怕的，但很有可能带来好处的事的能力。财富总是眷顾那些能将勇气和审慎相结合并付诸行动的人。

户外探险家阿伦·拉尔斯顿的故事，就是一个智勇双全的典型案例。拉尔斯顿独自一人来到偏远的沙漠，进行一次峡谷探险，途中，一块巨石掉落，将他的手臂牢牢地夹在峡谷侧壁上，使他不能动弹，从白天到夜晚，又从夜晚到白天。在整整5天半的时间里，他独自支撑，这个27岁的年轻人陷入了绝境，死亡似乎已经来到他面前。

但我们都知道最终的结局：他切断了被巨石夹住的手臂，活了下来。这是一种充满理性的勇敢决定。在权衡了行动与不行动的代价之后，拉尔斯顿成为自己生命的主宰者，采取了唯一能让自己活下去的行动。在拉尔斯顿看来，截肢比死亡更可取。这显然是一种理性的勇气。正是这种理性的勇气赋予我们前行的动力。理性的勇气是一种在值得冒险的情况下走向未知领域的能力。在面对恐惧时，采取行动是需要勇气的——毕竟，我们的选择可能会带来痛苦。当已知的困难已不可避免时，采取行动可能会让我们失去某些东西，但理想中的结果则会抵消掉这种损失。

如果我们知道自己未来将处于危险之中，那我们应该怎么做呢？我们能否直面变革和陌生环境带来的恐惧，避免因遗憾而绝望呢？我们都知道亚马逊创始人杰夫·贝佐斯的故事，为了自己的梦想，他毅然放弃收入丰厚的金融工作。"我知道，如果失败了，我至少不会后悔，"他说，"但我也很清楚另一件事，如果从未去尝试，那我或许会后悔。"这是一个非常有代表性的故事，但恕我冒昧，即便是这样一个非凡的人也会给自己编织一张安全网，其实他也有后备计划。

不过，在现实生活中，一个中产阶级人士争取职位升迁的例子似乎给我留下了更深刻的印象。凯琳是一位已婚女士，在一家百货公司工作，她已经有了一个小孩，而且再次怀孕。她的家庭收入几乎难以应付每月必需的开销。有一天，她看到邮局有一个经理职位空缺。这份工作可以让她的工资增加一倍。她提交了求职申请并获得了面试的机会，而且一直进入最后一轮，6名候选人将为取得这个职位进行最后的竞争。邮局将为6位最终候选人提供为期3周的培训，这无疑将是一场残酷的对峙。

在完成3周的培训考察之后，邮局最终只会留下一个人。然而，要参加这次培训，凯琳就必须辞去目前的工作。如果没有目前工作的收入，她的家庭很难熬过一个月。成功的机会只有1/6，而且需要以失去现有工作为代价。这显然是一个风险巨大的机会。

凯琳毅然辞去工作，参加了培训。"每天，我都会祈祷，我做了一件正确的事。"她向我吐露，"我被吓死了。"但她最终得到了这份新工作。不过，即使失败了，她也应该去努力地尝试一下，在经历失败后，再去理清自己的目标。在房地产领域，人们一直认为，我们不会因为放弃好生意而破产，只会因为接受不好的生意而失败。实际上，这就是告诉我们，既要谨慎，又要大胆，两者缺一不可。

117

不妨做个"梦想家"

在一个炎热的夏季周末,财富园丁走到邻近的农场,进行最后的检查。在过去的一年里,桑托斯的家人一直在努力将这个废弃农场变成一家有利可图的企业。现在,马上就到了履行这笔交易并转让农场的时候。

财富园丁想给桑托斯一个措手不及,他径直走进了农场的办公室。坐在前台的吉米抬起头来问:"最近怎么样啊,老朋友?""很好,再好不过了。"他笑着说,"你一个人吗?""桑托斯还在你的葡萄园里,他有一些尚未完成的事情。"吉米说,"如果你需要找他的话,他可能要到中午才能回来。"

"我以后再找他吧。"财富园丁坐到椅子上,"这里情况怎么样啊,我的意思是,从财务上看,你们还好吗?""好,只要没有特殊事件,天气一直非常好,大家都在义务地工作!"吉米笑道,"事实上,我们几乎没什么盈利。""嗯,第一年能做到这样已经很不错了。但我现在还是想听听你的计划。如果我没记错的话,你曾经非常明确地表示,准备在一年后另做打算。"财富园丁说。

吉米双手抱在一起,放在桌子上。"真希望我能离开这里。"他慢慢地说,"但我不能。我们合作得很好,而且没有钱的话,也没办法让别人来接替我的位置。我会待在这里一段时间,但我会在空闲时间制订职业计划。""那真是太棒了。我相信你不会后悔的。"财富园丁说。

吉米说:"非常感谢你们,我欠你们太多了。这恰恰是让我为难的地方。在我这个年纪,怎样做才能开始积累财富呢?我只是为了最低工资而工作,我没有任何积蓄,而且在财务上也没有可依赖的。""是的,我也觉得这是一个艰难的选择。"财富园丁同意。

"我已经决定了一件事。"吉米说,"我不会每天晚上都坐在这里,梦想着我的生活会自己改变。我已经考虑了自己的目标,而且仔细研究了自己的方案。我现在手头确实没有钱,但是在工作之余,我还有时间。所以,我准备开始实施自己的计划了。"

财富园丁咧嘴一笑,似乎非常期待吉米随后会说什么。"当我可以选择的方案很有限时,我的选择也变得更加容易了。我不像那些有钱有势的富家子弟,在现实世界里,我没有什么可选择的。没有钱,我的选择自然也不多。所以我打算做一名房地产经纪人。至少我可以在这方面起步,也可以在网上接受培训。"吉米说。

"房地产经纪人?"财富园丁问道,"你为什么选择这份职业?""为什么选择这个?"吉米重复道,"第一个原因就是我可以做这份工作。它不需要投入太多资金,而且我可以在晚上下班后考取经纪人执业证。即使有犯罪记录,也可以做这行。另外,我觉得房地产很有意思。我已经在网上通过了基础科目考试,全国考试将在三周内进行。这意味着,一旦我通过这轮考试,我的计划就可以在几个月内开始实施。"

这让财富园丁有点惊讶:"我现在看到的是一个有计划的人,只要在头脑里给自己设定一个清晰的目标,就必然能得到结果。但请告诉我,你的雇主是怎么想的?""桑托斯提醒我,我不是销售员,而且我没有能力和全职房地产经纪人竞争。他认为,这是一件有风险的事情,而且我永远也赚不到能养活自己的佣金。"吉米回答道。

"你是怎么说的呢?"财富园丁继续问。"我说,这个目标很现实,因为我可以尝试任何事情。"吉米笑着说,"我可以学习我需要掌握的东西。我会成长，因为我需要成长。我会尽可能多地工作。这很现实，我输不起，我必须成功。"

财富园丁高兴地笑了起来："那你打算如何支付前期的费用呢？""你可以借我一笔钱。"吉米回应道，"我用第一笔佣金收入返还你双倍。现在，这件事能不能做成，就看你的了。"

> 一个充满野心的目标，最能让你看清自己。
> ••• *The Wealthy Gardener*

"不切实际"只是一种观点。这个词可以描述过高的、不寻常的目标，或对普通人来说似乎过于野心勃勃、不可能实现的追求。它描述的是充满雄心壮志的希望以及超过群体或家庭平均水平的愿望。它是一个仅凭一般水平的努力难以实现的目标，因此它对普通人来说是不合理的。

不切实际意味着，在憧憬一个更高远的目标时，我们尚未找到实现这个目标的方法。我们知道自己想要得到什么，但不知道该如何得到它。

在进入大学之前，我曾和父母坐下来，一起讨论我的未来生活问题。"这是一笔交易。"我鼓起全部勇气对父母说，"在上大学的时候，你们应该还愿意支付我的生活费。我的想法就是你们借钱给我做学费。但我有另一种方案。我可能会做房地产中介生意。你们可以把学费直接给我，我可以拿这笔钱去做房地产中介生意，你们觉得如何？对你们来说，结果没有什么不同，但对我来说就不一样了，我可以拿这笔钱在这个领域为自己创造一个良好的开端。"

在当时，父母认为我的这个想法是不现实的。但这种想法对我来说是有意义的，虽然我的冒失已成为全家人的笑柄，但这个"不切实际"的想法，最终变成了现实。几十年后，我已经是一位房地产投资者。当时，我遇到了一笔交易，有人要出售6套独立复式公寓。

其他投资者纷纷给出探底式的超低报价，而且试图最大程度地压低每一套公寓的价格，好让自己拿到最多的利润，他们显然想得太短浅了。这套房产的卖家住在海外，他肯定不接受按单套公寓给出的低价。更糟糕的是，租户们非常不合作，甚至对潜在买家表现出了敌意。

尽管我能感觉到，整体购买可能会带来很大的升值潜力，但考虑到一些难以逾越的障碍，这个方案对我来说可能是不切实际的。第一个原因，这些复式公寓位于城区最好的位置，靠近公园和图书馆，优越的地理位置意味着让卖家接受低售价是不合情理的。而我又必须按最便宜的价格购买每套公寓，之后还要进行必要的装修。但是从卖方的角度看，位置优越的出租房产必然要得到相应的市场价格。

对我来说，这个目标不切实际的第二个原因，是我没有足够的空余时间。尽管我已经在尽可能地利用时间，我有全职工作、管理着其他40套租赁房产，还要负责目前处于停用状态的三个翻修项目。虽然这些复式公寓有巨大的升值潜力，但翻修它们需要连续工作整整一年。

这个目标不切实际的第三个原因，是我刚刚解聘了全部工人和承包商。我成了孤家寡人，一个人面对着大量工作，这让我焦头烂额。考虑到自己没有团队，这个项目让我倍感压力。这笔交易对我来说不切实际的最后一个原因，同时也是最主要的原因，是我根本就没有钱。

我的全部现金和贷款，都被用在目前没有任何工人的闲置房产翻修项目上。因此，我们完全可以得出这样的结论：在当时的情况下，投资这些复式公寓对我来说是不现实的，甚至是不可能的。我本可以就此退出，专注手头的工作，选择更明智的道路。

然而当时的我正处在人生中一个奇怪的关口，现在回头看，才明白它的重要性。我鼓起勇气，对这些房产给出一个不切实际的整体报价，仅为卖家要价的一半。为吸引卖家，我放弃了对房产的检查并直接提出在一个月内成交。对我来说，这是一次值得的冒险；而对卖家而言，我希望这能解决他们持续不断的租客纠纷。

令所有对这些复式公寓感兴趣的专业人士、投资者和房地产经纪人感到惊讶的是，卖家居然接受了我的报价。这让我兴高采烈，不过我需要马上找到钱、工人和时间。尽管我什么都没有，但只要有了目标，方法总能找到的。在不知道该"如何"做的情况下，我就已经全力以赴了，但是从现在开始，我需要找到方法。在房地产交易中，这件事或许只是一个极端的案例，但"不切实际"存在于生活中的各个方面，包括职业、个人的自由、假期、投资和财富。对我们来说，到底什么才是不切实际的呢？对这个问题的回答定义了我们的梦想。

我买下了6套复式公寓，完成了需要我承担的工作，结果比我所能奢望的最好结果还要好。归根到底，我找到了方法，这才是最关键的一堂课。在解决了"什么"的问题之后，我们似乎才开始去弄清楚"如何"的问题。我们的能力往往会因为最紧迫的需求而得到提升。尽管我还要到处去借钱，但事情有了结果，"如何"的问题自然不难解决。我之所以会成功，因为我别无选择。在我实现财富自由的整个规划中，这次交易成为浓墨重彩的一笔。这就是我实现成功的方式，循序渐进，步步为营。只有将眼光投向现实期望的界限之外，我们才能取得非凡的回报。

过于现实带来的悲剧是，尽管"现实可行"这个词意味着理性和现实，但也意味着我们永远不会去尝试不可能的事情。现实可行的观点往往是我们故步自封的一种借口，这些借口限制了我们所能实现的目标。不切实际只是一种想法。永远不要因为缺乏专业知识而看轻你的梦想。<u>必须以梦想作为出发点，让它永驻心头，用心去思考，不遗余力地去寻找实现这个梦想的方法。</u>然后，永远不要止步于对现实的期望。著名演员威尔·史密斯说："循规蹈矩是通往平庸的坦途。"

犹豫就会错过，坚韧才能胜利

财富园丁和桑托斯坐在一棵成熟的橡树下的长凳上，在过去一年中，桑托斯表现出了非同寻常的工作热情。财富园丁认为，桑托斯的付出已经超出两个普通人的劳动力，但这个男人从未抱怨过。"我想再次感谢你。"桑托斯说。"这只是你应该得到的奖励，我的好朋友。而且我们确实非常欢迎你。"财富园丁说。

一周前，财富园丁刚刚签订了邻近农场的转让契约。当桑托斯的一大家人在财富园丁酒庄的私人仪式上起立鼓掌时，桑托斯因感动而抽噎。"这一年里，我们一直在关注你。"财富园丁说，"你起早贪黑，每天都在我的农场里勤奋地工作，直到晚上才去打理自己的事情。我甚至在周六和周日的早晨还能看到你在工作。告诉我，你是如何保持这种高度的纪律性的？"

"我希望能有所改变。你曾经告诉我，世上从来就没有确定无疑的回报。"桑托斯说，"但无论如何，我们都要去做，要么就只能守住我们手头已经拥有的。我从来没有忘记这一课。因此，我开始用自己的空闲时间去改善生活。"

"很多人都希望改变，但他们没有像你这样勤奋地工作。"财富园丁感叹。"我怕再次错过机会。我想到了我的家人以及事业对我来说意味着什么。在过去一年中，我始终带着这些想法去工作。"桑托斯说。

财富园丁说："最有趣的是，你一直很在意这项工作为什么这么重要，这显然有助于你达成目标。""毫无疑问。"桑托斯点头。"但是，每天16小时的工作时间和周末加班肯定是对你体力的严峻考验。"财富园丁说，"我们的能量都是有限的。"

"这就是工作，不是吗？"桑托斯说道，"我并不是整天都在挖沟渠。我只是到处走动、采购耗材、制订计划、使用电动工具，以及坐在椅子上，按工作清单循序渐进地做事。归根到底，我们的日常工作有那么困难吗？"

"这只是有针对性的、按部就班的工作。"财富园丁认同。桑托斯带着俏皮的笑容说："事情也不过如此。说实话，我需要靠工作养家糊口，它们根本不需要我花费意志力，毕竟这些工作能为我和家人带来生活费。但是利用空闲时间去做更多的事情，就需要我下定决心了。"

"确实。"财富园丁同意桑托斯的观点，"我们的牺牲只能体现在我们的空闲时间上。工作日毕竟是我们为维持生计而必须付出的代价。但我们在空闲时间里进行的工作，则是我们为梦想付出的代价。"

"我今年一直在利用空闲时间来改善生活。"桑托斯颇有同感地说，"而且我也意识到，以前的空闲时间都被我浪费了，这也让我没能过上最美好的生活。这么多年过去了，我没有一点长进，这真让我感到耻辱。"财富园丁对他的朋友很满意。

这是桑托斯自己说的，他浪费了时间，同时也浪费了自己的潜能。以前，桑托斯始终是一个不折不扣的执行者，但归根结底也只是财富园丁的一名员工，他只需要把分内的事情做好就足矣。但现在，他变得越来越理智。"那么你在过去的一年里有哪些收获呢？"财富园丁问。

桑托斯好长一段时间没有说话，他深思熟虑后说："我学会了祈求智慧赐予我力量，帮助我达成目标。我学会了探寻自己做这项工作的原因，而不再把它当成负担。我还认识到，<u>为了追求目标而做出的所有牺牲都是暂时性的，但能力增长带来的自尊和骄傲却是可持续的。</u>"

> 致使你梦想破灭唯一的原因就是在到达终点线之前放弃。
>
> ●●● *The Wealthy Gardener*

当我们的志向、勇气和意志力减弱时，坚韧就成为我们抵御狂风暴雨、挺过逆境的力量。而在灵感消退时，决心会让我们继续战斗，坚持到底，跨越艰难险阻，向前迈进。坚韧是一种让我们为实现梦想而忍受折磨、不懈劳作、跨越障碍的力量。

在上一堂财富课堂中，我讲了一个购置复式公寓的故事。在当时的条件下，这一行动显然是"不切实际的"，因为我没有流动资金，也没有翻新公寓所需要的人员，更没有足够的空闲时间。也许这个故事在我们日常生活中显得微不足道，但其中的道理很重要，我们必须理性地认识到，我们的生活建立在我们的决策和行动的基础之上。

当我们追求所谓"不切实际"的目标时，必须克服巨大的困难和风

125

险并接受一切可能的后果。我之所以能接受这些挑战，不仅是因为此前几十年的房地产从业经历，更重要的是，因为我已经对此拥有了热情。我有能力承受每周 7 天、每天 16 小时的工作，而从不在乎个人的舒适、健康或快乐。我可以忍受"不切实际"的目标所带来的艰难和劳作。

那一年，我聘了几个陌生人。我主动帮助房客搬家，每套公寓里都留下了我的汗水。后来，我解聘了工人，将租金提高了一倍，清空了房客。我同时还管理着其他 40 多套出租公寓。

我在公寓门前街道的两侧种上了树。我减少睡眠时间。我的本职工作是一名脊椎按摩师。为驱赶疲惫，我会大量饮用咖啡。可以说，我差不多将一年的精力都奉献给了这件事。

承受艰难工作的关键在于要关注我们这样做的意义。我只关注自己为什么要争取这个项目。尽管我还有其他职责，但我还是心甘情愿地接受这些困难。我永远不会忘记，我之所以从事这项事业，是为了赢得财富自由。我不会去刻意强调它带来的苦差事，而是希望家人能从我的劳动、奋斗、磨难和牺牲中受益。在那一年中，几乎每一天，我都在重复一首诗中的一句话，这首诗歌也是我的挚爱：

> 因为生活只是一个不偏不倚的主人，
> 他会将你想得到的东西赐予你，
> 你只要接受了报酬，
> 就必须承担这项责任。

有人说我是工作狂。他们会毫不含糊地告诉我，我的生活严重失衡。

到了那年年底，我已经心力交瘁。一位朋友甚至问我是不是得了癌症。有人告诉我，应该放松一下自己。

当然，这些草率的判断都来自那些打高尔夫、滑雪、看电视、在周末喝酒、享受舒适生活的人。相反，我只是在利用空闲时间追求个人的自由。尽管熬过那一年需要强大的坚韧和毅力，但随着时间的流逝，我终于等来了回报。只有通过这种"不切实际"的追求，我们才能取得成功。起跑者随处可见，但跑到终点的人少之又少。

梦想确实令人激动，但成就则建立在日常劳动的基础之上。迟早有一天，我们要么停止对积累财富和成功的追求，要么学会接受它要求我们付出的代价。只有那些甘于付出和经得住韧性考验的人，才有可能获得超凡的回报。

打造你的优质社交圈

财富园丁站在课堂的讲台上，准备给这些遭遇困境的问题少年上课。吉米则坐在他平常坐的椅子上。"我们此前曾谈到鸡群里的鹰的故事。"财富园丁说，"今天，我们将讨论这只鹰和鸡一起闲逛带来的问题。"

教室里传出一片轻微的笑声。"这些鸡不一定是坏人。"财富园丁继续说，"但它们肯定不希望你和它们有所不同。它们会试图影响你。它们怀疑你的志向。它们告诉你，要学会在生活中找到平衡，应该对平凡的生活感到满意。它们会问你，为什么你需要的比它们更多，你是否认为自己比它们更好？在这个班上，有人认识这种人吗？"

男孩们都笑了，这表明，他们完全理解这段话背后的道理。财富园丁等课堂安静下来后继续说:"避免让你的思想受到他人的负面影响,是你为了追求财富而必须掌握的一项技能。其他人的消极情绪一直在窃取你的财富。"

"我有一个好朋友。"财富园丁接着说,"他正面临一个决定性的时刻。他已经退休,而且有一个梦想,那就是创办自己的企业。但是,他日复一日地把时间花在了令人沮丧的顾虑上。每天早上,他都要和其他退休的朋友一起去麦当劳喝咖啡。他的朋友们都已退休,已经不再为了生活而奋斗。因此,问题的关键不在于他们是否懒惰,而是在于他们已经习惯得过且过。可是我的这位朋友还没有完成自己的梦想。

"现在,他只能和那些喜欢享受闲暇的老家伙们在一起消磨时间。由于他自己的顾虑,再加上这些朋友的影响,他很可能会带着遗憾走向人生的终点。"说到这里,财富园丁停了下来,似乎是为了向学生们强调最后一点,"这些所谓志同道合的兄弟,最终会变得彼此相似。"

"那您认为,他最好不要和这些朋友们在一起吗?"一个男孩问道。"这是一个非常好的问题。"财富园丁说,"很少有人敢于提出这个问题。让我再问你另一个问题。"他停顿了很长一段时间后才说,似乎是为了创造一点悬念,"一棵树到底应该长多高才合适呢?"

男孩无言以对,只是耸了耸肩,其他男孩纷纷嘲笑他。"应该长到尽可能高的高度。"财富园丁说,"在大自然中,我们会看到,只要不受到限制,它必然会长到它所能达到的高度。而这些限制就是问题所在。""这么说,那些和他一起喝咖啡的伙伴就是他的问题所在吧?"有男孩忍不住问。

"真正的朋友会帮助你达到人生最高点。"财富园丁说,"他们喜欢你的成长。那些帮助你做到最好的人，希望你能发挥最大潜能的人，才是最适合你的圈里人。""所以说，要远离鸡。"男孩开玩笑说，课堂上发出一阵笑声。

"我还有一个年轻的朋友。"财富园丁说，"他很不开心，因为他没有积蓄，也没有改善自身经济情况的动力。现在，他还和女朋友分手了，这件事给他带来了很大的影响。周末，他和一群喜欢开派对的人出去游玩。这些人确实都很开心，我的朋友也开始变得和他们一样，失去了目标。有一天，他会清醒过来，却对自己的生活毫无掌控力，到了那个时候，他只会陷入一个彻底无望的陷阱。"

> 在我的社交圈里，我只允许自己听从一个人的话，就是我自己。
>
> ••• *The Wealthy Gardener*

能进入我们社交圈的人，是那些占据我们时间、影响我们思想并让我们的行为与之趋同的人。要想创造财富，就需要有选择地建立自己的社交圈，时刻警惕，避免受到他人的负面影响。30多岁时，我开始刻意防范外界的负面影响。我更加呵护自己的人生志向。尽管我从不拒绝好友和家人，但我会在自己和他们之间设置一道屏障，将他们的负面建议屏蔽在外。置身于那些希望"对你最好"的好心人圈子中，无疑是一种巨大的挑战。他们的建议往往如出一辙：生命短暂，所以要过好每一天。你为什么要这么拼命呢？你需要平衡的生活。每个人到老的时候都要停止工作，既然如此，你为什么要和别人不同呢？

你在建设自己的社交圈时，实际上就是在寻找你打算相信的人。我们可以被善良的人包围，但不会让他们进入我们设置的壁垒。我们也可以和其他人共存，但要让他们留在我们心灵的大门之外。

思想上的清净对我来说尤为重要，以至于当我花费一年时间学习房地产时，除了妻子，我没有告诉任何人这件事。在我购置第一套出租公寓时，没有人知道我在做什么。事实上，在拥有并经营 20 套公寓之前，我一直是在悄悄地经营，生怕受到周围人的消极影响。

即便是我在房地产中介领域取得很不错的业绩之后，依旧有少数人不请自来，给我这样那样的建议。而且他们的论调都是老生常谈："所有房东最终都要卖掉自己的出租房，你迟早也得卖掉。"当然，说这话的人来自一个卖掉全部出租房产的家庭。

很多时候，我们因为难以抵御负面影响而与财富擦肩而过。保护你的内心世界免受外界的负面攻击，似乎会让你陷入孤单。事实上，在我购置最初 20 套出租公寓的那些年里，我在诊所里需要面对大量的患者，但我仍抽时间打理公寓。

当时，很多房屋的装修工作让我头脑混乱。作为房东，我需要和越来越多的租户打交道。但是在很多方面，我是独自一个人在行事。在我的社交圈里，我只允许自己听从一个人的话，就是我自己。

我和世界著名励志大师厄尔·南丁格尔一起度过了那些年。在那段时间，我们看到，很多年轻人都在寻找导师，指导他们取得成功。对我来说，厄尔·南丁格尔就是我要找的那个人。他的声音一直在我耳边回荡，尽管在我听说这个名字之前，他已经过世数十年。

然而，就在我找到这位导师之后，他便开始指导我，在我开车、锻炼身体或进行不需要什么注意力的常规任务时，他通过以前留下的录音将自己的哲学灌输给了我。

我的导师告诉我，人必须有志向。我从他的身上认识到，改善生活状况方面感到的不满足是非常重要的，这种具有启发性的不满会促使我们继续努力。

他让我相信，只要你选择平衡，那么工作与生活之间的平衡就是可接受的。生活的内涵就是让自己成为有用的人，在我们走在不断靠近目标的路上时，我们感到最开心。成功就是有价值的理想不断转化为现实的过程。金钱来自价值以及为他人提供的服务。尽管我的内心有了其他老师，但南丁格尔依旧是坐在长桌上首的教父。当然，这些年来，我们或许会找到支持并希望我们获得最高成就的人。这些人自然也最适合成为我们社交圈的成员。

说到这个话题，我不能不提及自己和"杰出死者"度过的很多个夜晚。杰出死者是巴菲特的黄金搭档查理·芒格用来指已过世伟人的一个说法。在空闲时间里，我花了大量时间去阅读他们的传记，近距离地了解这些楷模式人物。事实上，我在家里专门设置了一个私人房间，我将自己崇拜的历史伟人照片装进相框，挂在这个房间的墙上。

在每张照片上，我都会写上短短的一句话，代表我从这些杰出人物的传记中领悟的"教诲"。下面的列表并不是这面人物墙上的全部人物，而是我选择社交圈成员的一个示范标准：

厄尔·南丁格尔（Earl Nightingale，励志大师）：一个目的和一个信仰约翰·洛克菲勒（John Rockefeller，石油大王）：我宁愿要100个人努力所得的1%，也不要我个人努力所得的全部

史蒂夫·乔布斯（Steve Jobs，苹果公司联合创始人）：现实扭曲力场

拿破仑·希尔（Napoleon Hill，成功学大师）：用心阅读目标

安德鲁·卡内基（Andrew Carnegie，钢铁大王）：明确目标

威廉·克莱门特·斯通［William Clement Stone，《永不失败的成功系统》作者（The Successful System That Never Fails）］：创造性的思考时间

韦恩·戴尔（Wayne Dyer，励志作家）：梦想成真

华特·迪士尼（Walt Disney，迪士尼公司创始人）：再努力一点

本杰明·富兰克林（Benjamin Franklin，发明避雷针）：个性发展

雷·克罗克（Ray Kroc，麦当劳创始人）：永远想到常青树

吉米·罗恩（Jim Rohn，成功学之父）：纪律是目标与成就之间的桥梁

亚伯拉罕·林肯（Abraham Lincoln，美国第16任总统）：忍耐

阅读这些杰出人物的传记，已成为我研究人类美德和重大成就的不间断的课程，它为我的生活提供了深刻的洞见。比如，在我绞尽脑汁想确定是否要写这本书的时候，我曾向儿子透露了未来的诸多不确定性。"在我周围，没有人能理解我为什么要写这本书。"我告诉他。迈克想了想。"或许真的是这样。"他只是冷冷地回答道，"但你得问自己一个问题：地下室墙上的那些人会怎么看待你写的这本书？"

挂在墙上的这些照片里的人物不仅是我的榜样，也是我内心社交圈中永恒的一员，对于这些曾经取得了非凡成就的人物，我的顾虑和犹豫只会得到他们的严厉批评。既然如此，我为什么不尝试在自己的一生中做点不同寻常的事情呢？我难道还有比这更好的选择吗？

因此，内心社交圈的影响促使我创作了这本书。和怀念已故的亲人或朋友一样，我很想知道他们会给我怎样的教诲。但是在创作这本书的这些年里，我没有向任何人提起过这些。我不需要任何负面建议。如果你渴望获得财富，那么就要避免让自己的思想受到负面影响。一定要全神贯注地追求你最向往的目标。

抓住时机，果断决策

财富园丁完成了感化院的授课任务后，整夜未眠，他在担心自己的邻居弗雷德。在他们最后一次谈话时，弗雷德似乎决定开办一家日托中心，但他在之后的大部分时间里仍旧无所事事。早上醒来后，财富园丁决定再和这位老邻居谈一次。此时，他们手里端着咖啡，一起在葡萄园里漫步。弗雷德没有牵着小狗巴迪，它在他们前面一路小跑。

"我还没有采取行动。"弗雷德坦言，"我还在考虑这件事。"他们走了一分钟左右，财富园丁才开口："我昨晚梦见了你。"他终于说出了自己的心里话，"说实话，那更像是一场噩梦，真的……"

"你是说，你在一场噩梦里见到我了？"弗雷德反问。"嗯，是的……但不完全是。"财富园丁结结巴巴地说，"我在梦里看到你的时候，你已经走到生命的尽头，你变成了一个病入膏肓、非常可怜的老头。你被人们数落侮辱,这让你变得异常憔悴。那真的是一副非常凄惨的画面,做了这个梦后,我再也无法安睡。""好吧,你这个混蛋。"弗雷德开玩笑地说,"我现在可不想睡觉了!"

"少睡一点对你有好处,这点和我不一样。"财富园丁说道,"此外,轻微的失眠或许会对你有帮助。""你这话是什么意思?"弗雷德很疑惑。"我的意思是,你必须面对这个决定。"财富园丁说,"在我们的人生中,有很多决定性的时刻,这些时刻也许会在不经意间到来,又在不经意间消失,这些时刻不可能自己吹响长笛来提醒我们注意。因此,如果我们不能当机立断,未来,机会或许不会再来。"

弗雷德默默地走着。"我的天啊,我知道你说的是对的。"他最后说道,"有时候,我也不知道自己出了什么问题。到底是什么让我无法走出第一步呢?有时,我觉得应该跟随自己的思想。但是到了第二天,理性思维又会告诫我,一定要循规蹈矩,不能去冒这个险。我始终不能做出决定,所以我最终还是放弃了。我知道自己犹豫不决,确实是这样的,我自己也承认。"

财富园丁笑了:"要坚持自己的梦想,弗雷德。"弗雷德笑了笑,点点头:"要么现在开始,要么永远不去想,对吗?""我想,或许是这样吧。"财富园丁说,"在我们的生活中,我们就是我们自己,拥有自己拥有的东西,并且因为过去的决定而采取行动。我们必须对自己负责。"

> 有了决策,我们对未来就有了掌控力,就可以抓住命运的缰绳。

决策是由具体行动定义的决定。我们目前的状况都是过去的选择和行动的结果。在追求财富自由的过程中,我曾和另一位脊椎按摩师共进午餐。我告诉他,我创建了一家房地产出租公司。我们是老朋友,但他对我经营副业的做法不以为然。和他持一样观点的人不在少数。对大多数人来说,用空闲时间与租户、承包商以及肮脏的房子打交道、去赚外快,这件事似乎注定会让我陷入经济危机。

自从他知道我经营副业的事情后,每次见面他都会关切地问道:"你做的公寓出租的事情怎么样了?"但我完全能感觉到他的蔑视态度,仿佛我做错了事,变成一个只想着一夜暴富的人。

有一天,他没有丝毫顾忌地问我:"嗨,你为什么要这样做啊?"

"作为小企业主,我没有退休金。这将是我的退休收入。"我的回答似乎触动了他。他点点头,但什么都没说。

显然,我们处于完全相同的情况。我们都是单枪匹马的从业者,都要面对社保费用不断萎缩的不利因素。所有事实都预示着,我们在未来几年将面对更大的困难。在未来充满不确定性的情况下,我的目标当然是创造收入。

10年后,他拜访了我。此时,他也开始赚取额外收入了,时势很艰难。"我们可以坐下来谈谈房地产的事情吗?"他问我。

我们谈了很久,但对他来说为时已晚。自满的代价是失去机会;我们的犹豫不决抹杀了未来的很多机会。我们都曾站在开启的机遇大门前,我们都有自己的直觉。但是凭借明确的目标,我既能察觉发财的机会,也能预见无所作为的危险。有了决策,我们对未来就有了掌控力,就可以抓住命运的缰绳。我们是承担责任的人,当我们的选择和条件占据有利形势后，我们就可以掌控自己的命运。

明确目标是做出高质量决策的核心。目标或者财务目标的存在，为我们提供了判断决策后果的基本标准。我们应该买豪华汽车吗？我们的储蓄目标是多少？我们应该找一份工作，还是回学校重新深造？我们的收入目标是多少？我们应该加强锻炼，还是保持放松？我们的健康目标是什么？我们应该为退休而储蓄吗？年纪大了后，我们会需要什么呢？这都是会塑造我们命运的决策时刻。

超凡的努力才能带来超额的回报

吉米在财富园丁的房子周围跑步，发现他坐在露台上，拿着一本新的园艺杂志，正在吃冰激凌。此时是星期五晚上8点，太阳已经落山。"哈哈，看看谁来了！"财富园丁大声喊道，"几周之前，你借走了2 000美元，然后，我就再也没有你的消息。你不会是拿这笔钱去异国度假了吧！"

"你很幸运，我还没有想过这事。"吉米笑道。财富园丁笑了笑："你最近在做什么？""这段日子里，我每天都和桑托斯工作10小时。"吉米说，"在晚上，我还要在网上学习以前购买的学习课程。这是一轮为期3周的考前集中辅导，而明天就要考试了，所以说，我们得看看该怎么办。"

"你准备好了吗？"财富园丁问。"我唯一可以肯定的是，我已经觉得没有什么可复习的了。无论明天发生什么，我都相信，我会做到最好。"吉米很自信。财富园丁靠在椅子上，两眼盯着远方："你知道，吉米，你刚才说的话，都是人生的至理名言啊。你还年轻，你的未来不可限量。而你唯一能做的，就是竭尽全力。""如果我没有通过考试，"吉米笑道，"也不是因为没有能力。我可以接受被人当作笨蛋，但我不愿意别人说我懒惰。"财富园丁若有所思地看着吉米说："我一点也不怀疑你，但每个人都说自己已经尽力了，这是不是很有趣啊？"

"您这么说是什么意思？"吉米问。"我敢打赌，参加考试的每个人都会声称，他已经全力以赴了，"财富园丁回答说，"但不是每个人会花相同的时间学习。而且人们学习时并不都能达到相同的强度。这与你在工作中遇到的情况是一样的。每个人都很忙。但最优秀的人不仅会投入更多的时间，还会投入更多的注意力。我们的努力程度不仅取决于数量，更取决于质量。""我确实已经尽力了，"吉米说，"现在，我必须通过这门考试。如果我不能清除第一个障碍，那么其他事情就更没希望了。"

"你肯定会做好的。"财富园丁鼓励道。"好吧，但结果不是我能控制的，"吉米耸了耸肩，"到了这个时候，只能听天由命吧。不管怎么说，我已经尽了最大努力，这就是我能做的一切。我已经为考试做好准备了。"

"我很佩服你的心态，"财富园丁说，"你现在的想法，往往会决定你未来的生活。你一次又一次地投入神圣的努力——将自己的精神倾注到工作中，毫无保留。迟早有一天，你会体会到内心的满足感，而且这种感觉注定会超越任何结果。"

> 只有将全部精力投入工作中，我们才能没有遗憾地接受任何回报，才能冷静地接受高贵而优雅的失望。

The Wealthy Gardener

非凡的努力是我们在能力范围内能做出的最大努力。它是我们通过深度努力所能展现出的最大潜力。非凡的努力会给我们带来满足感，而平庸的努力却有可能带来遗憾。

当亚伯拉罕·林肯完成自己的第二次就职演说时，他深信，这次演说或许是他最好的一次演说，甚至超过了他最著名的"葛底斯堡演说"。他期望这次演说"要好于以前的任何一次演说，而且会让其他演说都相形见绌"。这天，人群中站着一个名叫弗雷德里克·道格拉斯的人。在演说结束后，这个曾是奴隶的人受邀进入白宫。这个身处白人世界里的黑人男子，这样描述当天的情景：

> 当我走近他（林肯）时，他主动伸出手，给了我一个亲切的握手，然后对我说："道格拉斯，今天我在人群中看到你在听我的就职演说。我认为，你的观点比任何人的都更重要：你怎么看待我的演说？"我说："林肯先生，我不能待在这里跟您说话，因为还有成千上万的人在等着和您握手呢。"但林肯再次发问："我很想知道你是怎么想的？"我说："林肯先生，这是一次非凡的努力。"然后，我走开了。"我很高兴你喜欢。"他说。

我们都知道，当我们迫切需要某种东西时，我们会全身心地去为了得到它而奋斗。我们可以说，我们已经为它付出了全部。非凡的努力就是一个人最大潜能的充分发挥。

我们经常可以看到这种情形：因为勤奋学习而筋疲力尽的医学院学生、在休赛期刻苦锻炼的运动员、在本已无望的最后期限完成预定经营指标的企业管理者,或者几十年如一日为孩子无私奉献的父母,他们的努力都是非凡的。在付出非凡的努力之后,最终的结果往往是一样的:他们可以心静如水地告诉自己,我已尽力,无论结果如何,我都不会后悔。这种态度是对我们充分发挥潜能的奖励。

面对那些接近我们能力极限的挑战性工作,非凡的努力需要我们全身心地投入,心无旁骛地追求——即使我们还不够聪明、还不够强大,也一定要全力以赴。它需要高度严格的自我约束,以及长期不懈地努力。自我约束和努力会使我们的每一天都变得充实,它需要我们忍受痛苦,不断磨炼自己。

我们每一天的最大努力都要包含这些要素,但如果有人用枪顶住我们的太阳穴,命令我们"再努力一点",我们或许能做得更彻底、付出更多。如果有人在非凡的努力中对我们提出同样的要求,我们将无力改进。此时,我们别无选择,只能挨子弹了。

当我们可以说"我已经尽了自己的全部力量,我已经没有能力做得更多了,现在,一切只能听天由命了",那么我们就已经完成了非凡的努力。我们或许永远都不希望考试失利,永远都不想错过商品促销,永远都不喜欢看到我们的工作受到批评和贬低。但是,只要我们付出了非凡的努力,这些缺憾也会在某种程度上给我们带来慰藉和鼓舞。只有将全部精力投入工作中,我们才能没有遗憾地接受任何回报,才能冷静地接受高贵而优雅的失望。

我认为,非凡的努力应该被表述为这样一个公式:

影响力 = 正确的行动 × 工作强度 + 工作量

换句话说，它一方面需要我们在一定时间内做正确的事情，而且要尽可能勤奋地工作，另一方面，我们还要充分利用空闲时间，工作更长的时间。非凡的努力会让我们的内心深处发生激烈的冲撞。而对我来说，最重要的就是，每当我回首往事，都能感到心满意足，因为我知道，为了自己的梦想，我已经付出了全部，没有任何隐藏和保留，更没有任何遗憾。我希望能为自己的事业感到骄傲。我希望在工作中找到自己的快乐。现在，谢天谢地，我的愿望都实现了。

成为有钱人，从确立财务目标开始

在一棵成熟的大橡树下，吉米和他的导师坐在一张长凳上。考试结束两天后，财富园丁在这位年轻朋友身上发现了一种焦虑态度。尽管已经通过了考试，但吉米似乎并没有对这一成就感到高兴。"我觉得也就是这么回事了。"吉米说，"我取得的全部成就，都是我在这个世界上证明自己的机会。我通过了考试，但现在，我觉得自己的收入还要靠机会。我只是一个刚刚入行的房地产新手，傻乎乎地坐在办公室，等着潜在客户打来电话。"

财富园丁也在思考这个问题。吉米试图提前规划好走向成功的每一步。但面对重重障碍，吉米在"如何赚钱"这个问题上百思不得其解。他并不相信目标所具有的神奇力量。

"我来问你一个问题吧！"财富园丁说道，"我可以拿最近的收入和你打赌，你肯定在码头、汽车、广告牌和建筑物上看到过房地产企业的标志。"吉米看起来很吃惊："你怎么知道？"

"我们只能看到自己在想着的事物。当然，那些标志一直都存在，只是以前你没有在意而已。这和买车是一样的。你随处可见相同品牌和相同型号的汽车。同样的道理也适用于赚钱。"财富园丁继续道，"如果你的脑子里有具体的财富数量，那么你就会在创造财富的路上发现机会无处不在。尽管实现这个目标可能需要数月甚至数年，但你总能找到实现这个目标的方法。我们的想法和计划会让目标成为现实。"

"但我确实有困难啊！"吉米急忙打断财富园丁，"我现在只能做兼职的房地产经纪人，我需要和全职经纪人争夺业务。我做一笔业务的佣金只有业务额的1%左右。"财富园丁说："很容易看到，当你的首要任务应该是建立信心时，你却在考虑'如何'做的问题。我们必须坚信自己的目标，不能有丝毫怀疑。""制订计划有什么不对吗？"吉米问。"制订计划没什么错。"财富园丁说，"但现在你眼中的是困难，而不是未来的种种可能性。你的进展情况如何？"

吉米扬起眉毛说："不太好。""你并没有真正理解目标的力量。"财富园丁继续平静地说道，"目标并不是生活中普普通通的挑战；对于后者，我们只需依次解决即可。相反，目标应该是我们目前无法实现的非凡梦想。目标能唤起我们永远无法理解的内在智慧。"

"您是在谈论吸引力定律吗？"吉米问。"尽管我们把目标解释为自己希望得到的东西，但没有靶子的射手能做什么呢？"财富园丁问道，"目标使我们的生活更清晰，它能为我们揭示出看不见的机会，就像随处可见的那些标志一样。此外，它还为我们的很多决策提供了标准。最重要的是，目标可以让机会与我们的信仰走到一起。"

吉米大声地叹了一口气："那么您希望我做些什么呢？"财富园丁说：

"被动地让运气决定收入，就是因为没有为这个收入制订明确目标。明确自己想得到的收入是多少、为什么想要这么多收入，并且每天专注于这个目标。内在智慧会引导你接近自己的目标。"

> 一旦你清楚哪个目标将最有效地引领你转变新的身份，它就成了你的使命。
>
> ●●● *The Wealthy Gardener*

财务目标：针对希望赚取的收入、储蓄、财产或被动收入制订的具体目标。如果没有目标，我们的财富之路就只能听天由命了。为什么要用一个明确的财务目标来"折磨"自己呢？

30岁时，我为自己设定了具体的财务目标并确定了最终的截止日期。这个雄心勃勃的目标就是实现财富自由，当时我的净资产还是0，这样的目标无疑非常大胆。我甚至制作了一个图画板，画了一张6位数的支票，代表我心目中的被动收入，这也是我计划有朝一日拥有的资金数量。当然，我并没仔细想象过这张支票，但我每次经过它旁边时都能看到它，因此，它肯定已经深深地钻到我的潜意识中。

在我开始致力于这个目标后发生了什么呢？只有时间才能揭示答案。就像一艘航行在大海上的船只需要很长时间才能改变航向，改变生活方向同样需要时间。它需要我们坚持不懈地对自己的财务目标培养情感并对它笃信不疑。我们的目标未必完美无瑕，但我们也无须以百般挑剔的眼光去审视这个目标。

30多岁时，我一直在努力养成随时审视财务目标的习惯。有时，我也会毫无理由地停下来,当然,这完全不是有意地放弃。但是在很多年里,我一直保持着正确的态度,每天专注于自己的目标,这也让我体验到专注于目标所带来的魔力。一旦这个目标在脑海中扎根,我们就获得了实现这个目标的信念,而世界也会悄悄地发生变化,于是,各种神奇的巧合便会和我们不期而遇。

我把每天查看财务目标的完成进度固化为一种习惯,一直保持了很多年。最后,终于有一天,我坐在椅子上,面对着这个画着一张支票的图板。

我刚刚和会计师碰面,为税务目的调整了一下业务。当在我坐在椅子上面对着图板时,我的眼睛偶然转向了那张几十年前的支票,支票上的数字代表了我为被动收入设定的目标。就在不久之前,我刚刚签了一张六位数的支票。而现在,我的实际收入和这个目标相差不到100美元!我坐在那里,完全惊呆了,痴痴地凝视着这张曾经只存在于想象中的支票。实现这个目标的概率是多少呢?这是奇迹吗?还是说,只要我们对目标深信不疑并全身心地投入其中,那种"无形力量"就会把我们带到目标面前?

如果我们没有制订明确的财务目标,那么我们的财富之路就只能由命运决定了。有了明确的基本目标,我们就可以在头脑中对后续的计划、决策和行动有清晰的认识。有了清晰的目标,内在智慧便会为那些停下来倾听它的人提供指示。

对我而言,目标给我带来了好的决策,让我对人生有了更清晰的认识,也让我能够最有效地行动、全神贯注地努力。有信仰支撑的目标会让我们看到以前从未注意到的机会。

成功源自合理的时间安排

早上赶到监狱接贾里德时,财富园丁发现,贾里德头发蓬乱,脸色苍白,神志不清。前一天晚上,贾里德因为酒驾被捕。一路上,他们默默地坐在车里,当车停在贾里德租住的复式公寓门前时,他怯生生地从卡车里走出去。财富园丁若有所思地叹了一口气,独自开车走了。

财富园丁回忆,贾里德一直声称自己要实现更多的目标,但他的行为却背叛了自己。他和新女友生活在一起,在酒吧喝酒,完全沉溺于庸庸碌碌的生活。他并没有选择失败,实际上他没有做任何选择。有时候,我们根本就无法帮助别人,他们只能自救。

到了中午,财富园丁并没有休息,而是在后院清理杂草。贾里德从篱笆的另一边走过来。"我们可以谈谈吗?"贾里德问。"当然。"财富园丁说,慢慢地站起来。他们走到椅子前,坐下来。"你想要一杯浓鸡尾酒吗?""真有意思。我得感谢你去监狱接我。"贾里德说。

"不要感谢我,"财富园丁叹了口气,"你的父母不在城里,我去接你完全是看他们的面子。"

"你觉得我搞砸了,是吗?"贾里德问。"我认识你的时候你还小,贾里德,我一直相信你。但我担心你会偏离正轨,担心你的潜力因为你浪费了时间而被荒废。有一天,你可能会反省,为什么这么多年来,你始终没有任何值得称道的表现。"财富园丁说。

"你说过,"贾里德说,"每棵树都有自己的成长节奏。""或许是这样的!"财富园丁说,"但任何一棵树总是要成长的。你有选择的自由。你的潜力能得到多大程度的发挥,取决于你如何利用自己的时间。但是按照你现在的生活方式来看,除了花钱,你似乎还没有一个明确的目标。"

"你为什么这么说呢?"贾里德不解。"你的行为出卖了你。知道你每周的时间安排,我就可以说出你在生活中最关心的事情。只需看一眼你的时间安排,我就可以预测你的未来。今天的时间安排就是对明天最好的预测。"财富园丁说。贾里德似乎还在宿醉,他无法想出一个有力的回应,给他最近漫无目的的状态找个借口。他不能否认,他已经陷入生活的旋涡。入不敷出的生活已让他对未来无能为力。

"我一直在尽我所能,"贾里德终于说道,"我知道自己想要什么,但我现在没有时间去实现这个目标。我的时间已经被占满了。""也许你的时间确实被占满了,但你根本就没有方向。"财富园丁反驳道,"你就像一个为了填饱肚子而只工作一周的农民。一个聪明的农民会把日子安排得非常充实,用自己的劳作去换秋天的丰收。"

贾里德摇了摇头说:"我现在的问题是没有时间!""好吧,看来你确实缺少点运气。"财富园丁说,"如果你不能合理安排自己的时间,就无法控制自己的生活。如果你不能抽出时间,就必须放弃自己的希望。""你现在觉得我没有希望了?"贾里德苦笑。

"有一点我很肯定,"财富园丁说,"如果你不能控制时间,那你永远无法掌控自己的生活。更糟糕的是,你会浪费自己的潜力。时间是生活的基石,平庸的生活源于糟糕的时间安排。就这么简单。"

> 成功取决于我们对时间的安排。财务困境源自没有计划地使用时间。

The Wealthy Gardener

时间安排是我们使用时间的方式。成功取决于我们对时间的安排。财务困境源自没有计划地使用时间。要改变我们的生活,首先需要改变我们的每周的时间安排。在我 40 多岁时有过一次度假,当时我住在朋友家。游泳之后,我坐在俯瞰小型游泳池的石头露台上,全神贯注地盯着手机。房子的主人问我在做什么。

"我在整理自己的生活。"我回答道。在那一周里,我一直在毫无节制地挥霍时间。重新调整时间安排,包括工作时间和空闲时间,是我不断掌控生活的一种手段。我的每一次前进都要求我不断调整自己。"整理好了,记得告诉我一下啊!"他笑着走开了。

对于有志向的人来说,无所事事地浪费时间并不是他们在成年生活中需要面对的挑战。相反,真正的挑战是我们做了太多缺乏考虑的事,以至于没有时间去做更重要的事。生活中的突发事件往往会占用大量时间。如果我们不能集中精力安排好自己的工作,我们的潜力就会被荒废。

在《坚毅》(Grit)一书中,安杰拉·达克沃思提出的成就公式:

潜力 × 努力 = 技能

技能 × 努力 = 成就

达克沃思建议我们关注,在从潜力到成就的过程中,努力这个因子出现了两次。而我们如何发挥自己的潜力,就取决于我们的时间安排。行动计划是积累财富的关键。我们并不总能过上自己想要的生活。即使拥有超群的能力、魅力或才华,我们依旧可能无法实现自己的财务梦想。

即使有明确的目标,我们依旧可能没有获得成功。我们只能得到自己应得的回报；只能收获我们种下的果实。成功需要时间，而时间是最宝贵的。作为一名房东，我亲眼见证了数百名中产阶级租户通过奋斗取得了成功。

虽然我对最低收入和信用评分设置了严格标准，但最优质的租户在财务方面则千差万别。归根到底，提高生活质量的决定性因素是收入水平。有些工作在市场上具有更高的价值，因此，相同的工作时间，会为人们带来不同的收入。

此外，我还可以根据租户利用空闲时间的方式，预测哪些租户的生活水平会提高。我曾将一套复式公寓租给一对年轻的夫妇，他们从事的是最低收入水平的工作。此外，他们还参加了当地社区大学的课程。他们渴望更好的生活，因而牺牲了很多空闲时间去追求自己的理想。

当然，几年之后，他们获得了学位，这让他们有资格从事收入更高的工作。5年后，他们的家庭收入便从3万美元增加到8.4万美元。另一对中年夫妇的总家庭收入为4.5万美元，也在我这里租了一套复式公寓。为了赚钱，妻子加班加点地工作，而丈夫则兼职做草坪护理业务。

通过额外的工作，他们的年收入增加了1.5万美元，总额达到6万美元。他们将全部收入用于补贴生活。5年后，尽管同样做出了很大的努力，但这对夫妇的经济状况并没有好转。他们认为生活对自己不公，因为他们和高收入者一样努力，但他们的生活却并未因此得到改善。通过研究这些例子，我们可以发现提高生活质量的关键。

成功需要时间，而时间是最宝贵的。我们的时间安排决定了我们能成为怎样的人、得到怎样的收入，以及我们一生可以积累多少财富。今天的时间安排就是对明天最好的预测。

目标足够大，行动才有效

为了讨论自己的问题，吉米安排了一次和财富园丁的会面。财富园丁在上周就说过："被动地让运气决定收入，就是因为没有为这个收入制订明确目标。你应该明确自己想得到的收入是多少、为什么想要这么多，并且每天专注于这个目标。"

"为什么说追求财富的理由很重要呢？"吉米问道。财富园丁直起身，靠在椅子上，眼睛里闪烁着欢快的光芒。和往常一样，吉米再次对自己的未来提出了正确的问题。"在你的一生中，你会在追求成就的过程中遇到各种不可避免的逆境和障碍。它们就是我们生命中的暴风雨。越是在这样的时期，你就越应该有一个最根本的大目标。"财富园丁说，"它能让你挺过暴风雨。你追求财富的根本理由必须有足够的说服力，它就像一棵大树的根，能让这棵树经历暴风骤雨后依然充满活力。"

"所以说，拥有一个大目标的实质就是永不放弃？"吉米又问。"积累纸片没什么意义。"财富园丁笑着说，"重要的是如何使用这些纸片，以及如何让这些纸片造福我们，这才是我们不断奋斗的原因。人们放弃安逸去追求财富，总是需要一个理由的。我们每天都在与惰性抗争。因此，如果没有一个大目标，人们自然会选择拖延，避免付出，放弃计划。"

吉米叹了口气说："这么说，这个大目标就是为了确保我们能始终如一地向终点冲刺。"财富园丁笑着说："这个大目标就是我们坚持不懈的原因。为追求财富提供一个令人信服的原因，就可以为我们提供克服各种困难的动力。""如此说来，我们还需要一个大房子或豪华轿车之外的目标？"吉米充满不解。

"这取决于人们选择如何花费自己赚来的钱。"财富园丁回答,"虽然我的追求更简单,但如果你想要汽车或房屋,那你可以去购置这些东西啊。这是你自己的钱,你有权决定怎么花,谁也不能评判别人花钱的方式。但是请记住,你的理由是你的根。你一定要为自己的事业找到最坚实的根基。"

吉米说:"只要能实现财富自由,我愿意付出自己的全部。但我可不想等到 70 岁时才实现。我希望能在年轻时实现这个梦想。""所以说,你已经找到了自己的根。"财富园丁笑着说,"你在这 8 年里寻求的东西,需要你投入全部清醒的时间。它会不断考验你,催促你带着勇气和智慧去探索、去冒险。当其他人通过花钱来满足欲望时,它却要求你学会勤俭。当你的银行账户余额不断增加时,你会觉得神清气爽,但别人却看不到这些。你为了追求它而忍受的折磨,或许是其他人永远都无法忍受的。正是出于这些原因,如果你真的想得到财富,就必须想清楚,你需要给自己找一个能坚持下去的理由。"

吉米咯咯地笑了起来:"这听起来可没什么意思啊。""如果你追求的是趣味,财富目标显然不适合你。但如果你需要的是财富自由,那么牺牲显然是值得的。这正是我的观点:你能否拥有财富,完全取决于你为什么需要财富。"财富园丁说。

大目标,即推动我们做出牺牲的目标或让我们坚持下去的原因。我们的意志力源于目标带给我们的力量。我们追求财富的理由可以让我们不遗余力地坚持下去。这个月,我们是否只是为了支付账单才加班工作?

还是为了积累财富而利用空闲时间工作？

只有凭借令人信服的理由，我们才愿意牺牲已经得到的东西，去换取最想得到的东西。我们的行为动机越深刻，我们就会越努力地去工作，克服各种阻力，不找借口，选择牺牲，制订合理的计划并一如既往地实施自己的计划。

坚持是对一个令人信服的原因最好的体现，而这个原因就是我们所说的大目标。伟大的事业因为伟大的原因而持久。欧内斯特·沙克尔顿及其船员的故事，为我们诠释了忍耐力的最大优势。

1914 年，他们开启了横跨南极洲的探险之旅，这次探险需要经历漫长而艰险的海上旅行。然而，当他们驾驶的船在南极被冰层破坏后，他们的旅行便成为求生的故事，他们在接下来的 3 年里经历了艰辛的磨难。

然而，如果认真研究这个故事，我们就会发现人类最重要的目标其实是生存。这些被遗落在南极洲的探险家要么坚持下去，要么让他们的内心先行死亡。

深刻的目标为强大的行动提供了源源不断的动力。在遭遇职业生涯中最严重的打击后，我就决心实现财富自由。我将在随后的课程中详细介绍这个故事，我们将从中看到，面对这个有可能改变我一生的财务状况的决定，我已降格为彻头彻尾的接受者。我经历了一场被称为"付费后审计"的噩梦，这似乎注定要让我陷入破产。尽管时间会证明我的做法是正确的，但养活家庭的压力还是改变了我。

在这段让我恶心的经历中，我找到了积累收益的大目标。我发誓再也不要让自己成为弱者，而且还学会全力以赴地寻求财务独立。

经历这次人生考验前，我认为自己一直进行着非凡的努力。但是风暴过后，我才知道自己能达到怎样的深度。我学会了投入自己的全部时间、精力、思想和行动。我发誓，永远不会再做那种在逆境面前毫无防御力的人。我找到了自己最大的目标，也为我的坚持找到了动力。

我发现，财富既需要我们有毅力，也需要我们有力量，而后者往往是前者真正的来源。无论我们的情绪、精力、心态或态度如何，这个大目标都在激励我们奋力前进。这个大目标可能是家人的幸福、支付大学学费或是还清债务，也可能是对失业的恐惧、摆脱工资的奴役或结束财务不安全的处境。对我而言，风暴已经过去了，我已经获得了自由。著名哲学家弗里德里希·尼采（Friedrich Nietzsche）说："对生活抱有目标的人，几乎可以忍受任何痛苦。"

第 7 课
财富自由人士的自我修养

心中常怀感激，机遇之门终将敞开

吉米坐在一张狭窄的办公桌前，他是刚刚被分配到这家房地产公司的新手。这天晚上，其他经纪人已经下班了，除了坐在前台一言不发的接待员外，办公室里没有其他人。电话偶尔也会响，但接待员已经懒得把电话转接给吉米了。

为了不让时间虚度，吉米开始考虑自己的财务目标。他已经想过自己为什么需要钱，而且认为自己一定要有足够的钱，只有这样，才不会为钱担心。吉米认为，必须摆脱生活中的金钱问题，去关注更重要的事情。为此，吉米的第一个重要步骤就是偿还财富园丁的慷慨借款。吉米坐在他的隔间里，闭上眼睛，集中注意力。他在集中精力酝酿对财富园丁的感激之情。他想象着自己正在还钱。他不仅要有钱，还要偿还这笔贷款。这是他最期待的一刻，而他现在正在感受这一刻。整整 30 分钟，吉米一直留在这个想象出来的情景中，并始终保持着感激之情。睁开眼时，吉米觉得自己更有力量、更有把握，内心也更加平静了。

吉米站起身，在去洗手间的路上经过了接待员的座位。就在这时，一对年轻夫妇走进前门。吉米事先已被告知，按照公司的政策，业务员应主动回避客户，除非上司明确将客户分配给你。根据这个规定，接待员应公平地将客户分配给每个经纪人。

在那一刻，吉米感受到内在智慧在召唤自己。此时，一股冲动促使他转过身，向这对夫妇伸出手："我可以帮你们吗？""啊，当然了，我们正在这里找一套房子……"男客户说。"这么巧！"吉米笑着说，"我碰巧有一套房子可以向您推荐。"

两位客户非常开心，而吉米则向坐在柜台后面的接待员眨了眨眼睛。她怒目而视，但吉米还是带着这对年轻夫妇走到他的小桌子前。他们一边走着，吉米一边想，这肯定不是出于感激。但考虑到以前已经有人警告过自己，因此他一直怀疑这种做法是否行得通。他以超现实的想法给自己找了一个理由：这完全是一个天赐的巧合。吉米拿起电话，打给接待员："为什么不给我们拿三杯咖啡过来？"他听到电话那面传来一声巨响——接待员砰的一声挂断了电话。

> 感恩你拥有的一切，接受你没有得到的一切，创造你想要的一切。
>
> —— The Wealthy Gardener

感激是指一种强烈的谢意。有了感激之情，即使我们的目的是追求物质财富，我们依旧可以通过唤醒内在智慧来帮助自己。

当事情不顺利时，挂念金钱是危险的。当一切似乎都已失去且希望全无时，我们必须集中精力，以感激之情对待我们得到的结果。在我开办脊椎按摩诊所的地方，有一处商业地产一直让我垂涎。这是一座位于繁忙街道上的豪宅，房东曾四次试图出售这座房子。每一次，医生们都希望这座房子能成为他们的私人诊所。但由于房子前面缺少足够的停车位，因此每次都没有卖出去。

问题的根源在于，这是一座位于商业区的住宅型建筑，前面是一片草坪。按照城市监管部门的要求，主要道路两侧必须设置隔离带，因此这座房子前面20英尺长的草地变成了隔离带。如果建设新停车场的话，由于房子太靠近公路，这条绿色隔离带必须被填平。当然，没有停车场，这座房子毫无用处。如果有了足够的停车位和标识，它会变成一块宝地。

我在报价中提出了一项条款，即对这块绿地上的停车位进行改造。如果市政管理部门不同意让步，我就退出交易。我不会为了让这件事成功而去感激什么。我只是怀着感激之心期待结果，因为我已经体验过它给我的生活带来的改变，这绝不是什么理论，而是我的亲身体会。

我始终为自己能拥有这个近乎完美的诊所而心怀感激。感激是一种能赋予祷告者力量的情感。这是一种似乎会影响到人、场所和事件的思维跃动。感激是一种无形的力量。一切事情似乎都在以一种让我们感到不可思议的方式运转着。当生活与感激之情以神奇而和谐的方式展开时，我们会称之为不约而同或机缘巧合。

当我们预先心存感激时，我们就会进入一种好事连连的状态。似乎成功已成为事物的自然规律。

因此，我每天都会以感激之情盼望停车场的改造和更完美的诊所。这个过程经历了几个月。在漫长的等待中，我每天都会做桑拿，这是我的私人避难所，它让我远离物质世界的尘嚣，让我们的思想在无形的维度中漫游。我坚持自己的信念，一直想象着最完美的结果。我会闭上眼睛，以最深刻、最充沛的感激之情想象美好的结局。

挡在我面前的多米诺骨牌接连倒下。城市管理人员都非常善良，而不像我事先被警告的那样，是一群无法无天的坏人。难道是我的感激之情为我铺平了前方的道路，让他们的思想发生了有利于我的转变吗？还是因为我日常的心理练习，让我可以用更接近直觉的方式与他们发生了心灵碰撞？总之，可以肯定的是，我们相处得非常好。

终于，一个"幸运的突破"挽救了我的事业。有一位高级董事会成员似乎在极力反对我的改造请求。他显然已成为一个难以撼动的障碍。无论我怎样绞尽脑汁地争取他的支持，他始终对我没有丝毫的怜悯。几个月过去了，董事会似乎不愿反对他。最后，决定性的时刻终于到了：城市规划者召集会议，对改造事宜进行讨论并做出最终裁定。那是一个冬日，大雪纷飞。在开车去会场的路上，我一直开着头灯，即使如此，我也只能看清前方 10 英尺的路况。道路的一侧已难以辨认。我在这场意想不到的暴风雪中缓慢前行。在这场决定命运的会议上，我整整迟到了 15 分钟。

但我不知道的是，在开车前往会场的路上，我的反对者同样未能幸免。作为董事会中最年长的成员，他已经 74 岁了。因此，他的决定完全是可以理解的：在这样的夜晚继续开车绝对不安全。因此，在达到会场之前，他调转车头，直接开回了家。解释这些意外显然已经超出了我的能力范围。我只能证明一个事实：这件事的发生是如此的凑巧，以至于我只能相信，这和我内心深处始终怀有感激之情有着某种必然联系。

你可以说这是运气，天气确实属于偶然因素。你也可以说这是巧合或难得一见的侥幸。当然，你也可以说这与我之前的感激无关，你有权坚持自己的观点。我自己也没能想清楚这个问题。一方面，我确信，我还没有重要到可以让大自然动用暴风雪来帮助我的程度。另一方面，天气的变化确实是导致后续结果的一个重要因素。

因此，对于我生命中类似的"不可思议的巧合"，我只能以感激之情接纳并留待以后研究。在那次重要的会议上，会议桌前排的一个座位始终是空着的。董事会向我提出一个相关问题，我轻松地做出了解答。会议结束时，监管人员一致投票支持我的改造建议。

我唯一可以确信的是，真诚的信仰就像一种感激之情。

坚信自己的目标，梦想才能实现

财富园丁站在讲台上，吉米坐在他身后，两个人都面向感化院里的学生。"那么，对于取得成功最重要的心理行为是？"财富园丁问。有个学生说："为自己设定一个目标，每天对照它反思自己的行为。""为什么说为生活设定目标很重要呢？"财富园丁又问。"可以帮我们明确最高的追求。"另一个学生大声喊道。"可以帮助我们做出更好的决定。"又有一个学生说。"可以帮我们确定最佳的行动！"

财富园丁笑着说："假如我们明确了目标，找到了应该采取的最佳行动，之后该怎么做呢？""重新安排我们的时间！"一个男孩说。"你为什么要这么做呢？"财富园丁问。

"为了制订行动计划，"他继续回答说，"以便实现这个目标。""如果不采取行动，目标就没有任何意义。"另一个男孩补充道。财富园丁在考虑，这个班级是如何迸发出一年前还不存在的活力的呢？在这个班里，不务正业的学生已经寥寥无几。即使是在课堂上一贯严肃、认真思考问题的吉米，此时也在微笑。

"在安排好时间之后，"财富园丁续说道，"我们又应该做什么呢？""开始行动，将时间用在工作上。"一个男孩说，"还要对我们的目标保持信心。""好的，但我们怎样才能建立对目标的信心呢？"财富园丁循循善诱。"拥有真挚的感激之心。"一个孩子说，"就像我们已经实现了这个目标一样。"

"非常好！"财富园丁说，"那接下来会发生什么呢？""坚信不疑？"一个男孩插嘴问道。财富园丁将这个词醒目地写在黑板上，随后，整个教室笑了起来。

目标：明确方向

时间安排：我们需要投入的时间

感激：建立信念

坚信：绝对信任

"猜得对。"财富园丁咧着嘴笑着说，"坚信就是我们每天都要保持必胜的心态，它是对我们信念的第一次考验。前三个步骤相对容易，但还不能保证我们获得成功。""这有什么难的呢？"一个鲁莽无知的男孩用嘲笑的口吻说，"只要有信心就好，别去管别人！"吉米从椅子上站起来，走到这个孩子面前。"我来给你讲讲。"他不慌不忙地说。"任何人都可以设定和反思目标，"吉米说，"但是当生活让你崩溃时……"

"你怎么会知道这种事?"男孩打断了他。"我当然知道,因为我曾经就坐在你坐着的地方。"吉米斩钉截铁地说,"但我现在已经生活在这座监狱的大墙之外。相信我,当你背负过去的罪恶时,你很难会有什么信心,而且你在周围所看到的一切,都与你心中的梦想相冲突。你很难有信心,没有任何事情会像你希望的那样发生,而你的不耐烦只会让你变得沮丧。你需要对抗心中的声音,'你不能这么做,你只是一个从感化院出来的人。你不配获得成功;批评你的人都是对的'。在这种情况下,你当然很难找到信心。绝对的信念就是知道:要面对这些打击,要反抗这个与你作对的世界,你绝对不会失败!"当吉米说完这些话坐下时,财富园丁觉得,自己无须做任何补充了。

> 如果目标是磁铁,那么坚信就是它的磁性。
>
> ●●● *The Wealthy Gardener*

坚信是一种绝对的信仰,一种为我们实现目标提供力量和吸引力的信念。到底什么才是坚信的状态呢?坚信是知道,而不只是相信。在获得最大赋权的情况下,它会让我们拥有强大的力量。在这种状态下,输赢已无关紧要。

坚信是一种无以复加的自信,它容不得任何质疑;它是对结果的高度肯定,无论结果究竟如何。它是一种不容置疑的想法,已在我们的头脑中成为定局。

我最早开始考虑购买上节课中提到的房产,是因为一个不吉利的事件。在这座刚出售的办公大楼中,我租了一间办公室;新房主计划将租金翻倍,因此,我别无选择,只能绝望地在城里寻找新的办公室。在空闲时间里,我会独自在桑拿浴室做感激的练习,远离外面的喧嚣。

我提前感激能得到完美的房产,感激那些愿意接受创造性融资方案的卖家,感激所有细节都能完美运行。尽管感激之情给我带来了成功的契机,但最终是坚信帮我赢得了胜利。

我得到这套房产的概率很小。我遇到了令人生畏的卖家,他们对房东提出的融资方案激动不已。更糟糕的是,我还面对着竞价威胁——对手完全接受卖方的要价,而且会以现金形式支付。我忍受着城市规划者的纠缠,无休止的争论让我难受。我还要面对税收部门对这笔交易进行重新估值的要求。此外,我还要面临成本的暴涨,这足足让我的成本估算翻了一番。我眼看着自己的现金储备一点点减少。

我辞退了重要的员工。面对这些令人难以忍受的变量,我的责任就是让自己坚信不疑:这座房产一定是我的,一切都会好起来的。

坚信是一种能影响到他人、场所和事件的坚定态度,它是所有能实现目标的人的共同特征。如果目标是磁铁,那么坚信就是它的磁性。

它是一种无形的力量,吸引着各种巧合、合作和成功,让我们不断靠近自己的目标。事后,我问卖家为什么会选择我,而不是以现金报价的对手。

"这个地方似乎更适合你。"她回答道。在对城市规划者表示感谢后,我询问他们为什么会批准我的改造方案,却拒绝了医生们提出的同样要求。"看起来,你似乎最适合这个地方。"他们说。

在追求我们最大成就的过程中,我们要成为自己思想的主人。我们必须学会在逆境中保持平静,在压力下维持住心态的平衡,在面对疑虑时保持镇定。设定目标很容易，但是实现目标则需要力量。

感激或许可以让我们坚持目标，但只有每天的坚信不疑才能让目标化为现实。

掌握财富思维的人必将富有

晚上独自研学时，财富园丁将注意力集中在一个名为"未完成事项"的活页夹上。这个私人活页夹包含了他对终生意向的分类整理结果：他尚未实现的想法、梦想、目标、追求、状态和经历。

财富园丁想象着这些观点和想法的形态，让它们变成可见的形状和场景。然后，他开始反复想象这些图像，使之成为一种重复性的思维练习。他相信集中精力所能汇聚的巨大力量。财富园丁告诉每个班的学生，集中精力和意向是治疗无望感的最佳药方。

能量会自然而然地流向我们关注的地方。我们会逐渐达到我们想象的状态。在内心深处坚守一个目标，其他的一切自然会不断向这个目标靠拢。在我们的思想中，存在着严重财务困难的解决方案。计划源自我们笃信不疑的目标。

财富园丁将目光聚焦在活页夹中的一张纸上。这张纸的中央，是一座潦草的手绘建筑物（感化院）。在这座建筑物的周围，是射向各个方向的箭头。每个箭头的顶端都有一个柱形图(代表毕业学生的数量)。每个柱形图都带着一个字框（代表学生们的职业）。财富园丁相信，这种想象可以让他的意向更聚焦。而这一次，他的内在智慧完全集中在他一生中最想得到的东西上。

他的目光又转回到活页夹上，回到带有柱形图的建筑物和带有字框的柱形图上。绘画只是一种工具，可以让他的思想拥有可见的形状。这些绘画代表着像吉米一样的年轻人，尽管他们有着痛苦的过去，但是从感化院出来后，他们已经成功地适应了社会。

只有在经济上取得成功，这些男孩才能过上充实的生活。只有赚钱，他们才能摆脱困境。财富园丁相信，意向的力量可以帮助自己找到实现未来目标的方法。很久以前，财富园丁想象过自己拥有一个占 1 000 英亩的农场，然后是一个 2 000 英亩的农场。他曾想象拥有一座带葡萄园的酒庄。他始终坚持自己的意向，而这些目标也成为现实。

财富园丁的目光再次回到纸上：凝视着建筑物和箭头的图像。他在想：我们今天看到的所有被人创造出来的成就，曾经都只是想象中的景象。这幅画会在现实世界中成为现实吗？

> 摆脱困境的唯一途径就是解决问题，我们不能只是一味地回避。
>
> —— *The Wealthy Gardener*

意向是一个人最根本的关注点或核心目的。我们的日常意向，决定着我们渴望得到什么，它是指挥我们走向财富的力量。内在智慧源于我们内心的想象。40 多岁时，我已经完成了三次房屋装修工作，但每次都亏钱，这也是我投资生涯中最糟糕的一段时光。

在我投入九个月的空闲时间并拿出一大笔钱冒险之后，我甚至已经无法维持收支平衡。这些失败完全吞噬了我的利润，让我心生自怜，把自己的失败归结于坏运气。更糟糕的是，我的下一个项目，居然是一所被员工戏称为"泰坦尼克号"的房子。我当初出于怜悯之心购置了这所破旧的房子，但是现在，我们必须面对现实。前三个项目接连失败后，我独自坐在这所房子里，绝望已经让我彻底崩溃。

有些时候，我们必须面对困境，而且我们知道，摆脱困境的唯一途径就是解决问题。我们不能只是一味地回避。我几年前翻修已有房产的时候，这所房子是条件最差的一个。它不仅考验着我多年积累的知识，也考验着我的意志力。经历了三个不成功的项目，眼下还要面对这项令人生畏的修复工作，我开始专注于一件我可以控制的事。我翻开一本笔记本，写下了我对已经修复完毕的房子的想象：

> 它有三间卧室，三个镶着瓷砖的淋浴间，有令人惊叹的新厨房和花岗岩台面的桌台，还有按摩浴缸、带天窗的新屋顶、全新的硬木地板、新铺设的管道和电气设备以及新建造的炉子和燃气壁炉，有户外漩涡浴池、新的石露台和新更换的窗户。一切都是新的！

我用文字塑造了将呈现在自己眼前的未来。不知何故，我们对无形事物的关注会让它们在未来成为现实。我有一个装图片的活页夹，里面是我能想到的最别致的浴室、厨房和家居布局的图片，我的目的是把这个烂摊子变成一所豪宅。我正在使用意向的力量，克服这一前所未有的挑战。意向的力量就是将人类思维的能量引导到物质世界中，最终创造出尚未存在的事物。

在对"泰坦尼克号"进行翻新期间，我面对的障碍几乎让我感到无法克服。每天晚上，在那所房子里，我浑身脏兮兮的，一个人坚持着，常常泪流满面。有时，我知道自己只是在想象。但每天晚上，我都把注意力重新集中到活页夹上。我又回到梦想中的情景。

在睡觉前，这些照片和影像支撑着我，让我精力充沛，给我打气加油，并推动着我去追逐它们。我意识到，在我最艰难的时候，这些影像激发了我的意向，让我克服了巨大的困难。因为我的意向，内在智慧现身了，促使我坚持下去，越挫越强。六个月后，这个大项目终于宣告完成，却远超预算。房子终于可以出售了，而我的要价处于合理范围的最高端。但我期待的事情并没发生。两个星期过去了，一个月过去了，依然没有动静。就在此时，我想起了一个在以往成功项目中的经验：当我为了结果去感激时，"无形力量"总会激励我、帮助我。

我把促销传单带回家并把它粘在桑拿房的墙上。用非常鲜艳的红色在传单上写下"出售"字样。此后，我每天都会关注这个将吸引到完美买家的最终意向。在随后的两周内，我便接到了多个买家的报价。最终，这套房子卖出去了并给我带来了 5 万美元的利润，这恰恰是我预期的盈利目标。专注于结果，将你的理想转为有形的图景，然后将你的精力集中到这个思维中的景象上。

冥想，找回你真正的力量

两个月来，弗雷德始终在逃避自己未完成的梦想。一天晚上，两位老朋友再次一起打牌。财富园丁已决定，不再谈终生梦想这个话题，以免让弗雷德感到有压力。我们每个人都会主动选择或是避免选择自己的命运。弗雷德拿起一张纸牌，开门见山地说："嗨，新来的年轻牧师正在教孩子们祷告。课程结束时，牧师会让他们'坐在上帝的面前'。孩子们沉默了大约15分钟。说实话，我也很难长时间一言不发地坐着。我觉得自己要爆炸了！"

他们都笑了起来，弗雷德将纸牌扔在桌子上。"我知道你的意思。"财富园丁盯着桌子上的一堆纸牌说，"玛丽去世时，我真有点崩溃了。那时的我非常害怕独自一人待着。我必须弄出一点声音，一定要不时地动一动，一定要经常做点什么事。我无法忍受安静。"弗雷德重新整理了一下手里的纸牌，问："但你现在已经能处理好这些事情了吧？""我会告诉你我学到了什么，弗雷德。"财富园丁说，"我越是讨厌沉默，我就越需要它。我越是害怕安静，我就越需要静止。其实，我只是想通过不间断的活动和声音来回避自己的问题。最终，我开始通过冥想来让自己恢复平静。"

弗雷德扬起眉毛："我从来不知道你会冥想。""我是在玛丽去世后开始练习冥想的。后来，我发现它在其他方面也对我很有帮助。在练习冥想之前，我的生活已经很成功了。"财富园丁承认，"但我现在的效率更高了。不知为什么，在进行冥想练习后，我的日子更好了。冥想确实有作用，而且我现在非常喜欢和享受安静。在安静中，我们的行为会受到指引。"

"就是坐着不动，什么都不想吗？"弗雷德问道。财富园丁把一张纸牌扔在牌堆上。"那个年轻牧师可能会把这称为'坐在上帝的面前'，但我的冥想并不完全是这样。我会指引自己的思维，我是坐在自己的意向面前。有时，我也会坐在自己的挫折面前。"财富园丁笑着说，"我也可以在散步时冥想。对我来说，这是一种日常的感激练习。如果不出意外，它总能让我在一天中感到万事顺意。"

"我试着让内心安静下来。"弗雷德说，"我经常感到焦躁不安。""我也有这种感觉，那也是我最需要安静的时候。尽管我心里很乱，但冥想就是我的良药。在沉默中，我直面自己的担忧、压力、情绪和问题。我可以告诉你，冥想并不总是快乐的。"财富园丁坦言。

"难怪我不喜欢安静。"弗雷德笑着说。财富园丁笑了一下，算是回应。尽管他心里想说的是，冥想恰恰是弗雷德需要的。冥想会让他摆脱干扰，让他认识到内在智慧，或许还能帮助他摆脱困境。

冥想就是在完全独立的状态下进行的深刻思考。我经常通过冥想来恢复几近耗尽的精力。我的工作节奏是不可持续的：我一直坚持每天工作16小时。也许你会说，在这16小时的漫长工作时间里，我需要减少工作量，但我追求的是财富自由，减少工作量显然不能给我带来这样的结果。我根本不能让蜡烛停止燃烧，相反，我还需要更多的蜡烛，照亮我的工作前程。我经营着几家小企业，我每天都感受到压力，这让我异常压抑。

在过去，我曾尝试无目的地冥想。我从来没有把它当作日常仪式，因为我没有多余的时间可浪费。无所事事似乎只是有钱人的奢侈品。说实话，它会给我带来不安。一个奋斗的人怎么会想要静止呢？

而我即将找到寻觅已久的答案。我意识到，在沉默中，我们都会感受到自己的内在智慧。每天进行冥想的时候，我会对那些自己一直关注的商业问题变得非常敏感。我需要调整关键员工。我需要重新安排自己的时间，以便更快地推进某项业务。我需要更高效的沟通，以获得家人和员工的支持。我需要放慢速度，专注于自己的目标。

我需要思考我的直觉、本能和沉默的引力。我需要在压力下保持镇静。种种不平衡会使我内心的声音尖叫不已。

一年内，凭借一种全新的意识，我彻底修复了内心的失衡。我改变了使我心绪不安的环境。当我们的心灵得到引导时，一切皆有可能。我的生活会与自己选择的意向相适应。我并没有忽视日常生活中的压力，而是将冥想当作一种工具来释放这些压力。

此外，在冥想之后，我还获得了一种更好的感觉。我们所有人似乎都在与"心猿"做斗争，心猿是指一种混乱不安的状态，这种状态会妨碍我们形成更深层次的感知。只要能控制这种状态，我们就会感受到内心的安宁，领悟更深刻的洞见。在面对压力的时候，冥想会让我保持理智。在这个时间飞逝、万物喧嚣的时代，我反而会更多地去冥想，只有这样才能让时间放慢脚步。时间本就不该飞逝，这只是思维懒惰的信号。

正念力

现在是收获的季节，是农场一年中最重要的时刻：收集、计算、称量和销售农作物的季节。财富园丁漫步来到邻近的农场，他想看看自己的老朋友。他觉得桑托斯农场上庄稼长势已经非常不错了，但这个人还是从黄昏到黎明地忙个不停。

在新一天的工作开始之前，财富园丁来到桑托斯农场的小办公室，他坐了下来，问桑托斯："你今天怎么样？""感觉不能再好了。"桑托斯回答，"你为什么要问这个？""我一直担心你不能打理好这个农场，"财富园丁承认，"但现在，我看到了你的投入，这种精神令人赞叹，这一定会让你的农场蒸蒸日上。真不知道你这个年纪的人是怎么做到这些的。""我应该在这个年纪放松一下，对吗？"桑托斯笑道，"我这一生中从未像现在这样有活力，我可没有放慢脚步的打算！"

财富园丁笑了，算是对桑托斯的回应。这个男人几乎在夜以继日地工作，而且是做着一份没什么人看好的工作，然而，每当他谈到这件事的时候，他都活力四射。而弗雷德恰恰相反，他因为长期的犹豫不决而陷入了难以自拔的困境。财富园丁感叹道："你看起来确实很开心。"

"但我根本就没有想过这些。"桑托斯说，"你或许会告诉我，一个人的主要目标是获得幸福，但我想告诉你的是，一个不快乐的人什么都做不成！如果我看到一个已经完成任务的人，我会告诉你，他肯定是一个懂得什么是满足的人。当我们忙碌起来并专注于我们想做的事情时，我们自然会开心。""那么你如何解释为什么有那么多辛勤工作却并不快乐的人呢？"财富园丁问。

"我会告诉你我的真实想法。"桑托斯说，"这是因为他们没有目的。工作既可能是天堂，也可能是地狱，这取决于我们认为自己为什么要这么做。我在火热的阳光下汗流浃背，但想到丰收以及它对我的家庭的意义时，我就不会感到丝毫的痛苦。""这个想法确实非常有力。"财富园丁回答道，"所以说，我们在耕种过程中的关注点决定我们这一天的感受。"

"我们有权选择自己看待工作的方式。"桑托斯非常赞同财富园丁的观点,"我看到,这些没有任何工作经验的孩子在农场工作。他们在做什么?他们始终纠缠于工作的枯燥沉重。他们因自怜而感到痛苦,这让他们筋疲力尽。""那你建议他们怎样做呢?"财富园丁问。桑托斯笑了笑:"我告诉他们,别再抱怨了,干出点成绩!""如果这也不能解决问题,该怎么办呢?"财富园丁又问。

"我告诉他们要一心一意地想着目标。"桑托斯说,"每次只做一件事。如果他们确实感到疲惫,那就想想他们为什么要做眼前的这份工作。思维更加专注,他们就可以更好地工作,自然也就忘记了痛苦。我告诉他们,要对每一天心存感激。"

> 每次只让自己专注于一项任务——只关注一个想法、一个动作和一次呼吸,这是一种吸引并激励我们超越痛苦、迸发出神圣努力的状态。
>
> ●●● *The Wealthy Gardener*

正念是关注当下、以敏锐的感知体验此时此地。在追求财富的同时,我始终没有忘记自己的目标,每次只专注于一项任务并以感激之情和坚信来对待即将到来的成功。

正念是高效工作不可或缺的一部分。在我的诊所里,每天的预约满满当当;以闪电战方式接待患者、每天工作 10 小时已成为我的标准。每天的工作一开始,我就不再给自己安排休息的时间。这种时间安排已成为每周六天的例行程序,从未中断。在人生的这个阶段,我学会依靠正念的力量,每天以积极的态度保持高效的产出。正念有助于我保持每天的工作效率。每天早上,我都会询问工作人员和按摩治疗师,是否知道我们当天会接待多少位患者。他们会告诉我当天预约的数量,但通过我的表情,他们马上就会意识到,他们陷入了一个误区。

"不,你们错了。"我纠正他们,"今天,我们只能看一名患者。"当然,他们都知道,我们每次只能看一名患者。专心给每一位患者看病,每次只能面对一位患者,就这样,我们在忙碌的、无休止的工作日中坚持下去。这种对任务的高度集中对我们的效率至关重要,而正念也被证明是一种有用的工具,它有助于我保持财富意识,将我和内在智慧相连。

归根到底,在每个混乱不堪的日子里,在某个神奇的时刻,这种正念状态把我们和内在智慧联系起来。我们可以停下来,静静等待智慧的降临,而不用主动地寻求;我们可以停下来等待智慧带给我们的洞见,而不用匆忙地做出回应;我们可以停下来等待智慧的指引,而不是不加思考地选择。我们需要刻意地停下几秒,请教我们的内在智慧,只有那些寻求内在智慧的人,才能得到它的指点。

财富意识是第一步,它需要我们严格进行自我约束。有些人使用"假装"或"扮演"来描述这种状态。正念的第二步就是要牢记,随时听从内在声音的指引,帮助我们不断提高决策的质量。

幸运的是,当我们的思维处于无序状态时,生活总会以微妙的方式给我们启示;我们会失去焦点,我们也会无法记住某些事情,我们会出尔反尔,说出让自己后悔的话,时间似乎转眼即逝,我们很容易被分散精力。而正念带来的信号则会随时提醒我们:马上找回焦点。

每次只让自己专注于一项任务——只关注一个想法、一个动作和一次呼吸,这是一种吸引并激励我们超越痛苦、迸发出神圣努力的状态。

当我们与内在声音对话，高度关注它的指引，让自己全身心地投入其中时，我们便已进入最佳状态。当我们进入正念状态时，眼里自然只有一项任务。随后，奇迹便会伴随高度专注带来的灵感出现。让追求财富成为你的主导思想，然后去倾听它的教诲。

静下来思考，找到前进的方向

20个男孩聚在农场边缘的篝火旁，参加雏鹰俱乐部一年一度的静思活动。帐篷和睡袋已准备好了。男孩们身心放松，精神抖擞。两名保安担任他们的监督员。

这些来自感化院的男孩把这个周末当作一次临时的"越狱"，而财富园丁认为，这是一个让这些男孩真正学会梦想的宝贵机会。每年的这个周末，他们都会进行一番充实的学习，而高潮则出现在周日的聚会上，已经离开感化院的学生们会回来畅谈他们的生活和目标。

财富园丁看着一张张被火焰照亮的脸庞说："在这两天结束的时候，我希望我们已经利用这段时间去思考了。我的意思是，我们已经深刻思考了我们在生活中最想得到的东西，以及我们为什么要这样做。我们要用这段时间来梦想。"

在火焰噼噼啪啪的声响中，男孩们陷入了一阵沉默，他们似乎在思考财富园丁刚刚说的话。财富园丁继续说："我们都是园丁，要去耕耘我们被赐予的土地。"一个男孩说："我有一个问题。有人说，每年的这个周末过去后，你通常有好几周都不再出现。刚才有人告诉我，你离开了整整一年，但没有人知道你在做什么。"

财富园丁微微一笑,摇了摇头,说:"当这个周末结束时,我会休假。我每年都要独自待一段时间。"当男孩们端详着这个年长的男人时,吉米则看着男孩们的脸。他也对这个假期非常感兴趣,但从未想过窥探财富园丁的隐私。

"你一个人到底会做些什么?"另一个男孩问道。"我在创造没有压力的时刻。"财富园丁回答道,"让自己和内在智慧相互协调、保持同步,重新评估自己的奋斗方向。我会思考自己在生活中最想实现的目标,以及我为什么需要实现这个目标。如果我喜欢自己选择的方向,那么我就会考虑如何提高效率。"

"你为什么不在家里想这些事情呢?"那个男孩继续问。"嗯,我在家里确实也会思考。"财富园丁说,"我每天都会独自练习。但只有摆脱周围的喧嚣,我的精神才能放松,心灵才能得到扩展,真正放飞自己的思想。因此我认为,最好的办法就是静思。"

吉米想到了自己的生活,想到了这段忙碌的日子。现在,他也会用一段时间去做心理练习,但时间越来越有限了。"人们经常会说,当我们身在其中时,往往会看不到身边的东西;我们只见树木不见森林。这些古老的俗语提醒我们,定期将自己从喧嚣中解脱出来、思考大局,才是明智的。"财富园丁说道。

很长一段时间,男孩们没有发话,周围一片安静。一个男孩突然问道:"所以说,你会像尤达大师(《星球大战》系列作品中的重要角色)那样坐在湖边?"所有的男孩都笑了,甚至连吉米也笑了笑。

财富园丁平静地说:"我会思考我希望得到的东西和不想要的东西。我会列出我想看到的地方、想实现的愿望,以及想探索的事物。此外,我还会思考我对他人的影响。有时，在我一个人度假时，新的生活方向会让我精神焕发。但有些时候，我为了解决问题会花几天的时间去思考。现在，我的当务之急就是弄清楚该如何更好地帮助你们在生活中取得成功。在人生的这个阶段，我感到有一个声音呼唤我去帮助你们，而我也在寻求各种方法帮助你们实现财务上的成功。"篝火噼啪作响，男孩们再次陷入沉思。

> 静思可以让将我们从喧嚣中抽离，给我们提供一段没有压力的时间，去思考人生的大局，我们可以更清晰地看到未来的方向。
>
> ●●● *The Wealthy Gardener*

静思是一段隐居时期，尤指为沉思而隐居的时期；我们会暂时摆脱谋生活动。20 岁时，我曾一个人坐在山区湖边的篝火前。大一暑假，我在这个湖泊度假村做场地管理员。每天下午 4 点完成工作后，我就回到我居住的那间孤零零的小屋，我要一个人待上几小时。

这是我人生中经历的第一次静思，一段可以让我认真思考的时间，在这段时间里，我不会因为"有趣"的假期而浑浑噩噩地过日子。这是我经历过的最好的事情。静思可以让我们摆脱日常生活的干扰。它将我们从喧嚣中抽离，给我们提供了一段没有压力的时间，去思考人生的大局。我们可以更清晰地看到未来的方向；撇开那些让我们手忙脚乱的轻浮、无聊和肤浅的事物，我们可以一窥生活的真相。

在静思中，我们会思考生活。我们想要得到什么？不想要什么？我们的生活是否在朝着最理想的方向前进？我们可以做哪些改变？我们该如何调整自己的方向？

静思并不总是一种愉快的超脱。在那个夏天，我感到浑身不自在，也没有明确的生活方向。但是在湖边的那段孤独日子里，我的生活逐渐变得纯净和真实。我在这种宁静中感到孤独，我并不喜欢这样的生活。但沉默可以唤醒我的心智。秋天回到学校时，我换了专业，也改变了自己的前进方向。我们需要时间去独自解决那些困扰我们的问题，有时，我们只需思考生活的方向。

汤姆是我的一个朋友。他是一名工厂工人，他不寻常的行为方式经常让我着迷。汤姆和妻子每年都要休几次假，而且基本都是长假。他们会到俄亥俄的阿米什社区，每天除了吃饭和睡觉，都是在静思。在这段时间里，他们完全不接触电视、广播或手机。"你们在那里做什么呢？"我曾经问道。

汤姆耸了耸肩："我就是坐在那里，思考。"因为汤姆需要思考，所以他会选择这样的生活环境。汤姆攒了一笔钱，他还创办了一家小企业。他收购二手车，将它们拆成零部件，然后靠出售这些零部件赚钱。他被这笔生意迷住了，就像走进糖果店的孩子一样，最终决定辞去工作，全职打理这笔生意。他就是在孤独的静思中做出这个决定的。

50岁时，我曾和妻子去度假。假期最后一天，我们坐在沙滩椅上，面前是一望无际的大海。我陷入深深的思考，回顾自己的生活，害怕回到疯狂的日常工作中。"你在想什么呢？"妻子问道，显然，她注意到我正在想事情。

我慢慢回答："我在想，在我的生活里，到底是什么让我害怕明天

173

的到来？我当然不愿过一种我想要逃避的生活。"我若有所思地看着在海上漂着的帆船，妻子则开始安慰我，在度假后不愿意回到"现实世界"也是正常的。我平静地说："是的，我确实不想过这种正常的生活。"如果我们定期给自己找一段彻底摆脱压力的时间，那么我们就可以进行这种统筹全局的、宏观性的思考。实际上，我们只需要找个周末回顾自己的目标，或者在某一周暂时放下手头的工作。我们需要定期摆脱日常生活的干扰，用这段时间去思考我们的生活。我们必须暂时摆脱常规性事务，重新绘制我们的人生规划。

在那片海滩上，我意识到，我不想再像从前那样无休止地追逐金钱了。我已经实现了财富自由，现在的我希望享受这份自由。我必须整理一下自己的任务清单。在明年年底之前，我必须调整日程安排，让自己每周有 40 小时来写这本书。这就是静思的力量。

大胆相信你的第六感

财富园丁和吉米沿着葡萄园内的一条小路慢跑，很快，财富园丁的呼吸开始变粗，步伐开始放慢。跑了 1 英里后，他放慢脚步，开始行走。身边的吉米也放慢了速度。"你今天怎么了？"吉米问道。财富园丁气喘吁吁地说："我感觉不太好。"

在走回财富园丁家的路上，吉米讲述了自己这三个月做房地产经纪人的经历。他开发了一套系统，用来在过期房源市场上寻找机会，过期房源是指在一年内没有被卖掉的房屋。三个月后，吉米完成的交易量已经和这家公司最优秀的经纪人相当。此外，他还培训了一名工人，成为他在桑托斯农场的接班人,这样一来,他就可以放心离开农场,全力从事房地产业务。"所以说,我陷入两难境地。"吉米叹了口气说,"我的顶头上司是一位堪称伟大的房地产经纪人。他支持我的工作,给我鼓励,似乎也很喜欢我。但我取得的这些成功,也吸引了其他经纪公司的注意。有人提出,如果我能转到他的公司,他愿意给我支付双倍的佣金。而我现在的雇主则告诉我,他不可能给我提供这么优厚的条件,因为这样做只会打击那些已经在公司工作多年的经纪人。"

财富园丁啜了一口茶,"到了你自己做选择的时刻了。"他开心地笑了笑说,"你打算怎样做呢?""我不确定。"吉米很犹豫。"你的直觉告诉你要怎样做呢?"财富园丁追问。吉米叹了口气:"一方面,我不愿意离开这里。提出增加佣金的经纪公司雇主有点傲慢,我不喜欢他。另一方面,我做这份工作显然不是为了交朋友。我做的是完全相同的工作,但可以获得多一倍的佣金。如果换一家公司,我就会成为可以在手机上看到所有新客户的经纪人。我当然不能对这个显而易见的好处视而不见。您觉得该怎么办呢?"

财富园丁抬头看着南飞过冬的天鹅,听着它们的鸣叫声,问:"你认为这些鸟儿为什么要飞向南方呢?"吉米看着天上的鸟说:"因为本能吧?"

"我猜想,它们自己也不知道为什么要这么做。但是如果你能想办法,让它们在一年中的这个时候转向北方,它们就会感到不安和躁动,因为直觉会告诉它们,这是不对的。如果让它们朝错误的方向飞行,它们就会感到不安。"

"这和我的选择有什么关系呢?"吉米问。财富园丁说:"因为你向我寻求建议,所以我应该告诉你这个。审慎对待这个有利可图的提议。

只有愚人才会对自己的直觉置之不理。当你感觉到一丝不妙时，千万不要把它当作一个微不足道的细节。"

吉米大吃一惊："但这笔钱是双倍的。""当你考虑一条你的内心并不认同的道路时，你可能会让自己陷入危险。"财富园丁说，"这样，你就会成为一只为寻找温暖天气而向北方飞翔的天鹅。"

> 考虑一条内心并不认同的道路，可能会让你陷入危险，成为一只渴望温暖却飞向北方的天鹅。
>
> —— *The Wealthy Gardener*

第六感：对已知事实产生的共鸣或不和谐的感觉。第六感可以提醒我们未来即将面临的危险，帮助我们避免在经济上遭受亏损。

在举家搬迁到这个 500 英里外的城市后，我在目前这家脊椎按摩诊所找到一份临时工作。我曾经进行过大量的查询，发出了信件，并思考了各种可能的方案。在这些选择中，一个非常赚钱的机会脱颖而出。提供这份工作的是一家非常繁忙的诊所，每天可以接待 100 位患者。我接受了面试并最终取得了这份工作。诊所的医生似乎有着非凡的魅力，深受社区公众的爱戴，这种尊重从表面上就能看得出来。人们曾经给我讲过这位医生的故事，比如他如何在半夜里接患者的电话。他给我的薪水是其他诊所的两倍，而且我每周只需要工作 3 天。这确实太完美了。

但为什么会感觉不对呢？这些年来，我学会了将内心的指引作为一种"红绿灯"。这是一种对决策的微妙感觉，面对我们的选择，它会表现为某种轻微的失调或内心的平静。这是一种直觉，一种深藏于我们内心的本能,是一种没有理由地对事物做出判断的能力。所谓"共振",就是第六感或内在知觉的振动。

在这个例子中,事实非常明显:我忽略了内心发出的警告。我没有停下来去关注内在智慧。我忽视了某种不正常的感觉。这是一个非常严重的错误。我们每个人都有一种能指引自己的本能。接受新工作后的第一个月,我在一个星期天的早上接到新雇主妻子打来的电话。她告诉我,我的雇主在监狱里,她提议召开紧急会议。

后来我们才知道事情的经过,他带着一张假药方到一家药店买药。两名卧底特工当场逮捕了他。多年来,他一直通过多家药店非法购买药品,联邦特工最终盯上了他。那天早上,他的照片出现在当地报纸的头版上,我多么希望当初能听从自己的直觉啊。

我最初的目标只是在这里锻炼一年,但现在,我被牢牢地拴在诊所里,不能脱身。在沉静中,我们能感受到未来的危险发出的警告。这些警告是我们的第六感亮起的"红灯"。古希腊哲学家苏格拉底始终关注第六感发出的警告。为此,他提到曾在一生中多次给自己带来庇佑的"守护力量"。

在后来的生活中,我面临着房地产投资的巨大压力。事实表明,这是一笔有利可图的投资,而销售经纪人则为我提供了获得这笔利润的独家机会。由于我拒绝了最近的几笔交易,我们的关系开始变得不稳定。但有些事情让我感觉不舒服。这个显而易见的盈利机会并没有让我产生和谐的感觉。不知出于什么原因,我没有对此产生共鸣。

美国著名演员奥普拉·温弗瑞建议我们:"<u>如果你感觉不对,就不要去做。这是一个教训,能让你免受很多痛苦。</u>"

在生活中，我学会了克服各种困难，让自己停下来，去静静地思考、默默地盘算。我听从了内心的声音，退出了那笔房地产投资。后来的事实证明，这块地产以前是天然气站。按照环境法规，要转售这个房子就必须拆除地下油箱，而这需要高昂的成本。这个当时尚未披露的事实意味着，我买下它的话就会损失一大笔钱。如果我们能在忙碌的日子里停下来，倾听自己的理性和直觉时，所有财务危机都将远离我们。

不满足是成功者进步的阶梯

吉米抽出元旦这一天来思考自己的人生方向。又过了一年，他需要拿出怎样的表现呢？最近一年，他是否又向自己的目标前进了一步？或者说，他是否对自己的进步感到满意？他该如何在新的一年改善自己的问题呢？这些问题在他心中盘旋着。

过去的一年展示出强烈的戏剧性。年初，吉米开始在桑托斯的农场做学徒。而现在，他已经成为一名业绩突飞猛进的房地产经纪人。他是所在地区最优秀的卖方经纪人，甚至还在一份行业杂志中被评为值得期待的新人。但房屋挂牌并不等于出售，只有出售才能给经纪人带来佣金。更糟糕的是，在这家新的中介机构，每收到一个有利可图的报价，都会让吉米感到纠结。按照合同规定的条款，他在任职初期获得的房源仍归先前的经纪人所有。因此，他必须从零开始建立完全属于自己的新业务。

尽管吉米已经取得了不错的成绩，但他仍对结果不满意。口袋里的钱已经入不敷出；他的成功只能带来微不足道的经济回报。他想要实现财富自由，但现实只能让他感到沮丧。这时，吉米想起了他的导师，他们已经有两个月没有说过话了。他拿起电话。30分钟后,吉米来到财富园丁的家,他们坐在餐桌边一起品尝冰激凌,噼啪作响的火炉让吉米感受到一丝暖意。

"这么说,你对自己的生活感到不满意?"财富园丁问。"全国顶级的房地产经纪人每年可以卖出约150套房产。"吉米说,"如果我能达到那个水平,也许我会满意,也许依旧不满意。但我现在很清楚,我还根本达不到这个目标。"

"为什么这个数字对你这么重要呢?"财富园丁继续问。"我想实现财富自由。"吉米回答道,"我也相信自己有能力实现这个目标,我希望亲眼看到自己取得的成就。既然我想工作,那为什么不成为最优秀的呢?""为什么不呢?本来就应该这样。"财富园丁很赞同吉米的想法,"你还很年轻,有志向。在你这个年纪,不稳定反倒是件好事。"

吉米笑了:"大多数人都告诉我,只要快乐就好。""但大多数人的生活水平远远低于他们的能力所能达到的水平,"财富园丁嘲笑道,"他们永远都不会知道成功的乐趣。你的不满是好事,而且是有益的。它会让你振奋,让你更有效地利用时间。它会激励你去做更伟大的事业。"

"好吧!"吉米咧嘴一笑,"我觉得应该为明年做好准备。我现在是在为一个傲慢的雇主工作,这个雇主已经让其他经纪人感到了压力。他拿我当标准,告诉他们对公司是多么没有价值,这绝对无助于提振团队的士气。相反,这绝对是一种乌烟瘴气的工作氛围。此外,与其他有知名度的连锁房地产中介公司相比,我们这种私人代理机构确实处于劣势。"

"那你为什么不回到以前工作的中介公司呢?"财富园丁问。"我考虑过。"吉米叹了口气，揉着额头，"在那里我会感到难受，不过我并没有完全抛弃这个选择。""你不会有问题的。"财富园丁说，"关键是追随内心的声音。你的不满情绪很好——它给你动力，能推动你走向成功。"

> 你的不满是好事，而且是有益的。它会让你振奋，让你更有效地利用时间。它会激励你去做更伟大的事业。
>
> —— *The Wealthy Gardener*

不满足是一种对现有的条件或事物感到沮丧的情绪。我正参加一场户外聚会，坐在我身边的是一位刚毕业的大学生。她在很多话题上都说得非常好，我们进行了一次有趣的对话。但我在心里认为，她对工作的想法过于固执，毕竟在现实世界中，能否实现稳定就业才是最大的考验。

话题转到了我的儿子。"他明年毕业，而且雄心勃勃。"我说，"他正准备在一家大银行找个职位。我怀疑他是否会迎来一个成功的人生，他追求的目标过于远大，似乎已经超过了他的能力范围。"她咯咯笑了起来："所以他永远都不会满足。"

我没有接话。她并不是在寻求我的意见。我心里默默地想：我当然希望你是对的，而且我当然也希望他永远都不会满足。我希望他不断体会成功的快感，追求更高的境界。我当然希望我儿子全力以赴地用好自己的每一天，选择并追求对他来说最重要的事情，体验雄心壮志带来的动力，深刻感悟自我实现的价值。我希望他永远都不会满足于自己的能力并能感受到努力带来的自豪感，而那些因为自满而选择故步自封的人从来都不会有这样的体验。我当然希望我的儿子永远不满足，直到他竭尽全力，实现自己的全部价值。

在生活中，其他很多人都认同这样一种观念，即一个人生活的主要目标应该是幸福。"你什么时候才能满意呢？"他们会这样问，"这对你来说还不够吗？为什么不轻松一点？为什么要做这么多工作？你要那么多钱有什么用呢？你真想成为墓地里最富有的人吗？"

多年来，我一直没能为追求财富自由的志向找到一个充分的理由，每当遇到这个问题，我都会张口结舌。但现在，我终于不用再解释了。我不需要别人理解自己的志向。当我有32套出租公寓时，我并不满足。我还想让这个数字加倍。当我有200万美元时，我还想有300万美元。

当然，我从未透露过这些数字。但这就是我的志向，我不需要别人理解我。我只忠于自己的梦想。有一天，当有人问我为什么要经营三家公司时，我听到自己说："我只是想充分发挥自己的潜力。我想我可以做得更多。我想看看我到底能做到什么程度。"

提问的人奇怪地安静下来。这几十年来，我笨拙的回答只会让提问者目瞪口呆，而现在，我反倒感觉自己被理解了。此后，每当我被问到这个问题时，我就会顺其自然地给出同样的回答。而我的回答总能使对方感到满意。追求成功和克服困难的关键在于充分发挥我们的潜力。而我一直都在发挥自己的潜力，追求自由的生活。

只有摆脱"在生活中做得越少就越快乐，或者幸福和快乐是生活的主要目标"的观念，我们才能过上真实而有意义的人生，才能在有限的人生中给社会带来更多积极的影响。

对贫穷的恐惧是追求财富的助推器

在感化院的课堂上,吉米一边在课桌之间走动,一边给男孩们上课。这是他第一次担任老师,此刻,财富园丁正坐在椅子上看着他们。吉米善于和这些男孩打交道,是因为他有过同样的经历。

吉米说:"在你离开这里的那天,如果你够聪明的话,就应该感到恐惧。你需要谋生,还需要攒钱。担心和恐惧会帮助你做到最好。"一个男孩开玩笑说:"我想要钱,但不想做太多的工作。"吉米笑着说:"我不是责怪你,但这可能会让你进监狱。工作总比恐惧或进监狱更好吧,因此,我们最好能接受这个想法。""离开了这里,我还有什么好怕的呢?"那个男孩很无畏。

"你应该害怕未来。统计数据显示,感化院的男孩中,有68%在回到社会后的5年内,因为放纵而犯罪,最终被捕入狱。也就是说,这个房间里,有2/3的人会在短短5年内被关进监狱。想象一下,这样的未来有多恐怖。我的意思是,你们可以把这个景象想象成发生在眼前的事实。因此,要随时唤醒你的恐惧感,然后把这些恐惧化为你的前进动力。"吉米说。此时,说话的男孩不再发声,整个教室都沉默了。吉米说:"千万不要认为你与众不同。统计数据显示,普通人一生中会多次面临财务危机。我们每个人都有应该害怕的事情,但只有聪明人才善于利用自己的恐惧。""您离开这里的时候是什么感觉呢?"一个男孩问道。

吉米说:"说实话,我意外地发现,我和其他人没有什么两样。但我犯过错误,这是一个经济上的劣势。所以这种恐惧迫使我比其他人更努力地工作。我学着把以前的罪恶化为未来的动力。由于我犯过错，我觉得有必要向外界证明自己，于是我尝试着在自己内心的阴暗面中挖掘前进的动力。"

一个聪明的男孩举起手："我认为，我们应该为自己制订一个更大的目标，保持信心，带着对成功的信念和感激之情去生活，对吗？"

吉米耸了耸肩："我现在是一名房地产经纪人，我通过出售房屋赚钱。我发现，很多人并不像我这样如饥似渴地追求财富，因为他们没有对生存的恐惧。他们不担心自己生活在破产的边缘。他们也不担心自己没有积蓄。所以，他们不会像我这样努力工作。""那您认为恐惧是一种优势吗？"那个聪明男孩问。

"我认为，它在我的生活中确实是一种始终存在的优势。"吉米说，"我希望能过上一种不需要为钱而担心的生活。我认为，这种动力源于我对贫困的恐惧。我的目标和恐惧激励着我，所以我所做的事情是普通房地产经纪人不会做的。只要有必要，我就会做任何事，而且我会接受令人最不愉快的任务。对我来说，为了钱而工作远比为了钱而担心容易。"

> 恐惧会让我们更加清醒，更有紧迫感，并且在逆境中坚持下去。
>
> —— *The Wealthy Gardener*

对贫穷的恐惧是一种巨大的动力，我们应该充分利用这种动力。我曾接待过一位名叫布莱恩的患者，他是一个30多岁的好人，有一个和睦的家庭和一份稳定的工作。他在一家超大型公司里担任工程师，收入中等。在公司工作的 12 年间，布莱恩经历了三波裁员，他都幸运地留下了来。

有一次，我问布莱恩："你有没有考虑过其他工作？"从我个人的角度来看，他的财务状况似乎有点岌岌可危。裁员的浪潮似乎已成为他工作中挥之不去的阴影。"我喜欢自己正在做的事情。"布莱恩回答说，"公司离家很近。我喜欢我的日程安排，也喜欢我的雇主。"我想，好吧，只要他开心就好。这是一份待遇非常不错的工作。在当地，这种专业性工作确实很少，而且工作地点离他家很近。然而，在每次裁员浪潮中，他都会为了留住这份工作而甘愿接受减薪。

布莱恩每天很早就要去上班，下午 4 点才下班。他的妻子没有工作，在家里照顾孩子。他们都是负责任的人。他们组建了一个积极向上的家庭，过着令人尊重的中产阶级生活。成功哲学中有种说法："恐惧"（FEAR）这个词是"看似真实的假象"（False Evidence Appearing Real）的首字母缩写。它提醒我们，很多给我们带来焦虑的事情并不是真正的威胁，只是我们想象出来的威胁。我们必须征服恐惧，去进行更大胆的挑战。让布莱恩坚持做这份工作的或许是恐惧，或许是他还不够恐惧。

但最终布莱恩没有躲过下一波裁员大潮。虽然公司为他提供了遣散费，以帮助他更好地完成过渡，但是对生存的恐惧还是让他难以接受。"被裁员后的第二天是我生命中最糟糕的一天。"他说，"第一天，这一切似乎还不是现实。但是在这天晚上，我彻夜未眠。第二天，我意识到，我们失去了收入，而且没有多少储蓄。"

六个月后，公司发放的遣散费花完了，布莱恩没有找到工作。此后，他整整花了三年才找到一份工程工作，现在，他不得不穿过整个城市去上班。在失业的那段时间,他甚至还在家附近做过勤杂工。我从来没有问过他,这次经历到底给了他什么教训,但他的行动已经回答了我。

虽然他曾经有着舒适安逸的生活,但现在,布莱恩必须利用空闲时间为家庭寻求经济保障。他爱自己的家人,喜欢和他们在一起。但他依旧在空闲时间做兼职的勤杂工,这项副业每月可以给他带来1 000美元的额外收入。此外,他还要偿还信用卡债务。

恐惧会让我们更加清醒,更有紧迫感,在逆境中坚持下去。"恐惧"(FEAR)这个词是两句话的缩写:"忘记一切,继续前进"(Forget Everything and Run),或者"面对一切,奋勇前进"(Face Everything and Rise)。没有对灾难的恐惧,人们会选择拖延并给自己找很多借口。

激励性的恐惧是我们行动的有效动力。恐惧可以让我们忍受艰苦努力带来的痛苦。它迫使我们持之以恒地投入,长时间忍受艰难和不适。恐惧会让我们藐视困难,激励我们克服困难。恐惧会让我们减少不必要的消费,为追求财务安全并厉行节约。总之,恐惧会给我们带来动力。

舒适将我们囚禁在狭小的生活圈子里,让我们变得得过且过,让我们适应于破产边缘的生活,没有多少储蓄,更没有方向。人无远虑,必有近忧,这样的生活迟早会给我们带来更大的恐惧,只有最强大的人,才会"面对一切,奋勇前进"。

成功者的共识:远离烟酒

吉米满脸疑惑地问财富园丁:"你在社交场合为什么不喝酒?你自己就经营着葡萄园和酿酒厂啊。"

"我们都在选择自己的道路。"财富园丁说,"对我而言,酒精是一个用短暂快乐诱惑人们的女人。但这种快乐的成本很高,因为她会让我的意识不再敏锐。"吉米坐在火炉前的沙发上,一声不发,因为他想到了少年时犯下的错,这个错误将困扰他一生。他比任何人都清楚,酗酒会给人们带来怎样的悲剧。他在感化院度过的那几年,也证明了过度放纵的恶果。但社交性饮酒会有什么问题呢?

"你知道我以前的事情。"吉米叹了口气,"但是现在,我说的是适度的社交性饮酒。尽管我并不认为饮酒有很大的问题,但有些事还是会使我尽量不去喝酒。"财富园丁靠在座椅后背上说:"我有没有给你讲过'神志不清的傻笑'?"吉米大声笑了起来:"没听过。"

"从前,有一位国王,统治着受压迫的人民。"财富园丁说道,"这个国王并不是通过武力统治,而是通过一种经济体制将人民控制在自己手里。""他的计划很简单。要在这种压迫性体制中生存,人们就不得不在清醒时劳动,因为只有通过劳动,他们才能购买食物、住所和其他生活必需品。这个国王很聪明,为防止不满的公众因反对这种制度而起义,他在全国提供一种廉价葡萄酒,这样,人们就会在空闲时间里无节制地喝酒,进入一种昏迷不醒的状态。"

吉米静静地坐着,听着财富园丁的故事,一言不发。财富园丁继续说道:"通过酒精获得暂时性的解脱,臣民们忍受了原本无法忍受的生活。他们盲目地工作,接受低工资,忍受艰苦的生活,但不会起来反抗。这种'药物'带来的神志不清的傻笑,让他们获得了快感。"吉米揉着额头,叹了口气说:"这个故事的寓意就是永远不要喝酒吗?"

"这位聪明的国王很清楚,能消磨人们动力的东西,也会削弱他们反抗的意志。"财富园丁回应道,"这个故事说明一定要面对现实并充分发挥你的最大潜力,去发起一场改善现实处境的奋斗。只有营造出一种追求成功、无须逃避的生活方式,我们才不会成为受压迫者。"

吉米叹了口气:"可在派对上为了沟通而喝一杯酒有什么问题呢?""这不是对或错的问题。对那些已经习惯于这种生活的人来说,喝酒没有任何问题。"财富园丁说,"但对于那些正在努力营造自身生活方式的人来说,这是一个糟糕的选择。这取决于你如何看待。""所以这是一个在力量和快乐之间权衡的问题,对吧?"吉米若有所思。

"我只能从自己的角度解释这个问题,我所做的一切都是为了生活中的快乐。"财富园丁说,"但我反对成瘾性的快乐。我需要全力以赴,我需要真正的快乐。我希望拥有自己的优势,特别是在我对现实不满意的时候。"吉米想了一会儿才说:"好吧,但有大量饮酒的人可能也非常富有。酒精似乎并没有给他们造成经济上的损失。"

"这只能证明,在工作的时候,他们是在做正确的事情,而不能证明,他们在空闲时间里不是在犯错。"财富园丁说,"一个有钱人会喝什么来缓解压力呢?在没有酒的时候,难道他们就不会满足吗?酒精永远不能解决任何问题,它只会让我们忘记这些问题。"

戒烟忌酒就是过一种不喝酒、不抽烟的生活,它会给我们带来优势。我正坐在沙发上,我的孩子坐在我身边,看着迪士尼的动画片《阿拉丁》。在星期五的晚上,我们会在家里看一部电影。毕竟,紧张的工作已经结束了,我也愿意让自己放松一下。女儿问我:"玻璃杯里是什么?"

"这是葡萄酒。"我说。"我可以喝吗?"她问道。"葡萄酒不适合孩子喝。"我一脸严肃。"为什么不呢?"她问道。"因为它对你不好。"我不耐烦地说。"那你为什么还喝呢?"她不依不饶。

我不记得我当时是怎样回答女儿的了,但我确实难以忘记那一刻。从那天开始,我认为喝酒已经不再适合我了。我不想让孩子们知道,他们的爸爸因为压力很大而喝酒,而且喝酒正在消磨他的意志。我不想对孩子说酒精是帮我缓解压力的药物,尽管其他人确实会通过喝酒来缓解压力。我也不想说,改变一下思维状态会让我们感觉更好,因为这和我的日常问题没有太多联系。突然间,我对自己借喝酒来逃避压力感到羞愧。

当然,我一直对喝酒采取开放的态度。在大学里,我是学校兄弟会的社交活动协调人。这是大学里人气最高的工作。我负责组织兄弟会的派对。在那段岁月中,尽兴喝酒是我最大的期待。每次派对都以我们的酩酊大醉收场,这几乎成了兄弟会的目标。当时的我是一个酒徒,总是打着社团文化的幌子酗酒。

很多年后,我几乎忘记了兄弟会的那段日子。我有自己的妻子和孩子,有一份需要我负责的工作,还要面对成人生活中各种不可避免的压力。那么用一杯葡萄酒消磨一下时光有什么害处呢?谁会在意一个有行为能力的成年人喝酒呢?喝一杯鸡尾酒真的有什么关系吗?

对我来说,这当然很重要。下面就是我的亲身经历。我儿子在8岁时被诊断患有青少年糖尿病。当时,我们家的生活习惯不得不为此做出改变。我们再也不能吃高碳水化合物的食物,还要劝说儿子去习惯吃各种低糖食物。毕竟,我们每天都在一起,他需要一个榜样。我也马上意识到，饮酒对糖尿病患者来说是一个严重的威胁。当我自己沉迷于酒精时，我无法告诫儿子远离酒精。他需要我的示范，因为我是他的父亲，我必须告诉他，即使不喝酒也可以进行社交活动。我需要以身作则，给我的儿子做一个榜样。

从此之后，我再也没碰过一滴酒。我从戒酒中学到了什么呢？我发现，离开了酒精，我内心的声音变得更加强大。它会说："你的生活并不顺利。为了你自己，一定要坚强起来。真实的你应该比现在更好。改变你不希望看到的情况。不要忍受它。为了你自己和你的志向，你必须更加努力，不要轻易放弃自己的梦想。"

离开了酒精，我对自我实现的渴望也越来越强烈。我还在内心发现了另一种力量，它让我的生活发生了巨大变化。我专注于自己笃信不疑的目标，明确知道我这一生中希望得到的东西，以及我不想接受的东西。我每天都坚持运动，以提振我的精神，还报名参加了铁人三项比赛。我让自己全身心地投入生活中，努力成为更好的自己。

7年后，我就实现了在过去23年里始终梦寐以求的财富自由。事实证明，我必须最大程度发挥自己的潜力。尽管我每天的表现似乎微不足道，但水滴石穿，它们最终让我实现了真正的改变。只要我有了一点点的优势，我就开始积累财富，最终真正实现了财富自由。作为一个不喝酒的人，你注定会成为饮酒文化中的一个异类。

甲骨文公司联合创始人兼首席执行官拉里·埃里森就是这样一个异类。他说："我无法忍受任何会让我头晕目眩的东西。我并不反对喝酒，也不反对吸烟。如果这就是他们想做的事情，我希望上帝保佑他们，这是他们的事情，和我无关。但我绝不做这些事情。"

华尔街一向以饮酒和夜总会文化而知名。但"奥马哈的圣人"沃伦·巴菲特则是一个饮酒文化中的异类。他说:"按照我的经验,造成人们失败的两个最大的原因——酒和杠杆。"巴菲特的观点与古希腊数学家毕达哥拉斯不谋而合。毕达哥拉斯说:"清醒是内心的力量,因为它能让我们保住易被激情淹没的理性。"

很多大人物都把酗酒当作自己的敌人,包括亚伯拉罕·林肯、西奥多·罗斯福、亨利·福特、约翰·D.洛克菲勒、托马斯·爱迪生、史蒂夫·乔布斯、圣雄甘地、穆罕默德·阿里、沃伦·巴菲特、纳尔逊·曼德拉、马尔科姆·利特尔、弗里德里希·尼采、李小龙、乔治·伯纳德·肖、亨利·大卫·梭罗以及很多世界顶级运动员,还有不计其数的好莱坞明星。

我强迫自己戒烟忌酒后,曾想象我的小女儿这样问我:"爸爸,你为什么不喝酒呢?"经过多年的戒烟忌酒生活,我已经彻底摆脱了烟酒的影响,因此,对这个天真的问题,我现在可以很简单地回答:"当然了,亲爱的,爸爸希望以完全的理性应对自己的生活。

如果这有什么问题的话,这个问题就是:你的父亲已经强大到足以直接面对问题。"

我希望我的小女儿能知道,她的父亲永远不会忽视或逃避生活。相反,他会努力改变给他带来压力的事情。爸爸希望能以榜样的力量告诉她,生活会因为你做出好的选择而变得美好,平静则源于自我掌控,而不是自我治疗。

我会告诉她:"归根到底,你的父亲希望过一种真实的生活,无论好坏,这种生活不存在片刻的幻觉。"

痛苦是通向成功的桥梁

又是一个打牌的晚上,弗雷德喝着一杯红葡萄酒墨尔乐。像往常一样,财富园丁喝的是苏打水。"我必须告诉你一个秘密。"财富园丁说,"我刚刚收到一些意外的消息,我没有告诉任何人。但这可不是好消息。""你完全可以信任我。"弗雷德说。

"长话短说,上个月,我在慢跑后感到筋疲力尽,于是去了医院,检验结果显示,我得了一种罕见的淋巴瘤。他们认为我患有三期癌症,所以我要在下周接受断层造影扫描。"财富园丁说。弗雷德愣住了,很长一段时间说不出话来,很久才问:"你告诉过别人吗?""除了你,没有人知道。"财富园丁说,"但说实话,我对诊断结果并不感到意外。因为我能感觉到自己心里有点不对劲。但奇怪的是,我并没有感到慌张,反而觉得很自然,完全可以接受。"

"你能接受癌症?"弗雷德问道。"不管怎样,我都能平和地接受命运的安排。我最近一直有种预感,就是我最好关注下所有没完成的事情。我这一辈子都在艰辛地奋斗,因此,我也能处理好这个问题。"财富园丁说。弗雷德喝了一口酒,然后把杯子放在桌上。"我真不知道该说些什么。"他喃喃地说,"当然,如果有什么我可以为你做的……"

"实际上,我还真有一件事。"财富园丁打断了他。他们相互盯着对方。"给我说说你的日托中心。已经到了这个时候,看在友谊的份上,我觉得我们应该对彼此敞开心扉。"

弗雷德低下头,盯着自己的双手,足足一分钟后,他才开口:"这将是一个以培养信念为基础的日托中心,在这里,孩子们能够学会爱、诚实、求真、同情和宽恕等品德，当然，还有很多学前技能。这个中心可以培养孩子们的心智。如果我们能用整整一周的时间来教育这些孩子，就会带给他们真正的影响。主日学校的课程是向他们灌输价值观，而以信念为基础的日托中心则会改变他们的生活。"

财富园丁点头称赞："虽然我曾答应过自己，让自己闲下来，但目前的困境却让我从新的视角看待人生。"

弗雷德点点头："但我的脆弱总是让我迈不出这一步。"

"恕我直言，我不同意这样的说法。"财富园丁反驳道，"阻止你的并不是你的自我意识，而是你对未知前景的焦虑。毕竟，这是一个充满不确定性的陌生领域。"

"也许你是对的。"弗雷德说道，"在我这个年龄，保持自己熟悉的习惯总比面对不确定性要容易得多。""不过你也应该考虑你会因此失去的东西啊。"财富园丁说。"你这话是什么意思？"弗雷德不解。

"你曾经告诉我，一定要在自我之外找到一个目标，然后去追求它。"财富园丁说，"你告诉我，每个伟大的目标都会带来磨难，都需要有人去实现它。现在，也许轮到你为他人承担起这份责任了。"弗雷德瘫倒在椅子上："在我看来，给别人提建议要比自己做容易得多。"

财富园丁并没有回应，因为他觉得自己的老朋友正在思考。他从弗雷德的眼神中读出了一丝悲哀：他看到的是一个正在因内心的不安而挣扎的男人。"也许你是对的。"弗雷德说，"我需要离开自己的舒适区。我肯定早已过了巅峰期，但我仍有足够的时间去做点什么。"

财富园丁说："即使你离开了这个世界，你的影响依旧会存在。但如果你不愿打破你已经习惯了的舒适生活，那么你就会失去做出这样贡献的机会。""我该如何克服不作为的心理呢?"弗雷德问。

"你需要一步步来。除非我们走进这个未知世界去寻觅,否则我们永远都得不到自由。"财富园丁说,"对我而言,不安和痛苦是我们从现实走向理想的桥梁。我们要么走过这座桥,接受它带来的全部不安、痛苦和恐惧,要么彻底忘却自己的愿望,维持原状。"

"我总是讨厌桥梁,"弗雷德笑着说,"你呢?癌症并不等于死刑。你在为自己的生活做些什么?""我确实还有最后一个梦想。"财富园丁坦言,"与你想教的孩子不同,我在感化院接触的男孩们还没有自己的理想。毕业后,这些孩子也没有人生的方向。或许我可以尝试写一本成功指导手册,如果你愿意的话,也可以把它称作'人生圣经',这样一来,男孩们就有了一本能指导他们实现财富自由的指南。"弗雷德看起来很受启发:"这是一个伟大的目标。"

> 不安是我们从现实走向理想的桥梁。我们要么走上这座桥,接受不安、痛苦和恐惧,要么就只能待在原地。
>
> —— *The Wealthy Gardener*

痛苦不安是一种由批评、失败、不熟悉或不确定的风险引发的情绪。成功的生活需要我们应对不安和暂时的不便。《原则》作者瑞·达利欧将我们为实现成功付出的努力和尝试,比喻为用痛苦和不安搭建起的桥梁。

对寻求舒适的人来说,他们永远无法获得自我实现和财富积累。要活出最好的人生，我们就必须要穿越这座痛苦之桥。几十年前，投资第一套出租公寓时，我在签署合同之前的那个早上反复盘算了几小时。今天，这看起来似乎微不足道，但是当时的我对这个特殊业务还不熟悉，因此会感到非常困难。

最后，我双手颤抖地买下了出租公寓。之后，我的心跳开始加速，我感到担心，我向上帝祈祷——我不是在犯一个愚蠢而天真的错误。在我还能选择放弃的那一刻，我面对的是无尽的孤立和不安。

第一笔房地产交易也是我走上痛苦之桥的第一步，这个过程持续了一年左右，直到我习惯了这项新业务。当我们为了迫在眉睫的事情而焦虑时，往往会忘记一个关键点：痛苦之桥不是永久的。

即使通过了痛苦之桥，变化仍然会存在。我们还需要穿过危险的<u>丛林，才能到达成功的彼岸。我们必须走过峡谷深渊上方摇摇欲坠的桥，才能过上最美好的生活</u>。那么我的第一笔出租业务结果怎样呢？我在预算范围内完成了对公寓的翻新并把公寓租给了第一个打电话询问的租客，但最后，这套房子还是被一个吸毒者毁了。

一年后，我因为自己的愚蠢损失了 4 000 美元。这次失败并没有让我气馁，我继续学习，而我的不安感也慢慢消失。忍受这种痛苦、直到这种感觉慢慢消失，我们的舒适区就扩大了。

对自由需要让我们踏上了这座令人不安的桥梁。那些渴望财富的人也必须接受一切不确定性和脆弱性。<u>我们必须选择追求，而不是放弃；选择奋斗，而不是放松；选择吃苦，而不是给自己找借口；选择付出，而不是自满</u>。取得任何一项有价值的成就、获得经济保障或是为了过上舒适的退休生活而积累财富，都需要很多年的时间。

要过上更美好的生活，就必须走过漫长的桥梁，这或许会导致我们从一开始就不愿意去做。不安是我们从现实走向理想的桥梁。我们要么走上这座桥，接受不安、痛苦和恐惧，要么待在原地。

你能解决的问题越大，你将收获的财富就越多

一个傍晚，三个人围坐在咖啡馆的桌子旁。财富园丁与弗雷德的妻子康妮和儿子贾里德私下约定了这次会面，讨论日托中心的事情。康妮急于帮助她的丈夫，而贾里德现在每周都要在戒酒训练营度过 50 小时，他因为酒驾被判强制接受教育。有人传言，贾里德的女友怀孕了，他却在游手好闲。

"弗雷德有个问题，"财富园丁说，"他需要我们推动他做这件事。他确实需要开办这个日托中心。我们怎么才能帮到他呢？""我一直试图帮他，"康妮说，"但他似乎一直不想改变现状。他总是在退缩，在房子周围晃晃悠悠，把时间浪费在地下室里。"财富园丁点点头："所以说，我们应该考虑为他设计一个计划。"

贾里德眼睛转了转："你有没有想过，他是一个 70 岁的老人了，也许他根本就不想做这件事？""我们上周还谈到了这件事，"财富园丁说，"他很想实现这个梦想。我认为，他非常需要创办这个日托中心。这是他几十年来挥之不去的梦想，所有没有消失的梦想都来自内心的呼唤。"

贾里德大声笑了起来："好吧，你当然可以这么想。但是他需要当机立断，别再犹豫不决，耽误大家的时间，这就完全取决于他自己了。

如果他还不做这件事,那就表明他确实不需要这个日托中心。"

一时间,三个人都不说话了。"你知道的,贾里德,从某种意义上说,你是对的。"财富园丁说道,眼神犀利地看着他,"但从另一个角度说,你又错了。有时候,人们需要帮助才能克服固有的惯性。你爸爸需要面对这个挑战,当然,还有随之而来的各种问题。我们该怎么帮他呢?"

"我爱我的父亲,"贾里德说,"但我自己也有一大堆问题。我已经被工作拖住了,我现在没有一分钟是属于自己的,而且,我们还有一个没出生的孩子。我今晚来这里,就是想让你知道我确实无能为力。"

财富园丁低下头,两眼盯着桌子。"我想告诉你,你的问题是什么,贾里德。"财富园丁说。两人相互看着对方。"你并没有自己的想法。你只是在被动地接受生活的摆布。你在坐等事情发生,然后给自己找一个借口。每个人都很忙,每个人都有自己的问题,这就是生活。人生本来就是一个问题接着另一个问题,你必须解决这些问题并在解决问题的过程中成长。当你不再认为自己独一无二的时候,生活就会变得容易很多。因此,你也应该像我们每个人一样,面对自己的问题!"

"恕我直言,"贾里德冷笑道,"我不是来这里听演讲的。""我也不是来这里对你演讲的。"财富园丁说,"但如果你得过且过,迟早有一天,你会后悔。你的生活可能很艰难,但你父亲现在的确需要你的帮助。你可以帮他找经营场地,甚至可以帮他创建一个网站。只要你给他足够的关心,你会发现……"

"你真的聋了吗?"贾里德站起来喊道,"我没时间!""其实你很清楚,"财富园丁回答道,"如果你再明智一点,你就会想明白,怎样才能创造出时间去帮助你父亲。你不会再固执地用没有时间当作借口。

你会把更多的精力集中到解决方案上。"贾里德踢翻了椅子，径直冲出咖啡馆。

问题就是因为不受欢迎或有害而需要处理和克服的事物或情况。只有善于解决问题的人，才能收获属于自己的财富。

假设一个男人的家里有个孩子，还有一个留在家里的全职妻子。这个人30岁，收入很一般，最多也只能拿到水管工的平均工资。他每周需要工作6天，由于养家糊口而没有空闲时间，并且这份工作又毫无地位可言。即使省吃俭用，他每月也只能省下不到1 000美元。

那么这个人怎么做才能在20年后实现财富自由呢？

你可能已经猜到了，这个男人就是以前的我。在开始追求财富自由时，我会把每天的具体目标写在日记本上，然后在这个目标的下面写上"我能怎么做？"随后，我会盯着页面的空白处想办法，去想象一切可能性。我每天的目标就是在空白页面上记下5个新的想法。

通过这个过程，我们可以让自己成为解决方案的创造者，成为以发现实施计划为己任的创意策略师。

"不管你认为自己是否能做到，你都是对的。"福特汽车创立者亨利·福特（Henry Ford）说，"思考是最困难的任务，这或许也是很少有人愿意思考的原因吧。"思考"我能怎么做？"会迫使自己找到解决方案。

亨利·福特曾希望发明一种八缸发动机，于是他请人来设计这种发动机。但工作了几个月后，他们没有取得任何进展。"这是无法做到的。"福特聘请的工程师告诉他。

"继续加油，"福特说，"我想拥有这种发动机，而且我一定会拥有它。"

当然，他们最终还是找到了制造八缸发动机的方法。尽管我们经常会得到想要的东西，但如果我们有坚定的大目标并坚持寻求解决方案，我们就更有可能得到满意的结果。思考"我能怎么做？"可以为我们带来最有创意的解决方案。

<u>智慧和解决问题的能力在生活和工作中至关重要。当我们被委托处理工作中的大问题时，就要用"我能怎么做？"这类问题来倒逼自己。</u>

我父亲在职业生涯中，因为善于处理问题和承担责任而赢得了尊重。他的雇主已经养成了习惯：把问题交给他，然后便不再问。但我父亲始终坚守随时向雇主汇报：让上司知道一切都进展顺利。

有一天，父亲走进雇主的办公室，向他汇报企业面临的紧急问题。雇主坐在办公桌后，因为那些令人沮丧的问题而焦头烂额。就在我父亲刚要说话时，雇主举起一只手，"我不需要你告诉我什么，"他轻描淡写地说，"我已经告诉你了，你来处理这些问题，我相信你已经解决了。"

我爸爸离开了办公室，丝毫没有感到任何压力，而只有一份安心，雇主现在非常器重他。这种习惯让他一直做到了公司的高层。

我们处理问题时，就是在发挥我们对企业的价值。

其实，常规性的问题并不会剥夺我们生活的乐趣；相反，它会保护我们，并让我们在工作中保持最好的心态。有准备的思想才是最稳健的思想。成功属于那些随时准备好去处理问题的人。

第 8 课
你不可不知的财富真相

最佳创意常在散步时出现

在花园周围积雪覆盖的小路上,财富园丁慢慢地踱步,低着头,双手背在身后。他的思维集中在一个问题上,几乎没有注意到寒冷的狂风正在掠过坚挺屹立的橡树。他不知道行走是真的有利于自己的大脑,还是只为他创造出了思考的时间。

长距离行走可以让他深入思考一个问题,考虑各种可能性,制订策略。花园周围的这条路全长 6 英里,走完一圈可以给他 2 小时的思考时间;每次走过这 6 英里,他都能得到新的想法和见解,从无例外。

他已经走了几分钟,一直集中精力思考问题:如果我即将离开这个世界,我该如何利用自己的时间呢?他能想到的唯有为问题少年写一本手册。

他在雪中漫步了 5 分钟。如果他要死了,那么他的人生中有什么未完成的事情呢?除了这些男孩,他想不到余下的日子还有什么更重要的事情。他们需要接受持续不断的指导。这些陷入困境的少年都出身于底层社会,在文化上处于劣势。虽然很多原因会导致穷人继续贫困下去,但最重要的制约因素还是他们的日常行为和思维。如果这些男孩无法摆脱过去思维枷锁的束缚，他们就永远不能走出贫困。

寒风掠过，财富园丁咳嗽了一会儿，他疲倦地叹了一口气。他已经有点喘不过气了，他觉得自己的健康状况正在变差。但这种边行走边思考的锻炼仍然是有益的，他不断地搜索新的想法。"我怎样才能最有效地影响他们的生活呢？"他不断地问自己。

走过白雪覆盖的小路，他开始攀登一座小山，在爬山的过程中，他的呼吸变得急促。他怎样才能最有效地影响这些年轻人的生活呢？该如何衡量他给男孩们带来的影响力呢？他的很多想法似乎都毫无用处，但总会有几个有价值的。他有哪些办法能帮到男孩们呢？

踩着厚厚的积雪，他感到自己的思维开始变得活跃，观点、预感、思想和灵感不断迸发。开放式的问题触发了内心深处的智慧，而行走则让他的感官能够对思维做出回应。

从远处望去，人们可以看到一个孤零零的身影在荒凉的田野里，拖着沉重的脚步，走一走，停一停，又艰难地起步。终于回到家后，他坐在火炉边，回顾这一路上收获的想法。在这些新的想法中，他总是会想到实用的教学大纲，它能帮男孩们取得经济上的成功。他会在明天散步时继续思考它。当他长时间地专心思考一个问题时，解决方案就会浮现在他脑海中。问题能激发我们使出最强大的力量。

> 我通过行走进入最好的思维状态，而且我知道，没有什么烦恼是不能通过行走解决的。

思行（Think Walks）是一种在行走中培养创造性思维的练习。散步为我们提供了独处的时间，让我们摆脱周遭的干扰，从而给我们创造了一个与混乱隔绝的"避难所"，让我们的心灵得到净化并提升到更高的境界。纵观历史，很多知名人物都曾提到独处思行的正面效果。

虽然伟大的观点从来就是不确定的，但步行似乎总能让我找到最好的想法。而我是因为一次髋关节拉伤才发现这种现象的。整整一年，我都无法跑步，只能靠散步来锻炼身体。我发现，我的想法在散步时会像泉水一样奔涌而出。

解决方案和灵感会毫不费力地进入我的大脑。我觉得自己和内在智慧始终保持密切联系。现在，每当我面临重大的人生决定、需要采取新的策略或试图解决重大问题时，只要出去走走，在散步时思考，就没有不能解决的问题。

不可否认，即使不散步，人们也能思考和解决问题。当我们坐在椅子上、在办公室里踱步或开车时，我们的心智依然是在运作的。但散步会给我们带来一种不受干扰的超然感觉，在这个纷繁复杂的时代，散步可以成为一种让我们摆脱世间纷扰的仪式。

散步或许不是有效思考的必要前提，但它可以为我们提供不受干扰的时间和空间。散步是一种有节奏的运动，它可以让我们的身体、心灵和思维达成同步。它能带给我们思考、评估和规划人生策略的时间。

丹麦哲学家克尔凯郭尔说："我通过行走进入最好的思维状态，而且我知道，没有什么烦恼是不能通过行走解决的。因此，一个人只要不断地行走，一切都会好起来的。"只要我们抽出时间去思考，我们迟早会顿悟的。

用理性驾驭激情，才能做财富的朋友

到这年3月，吉米就在新的房地产中介机构工作满5个月了，但他很沮丧。他的志向已逐渐成为一把双刃剑：既带给他动力，让他不断努力；同时也让他所在的公司冲动地去追求更高的收益。很快，吉米就发现，不审慎的志向只会带来失败。

前一天晚上，吉米收到雇主发来的短信，希望早上首先和他见面。现在，吉米走进雇主的办公室，坐在办公桌前，他的对面是一个傲慢的男人。"我一直在观察你的业绩。"雇主说，"在过去的三个月里，你的表现一直不怎么样。我们需要谈谈这件事。"

"冬季一直是经营业绩最差的季节啊！"吉米说。雇主继续说道："考虑到你的业绩不佳，我们需要重新谈谈你的合同问题。在你的销售额达到让我满意的水平之前，我想把你超过正常水平的佣金率调下来。"面对突如其来的打击，吉米心里一惊，但仍面无表情。

冬季的业绩一直不好。自从进入这家公司以来，吉米一切从头做起，但他仍然是小型中介机构中最优秀的房地产经纪人。他最近甚至将业务拓展到一个离中心城区更近的新地区。但由于得不到中介公司的后台支持，每一套新上市的房产都因为巨大的文书工作量而让他举步维艰。大量的文书工作扼杀了他的业务增长潜力。在内心里，他甚至怀疑，这次针对佣金率进行的谈判根本就不是因为销售业绩下滑——从一开始，这就是一场彻头彻尾的骗局。吉米平静地看着他的雇主说："如果我拒绝重新谈判我的佣金率，会怎么样？"

"那么你可以选择离开这里。"雇主回答道，"但不能带走客户。""如果你想违反已经签署的合同，我会找律师和你谈。"吉米不动声色。"你可以这样做，"雇主回答，看起来似乎很有把握，"但他会告诉你，我们应该再签一份合同，允许我修改你的佣金率。"

吉米点了点头，没有回答。尽管他可以稍后再仔细阅读合同细节，但此时，他认为雇主说的没错。他已经在这家公司拥有 30 个新上市的项目，因此，他肯定不想从头开始。"重新谈判的条款会是什么样的呢？"吉米问道。雇主笑了笑："完全按正常佣金，就像其他人一样。如果你的业绩变好了，我们会重新谈判。你可以接受，也可以选择离开。"

吉米沉默了很久才说："我会考虑的。""小伙子，别为这事费脑筋了。但别忘记这个教训，好吗？"雇主提醒道。吉米呵呵地笑了笑，问对方："什么教训？""细节是魔鬼啊。"雇主微笑着说。吉米点点头，站起来，走出雇主的办公室。显而易见，是他自己不够审慎，才造成了现在的局面，他决心永远不再犯这样的错误。他会保持冷静，在情绪平静的情况下理性思考。他需要盘算每个行为的后果。

午餐时，吉米决定留在这家中介机构。当然，离开这个雇主或许会让他感觉很好，但这样做值得吗？深藏在内心深处的志向告诉他，你需要发泄。情绪刺激他要大喊出来，但理性的判断则告诫他，必须考虑自身利益。吉米在内心进行了一番最终的斗争：虽然他确实不喜欢这个傲慢的雇主，但眼下最好的对策还是等待时机。

审慎就是关注自身利益、注意实际问题。这是一种自我控制，一种超脱外界干扰的、客观的态度，它最终会为我们带来稳定的财务状况和更富有的生活。我曾经接待过一位患者，他在 62 岁时退休，但还没准备好让自己彻底闲下来。为了打发更多的闲暇时间，他在社区做志愿者。他所在的教会组织每周都会为教民提供意大利面晚餐，很快，这个男人就跑进厨房帮忙。

此外，他还会在户外公园和露营地度过周末的大部分时光。有一天，他结识了一个摊位的雇主，这位雇主正计划出售自己的小生意。于是，这个退休的患者买下小摊位。他开始为游客和周末的露营者提供热狗、冰激凌、糖果、比萨饼和饮料等。

这还算是一个有利可图的小本生意。后来，一位教会成员也要出售自己的餐馆。这让我的患者非常高兴，作为一个摊位的雇主，他终于有机会在出售餐馆的消息被其他人得知之前出手。奇怪的是，这位退休患者来征求我的意见。听到他的话后，我的直觉告诉我，他想问我是否愿意投资他的生意。他向我解释了餐厅的各种优势，但在听的过程中，我却只能感觉到其中隐藏着巨大的财务风险。

"好吧，你觉得怎么样？"他问道。"也许我只能感到担心。"我告诉他，"不过，我认为我确实不能接受最糟糕的结果。假如你能接受的话，或许应该考虑这笔买卖。"我的意思是，如果他的财务状况能让他在失去餐馆的情况下生活下来，那么他就可以考虑购买这家餐厅。但我也希望自己能明确地表示，由于我自己的资金有限，因此我对做一名外部投资者并不感兴趣。

最终，他还是买下了那家餐馆。我一直很羡慕地关注着他，因为我看到的是一个年近花甲但精力依旧充沛的男人，他并没有满足于现有的生活。这是一个内心年轻、仍有无比勇气的梦想家。但审慎也不可或缺。

那些不审慎的人往往要承受误判的痛苦。财富积累要求我们拥有战略思维，必须冷静接受可能发生的最坏后果。一年后，那家餐馆便空无一人。两年后，我见到他的时候，他流下了痛苦的眼泪，毫不隐瞒地告诉我，他耗尽一生的积蓄买下了这家餐馆，现在他的现金储备已所剩无几。他是一个强者，但是被这次失败摧毁了。然而我再次感觉到，他还希望找一个外部投资者来拯救他的事业。

我说："我确实没有钱，我的现金都压在房地产上了。"最后，他拿出一份房屋净值贷款合同，他已经把自己的退休金押在这次失败的生意上了。

重要的事，每次只做一件

周末，财富园丁和贾里德见面，在葡萄园里散步。上次私下见面时匆匆离开后，贾里德曾打电话为自己的鲁莽行为道歉，现在，他想为父亲完成最后的愿望助一臂之力。"好吧，到底是什么让你做出了改变呢？"财富园丁问道。

贾里德叹了口气说："说实话，我的人生似乎失控了。几年前，我还是一名有志向的工程师。但现在，我每周工作60小时，不敢乱花一点钱，也没时间想自己的事情。而我们又快要有一个嗷嗷待哺的孩子。"他们静静地走了一分钟，谁也没有说话。

财富园丁问："你有解决问题的计划吗？""我甚至不知道该从哪里开始。"贾里德承认道，"我感到很困惑。我有一大堆日常工作，我根本无法收拾自己的烂摊子了。""让你止步不前的主要障碍是什么呢？"财富园丁问。贾里德想了一会儿，才说："我认为自己最大的障碍是时间和金钱。我既没有时间，也没有钱，所以我无力改变现状。与以前相比，现在的生活更艰难。尽管你会觉得我是在给自己找借口，但我确实有点入不敷出了。"

"我并不是说成功很容易。"财富园丁承认，"但是在每个花园里，我们总能找到几颗长得更好的西红柿吧？"他们又走了一会儿。"好吧，你到底是什么意思？"贾里德问。"你可能没有听说过。"财富园丁笑着说，"在前两年的县集市上，我种植的西红柿赢得了'最佳西红柿'的奖项。得奖的一个绝招就是修剪西红柿植株的枝条。我经常剪掉不长果实的枝条，只留下那个已经长出西红柿的枝条。"

"这件事很有趣吗？"贾里德不以为然地哼了一声。"但你可能想知道，在人生这座花园里，同样的规则也适用于我们的财富增长。赢得成功需要对'果实'投入体力、精力和关注。在这座花园里，果实就是我们的净资产。"财富园丁解释。贾里德问："那我该怎么办呢？""剪掉不长果实的枝条，"财富园丁说，"不要把有限的时间浪费到无聊和没有意义的事情上。集中自己有限的资源。如果你想掌控自己的生活，就需要把全部资源和精力集中到一个西红柿上。""你的意思是，我要用毕生精力去追求财富吗？"贾里德若有所思。

"如果你的目标是财富，那么就要让你的注意力避免受到打扰并集中到一件事上。所有想在未来获得财富的人，必须现在就剪掉不结果的枝条。你选择了一个目标，然后让这个目标长成你的西红柿。如果你的目标是成功的生活，这么做对你来说绝对没有坏处。最后，财富也会变成美味的西红柿。"财富园丁说。

贾里德咧嘴一笑："这么说，取得财富的关键，就在于我能否投入自己的全部精力？""如果你的目标是财富，那我说的就是这个意思。让你的思想摆脱干扰，集中到一件事上。倾注百分之百的精力似乎像是一种痴迷，但它会唤醒人生花园中蛰伏的力量，让这些力量默默地发挥作用，为植物生长提供动力。"财富园丁解释。

"我到底该怎么做，才能帮助我的父亲呢？"贾里德仍旧困惑。"最重要的就是找一个迫使他采取行动的出发点。"财富园丁说。"假设他已经开始了。"贾里德说，"那之后我该做什么呢？""一定要搞清楚你到底想要在人生中得到什么。"财富园丁说，"我的意思是，没有这个东西你就活不下去。然后，决定你愿意为实现这个目标而在每周投入的时间。最后，在这些时间里拼命努力。"

精要主义就是将关注点集中到一件事上；将全部资源和时间用到一项任务上。它要求我们敢于对大多数事情说"不"，而只对少数事情说"是"。这是一种罕见的能力，似乎是一种痴迷，一种高度的奉献精神，似乎其他一切都已不存在。40多岁时，我曾接受一家中型银行总裁的邀请，参加了一次高尔夫郊游活动，这家银行为我最大的两笔房地产交易提供了资金。我的搭档是一位建造大型豪华住宅的开发商。那天的活动只有4个人参加，其他两位分别是这家银行的私人律师和商业贷款总监。

我们走上了第一个击球台。律师站在球道中间，直接打出了一个完美的发球。商业贷款总监也打出了令人惊叹的一杆，比律师的发球足足远了45米。我走上发球台，挥舞球杆，却把球打到了另一条球道。而我的搭档、豪华住宅开发商干脆就没有打到球。大家都笑了起来。

"你们两个确实打得不怎样。"商业贷款总监开玩笑说。"你应该很高兴我们没有你们那么高的水平。"我大声说道。"你说的对。"他笑道,"继续努力偿还贷款吧。"这是一个有趣的故事,也是一个很有意义的教训。未来的有钱人必须在今天修剪不长果实的枝条。他们必须把资源百分之百地投入有效的活动中,把他们的努力集中到能够积累财富的方向上。只有这样的努力才能带来回报。

但一个人怎么能回避他们的职责呢?在普通人的生活中,这种痴迷性的努力看起来是怎样的呢?工作、工作、更多的工作——就像你的生活离不开它一样。此外还要省下钱用于储蓄。如果你觉得这样的生活对你来说不可接受,那么财富也不会眷顾你。离开了工作和储蓄,你就不可能获得财富。全身心地追求和奉献,是实现梦想的金钥匙,这就是精要主义的精髓。

大学时,我有一位非常要好的朋友。本科毕业后,我选择了脊椎按摩院,而这位朋友选择了一个更严谨的职业——他继续从事医学研究,每周需要工作 90 小时左右。他每天早上 5 点钟就起床,每周 6 天如此。只有星期天才是他享受生活的时间,他会睡到 7 点。

他每周 7 天都会到医学院做学生助理,这样的生活持续了 6 年。在这段时间里,他每天晚上 6 点下班,下班后还要带回很多文书,回到家里继续研究,直到午夜。

医学生过的就是一种纯粹的精要主义的生活。6 年后,他给自己设定了更为严峻的挑战:他开始到一家医院做临床实习生。多年来,他几乎彻底剥夺了自己的睡眠时间。更糟糕的是,在把全部清醒时间投入工作的同时,他还因为学费贷款而积累了巨额的个人债务。

最后，他把全部精力都投入一件事上，追求他最想要的东西。非凡的成就往往需要痴迷的奉献，不管你的目标是做一名医生、摆脱巨额债务还是取得经济独立。成功的秘诀都是工作、工作、还是工作。但执着会带来回报，我的朋友目前已成为一位受人尊敬的麻醉师。

他后来开玩笑说："我很高兴我做到了，但我绝对没有办法再来一次。"这是那些成功者回忆昔日时常说的一句话。

<u>精要主义就是花大量时间持续关注唯一的目标。这往往要求我们每天投入几小时去做一件事</u>。它将时间看作实现目标的导向，然后为了这个目标全力以赴，仿佛我们的生活意义全系于此。只有这样利用时间，我们才能每天都向着这个目标迈进一步。

目标要坚定，计划要灵活

吉米的计划很简单。他所在的是一家小规模的房地产中介机构，而沉重的文书工作必然会阻碍他的发展。于是，他做出了一个大胆的决定：给自己请一名助理，管理各种后勤事务，这样他就有更多时间寻找新的房源，这才是最赚钱、也最能提高影响力的活动。

但是最近，他还要面对一场新的竞争。

周末，吉米和财富园丁在当地餐馆一起吃早餐，其间，他提到了自己遇到的问题。一对孪生兄弟组成的团队已在邻近城镇干得风生水起，成为当地非常有竞争力的不动产经纪人，盖过了吉米的势头。

这对兄弟拥有战略上的优势：他们在为一家低价中介机构工作，该机构对待售房产仅收取很少的中间费用。因此，如果卖家选择这家机构，可以节省数千美元,而且这对双胞胎似乎无处不在。

"你有解决这个新问题的策略吗?"财富园丁问。吉米深深地叹了口气说:"很遗憾,现在还没有。""那么它真的是一个问题了,"财富园丁说,"你需要一个新的计划。我告诉过你,我曾在过去两年的县集市上拿到'最佳番茄'的事情吧?"吉米淡淡地笑了笑说:"是的,只说过20次吧,谁能记得住呢?你每次都提醒我,要选择一个目标,然后剪掉所有其他枝条,让这个目标成长为最终的那个大番茄。"

"是的,我也不记得我还告诉过谁了。"财富园丁说道,"但我之所以能培育出屡获殊荣的番茄,实际上还有一个秘诀。5年前,我第一次参加这场比赛就拿到了第一名。但是在第二年,我就被远远地落到了后头。回到家,我试图找出症结所在。"吉米笑了笑,但没有回应。

"一天晚上,我一个人在园子里。我看到番茄植株生长在花园的一个角落,每天太阳移动到远处一棵树的后面时,这些植株都会错过1小时的阳光。你看,在第一年里,我为番茄植株选了一个非常完美的地方。但是一年之后,这里却成了一个错误的位置,因为那棵树又长高了几英尺,挡住了阳光。因为缺乏光照,我收获的番茄品质不佳。你知道该如何把这个道理用到你身上吗?"财富园丁说。吉米叹了口气说:"当情况变了的时候,我们必须适应,否则就会落后?"

"每次只关注一个目标的实现程度,这一点至关重要。"财富园丁说,"但一定要采取灵活的计划。在财富之路上,唯一可以确定的是,你必须不断完善自己的计划。你会遇到挫折,也会犯错误,但你可以不断调整策略。适应能力是取得成功的必要条件。"

"那么我该如何确定对付这对双胞胎的最优对策呢?"吉米问。"专注于你想要的结果,你会发现更合理的计划。根据我从事园艺工作的经验,你的灵感和我的西红柿有着相同的源泉。"财富园丁说。

弹性计划是一种实现目标的适应性手段。商业领域或职业生涯中的失败意味着,我们用光资金后,没有办法获得更多的资金。任何结果都是一种反馈,它会告诉我们是否在做正确的事情,是否做得足够好。我们需要坚定不移地守住目标,但对行为带来的反馈应采取开放态度,并密切关注结果,在此基础上,灵活制订我们的战略计划。所谓疯狂,就是明知不会成功,还一遍遍地做同样事情。真正的奋斗只要求我们做一件事——根据环境的变化随时调整计划。我们面临的挑战是:

1. 如何赚取足够的钱来保证储蓄。
2. 如何在不断变化的经济形势下持续赚钱。

我永远不会忘记二十几岁时遭遇的一个尴尬场面。一位女士问我:"你有能让自己获得更多的时间和金钱的计划吗?""唯有继续努力,希望一切都会越来越好。"我说。"你认为这是一个合理的计划吗?"这位女士反问。我无言以对。这位女士用现实打了我的脸。我当时忙得不可开交,拼命地工作,过着体面的生活,而储蓄却少得可怜。我当时的策略并不能让我实现财富自由。

"难道你想告诉我该如何一夜暴富吗?"我问她。"我只能给你讲讲我自己的故事。"她说。她是这个镇上的牙医,正在与一家网络营销公司合作。几年来，她每月的收入超过 5 000 美元。顾客从这家公司购买日用品，她就可以从中获得佣金，她的上线和下线也可以拿到佣金。而我当时满脑子想的都是那 5 000 美元。

她说："我们回头客的比例达到 97%，而且这些客户对产品的满意度几乎是 100%。这是我们这项业务最了不起的地方。"于是，我和他们签约了。2 个月后，我成为美国东部销售助理中的第一名。我满怀热情地招募自己的家人和朋友。但是 6 个月之后，我发现势头显然不对。客户纷纷解约，停止发送的产品订单积压如山。

其实，他们的客户数据完全是伪造的。放弃订单的客户仍被算成他们的"客户"，而且还要以更高的价格订购产品。虽然他们从未再次订购，却仍被"保留"在客户数据库中。我感到极度的尴尬和羞愧。我为此付出了巨大的努力，而且把我最信任的朋友们拉到了这个项目中。尽管这家公司的商业理念是合理的，但它提供的事实却是虚假的。

我马上中断了和这家公司的一切来往。但如今，我回顾人生时，依然认为这段经历不可或缺，在实现财富自由的过程中，它是我不断适应新环境、制订弹性计划的一步。我希望所有读者都不要为过去的失败尝试而感到羞耻，而是要学会在倒下之后重新站起来，再次挥杆，让你打出的球更准确、更有力。只有在勇敢的时刻，我们才能展现出内在的力量。

在我的财富自由之旅中，充满了遗憾、失败、惊喜、谦卑、挫折、错误、误判和失落，当然也有从金融危机中的解脱。每当结果或反馈很糟糕的时候，我都在新的策略中找到前进的道路。我们必须以开放的心态随时调整我们的计划。

学习学习再学习，财富终将属于你

财富园丁十分关切地调查了感化院的男孩们。这些幼稚的年轻人根本就没有意识到，他们在未来将要面对的麻烦。不管他们希望自己拥有怎样美好的未来，他们都需要赚钱，控制支出并有能力进行储蓄。

统计数据显示，这些男孩中的大多数在回归社会以后通常做不到上述要求。知识可以改变这种情况吗？"请注意，"财富园丁说。在讲授新课程之前，财富园丁都会带学生回顾之前的课程。"我们已经谈到过，每个人都会在生活中遇到很多问题，以及成功者是如何始终如一地面对和解决这些问题的。我们还讨论过，一定要学会冷静思考，以及情绪化决策是如何损害我们自身利益的。"

财富园丁慢慢地走到教室的中央。"我们已经讲过，目标为什么要求我们为重大行动付出足够的时间和精力，我们还谈到过有效时间的重要性。最后，我们提到了坚持目标、同时确保计划具有足够灵活性的问题。"他接着说，"最后，我们将讨论个人财务以及财富积累的心理。"

教室里很安静。显然，财富园丁的讲解吸引了男孩们的注意力。坐在椅子上的吉米也在考虑自己的财务问题。"我们首先需要算一算，"财富园丁说，"如果我们赚 10 美元，然后花掉 9 美元，那么我们显然只有 1 美元可以用于储蓄。大多数人都懂得这个简单的数学问题，却还是不停地花钱，而没有任何储蓄。这究竟是为什么呢？"

"我父亲说，他始终是个月光族，"一个坐在前排的男孩说，"他一生都在同一家公司上班，无非为了养家糊口。""你父亲是做什么的？"财富园丁问。"他是一名酒店经理。"男孩说，"他很沮丧，总是在说生活对他们这些勤勤恳恳的中产阶级太不公平。"

另一个男孩用嘲笑的语气对这个男孩说:"那他真应该去尝试一下底层的生活!"于是,男孩们开始七嘴八舌地谈论各自的家庭背景,教室里的声音变得越来越大,他们很快转入了另一个话题:到底是谁让他们的生活这么糟糕。财富园丁静静地等待,直到教室再次安静下来。

"我并没有看不起你们家人的意思。"财富园丁最后说道,"但我确实想告诉你们,打破过去的财务模式,为自己赢得财务安全的办法,就是要教育自己走出困境。"教室里一片寂静,财富园丁看到的是一张张迷惑不解的脸。财富园丁语气温和地说:"我的意思是,虽然我不认识你们的家人,但如果他们认为生活对自己不公平,那么我想他们都有一个共同点。我敢用我的全部身家打赌,他们肯定还不了解个人理财或资金管理。我甚至怀疑他们没有看过任何关于财富的图书。"

男孩们沉默了,财富园丁看着他们,显而易见,他们都在考虑这个问题。"如果你想打破旧的模式,"他继续道,"唯一的方法就是获取知识。如果你想成为家庭中的一个例外,就必须阅读个人理财方面的图书。诚然,你们在生活的起点确实处于劣势,但教育会让你们找回公平。这才是通向更美好生活的道路。"

一个男孩提出疑问:"我的父母确实没有读过关于财富的图书,但我认为这对他们没有什么影响。他们永远都不会有足够的钱用来储蓄。""这的确是一个问题,"财富园丁赞同地说,"但你会满足于这样的苦日子吗?你为解决问题投入的精力越多,就能越快地找到解决方案。相信我,你永远都找不到一个没有知识的有钱人。"

教室完全安静下来,男孩们正在消化这些信息。吉米曾认为自己缺乏正规教育，因此，他也在考虑，自己的下一次转变需要大量的新知识。"你们可以选择原地不动，维持现有的生活。"财富园丁继续说，"也可以让自己拥有更强的能力。要充分发挥潜力，你就必须通过学习实现自我提升。你必须超越自己当前对事物的理解程度。生活是我们选择的结果，最好的决策源于更深层次的知识。学习可以开拓我们的未来。"

"我们该从哪里开始研究财富呢？"有个男孩问。"给我几个月，或许我会给你们一个答案。我目前正在尝试着把成功所需要的知识组织起来。如果我能做到的话，谁准备利用这些知识，请举手！"财富园丁承诺。男孩们一个接一个地举起手，最终，所有人都举起了手。财富园丁默默地点点头，吉米也饶有兴趣地看着。

> 学习曲线是把金钱转化为储蓄的关键。
>
> ••• *The Wealthy Gardener*

学习曲线描述了我们实现自我提高的教育过程。知识更多的人会有更大的选择范围。我的表妹和我上的是同一所大学。毕业两个月后，她就职于一位良心雇主开办的小企业。但是几年后，赚钱的喜悦便荡然无存，这份没有前途的工作让她感到茫然。这家公司很小，只有 6 名员工。失去了前进的方向，她觉得毫无成就感。此时，她既可以选择接受平淡的生活，也可以通过自我教育去创造更美好的未来。

回到大学读工商管理硕士显然不是一件容易的事情，因为这个成本高昂的学位未必会给她带来新的工作。这座痛苦之桥需要她每周在工作时间外学习 16 小时。家人强烈反对她攻读这个学位，但她还是决心尝试一下。

我们可以有条不紊地扩展自己的知识库，走出对我们不利的环境。成功总是有迹可循的。我们长话短说，获得工商管理硕士学位后，她被一家财富500强企业聘用，后来成为这家公司的地区级高管，周游世界数十年。如果她拒绝继续学习、没有扩展视野，她的命运会怎样呢？

尽管我们毕业于同一所大学，但我的职业道路与表妹截然不同。我一直选择创业之路，在这条路上，我往往是通过自学接受知识。作为一个小企业主，要生存下去，我就必须为他人提供价值。我学会了资金管理和现金流控制，从而获得了利润。我一直研究自己感兴趣的行业，尤其是个人理财和财富管理。因此，想要储蓄，我只能去赚更多的钱。

我会尽量避免分散精力。因为获得财富的一个重要条件就是学会控制自己的想法。我认为，之所以有这么多人不愿意设定目标，是因为他们还没有能力掌控自己的思维、为实现目标而始终如一地坚守信仰。在这个充满变数的过程中，人们更容易变得愤世嫉俗，更容易对未来产生怀疑。我们容易陷入思维惰性，逃避困难，希望永远不会有怀疑、担心、恐惧和困难，而要面对和控制这些情绪显然就难得多了。

因此，第一个改变我人生的学习曲线，就是锻炼专注目标的能力并始终坚守自己的信仰。在这个过程中，我还学会了利用暂时性的停顿，向内在智慧寻求帮助。我读过很多讲述目标力量的书，它们都认为学习曲线是把金钱转化为储蓄的关键。

在学会了如何控制自己的思想后，我开始研究每一本我能找到的、关于金钱的书，这些书看起来都是明智而合理的。我家中办公室的书架，看起来就像一个关于金钱战略的考古挖掘现场：这些书籍涉及股票市场、创业、房地产投资、股权投资、地产租赁、成本控制、债务重组和个人理财等诸多领域。我始终走在新的学习曲线上，全身心地在学习中完善自己，提高自己的知识水平，更多地了解财富。我在研究财富的过程中变得越来越富有。

无论怎样强调学习曲线对我生活的影响都不为过。教育是一条引领我们不断前进的道路。

一位朋友曾说，我应该停下来休息一下。他是这样奉承我的："我最钦佩你的一点就是，你总是在不断重塑自己。"

我很惊讶，因为我从来没有把自己的改变看作重塑，但是我在开设脊椎按摩诊所、创建房产租赁企业并从事房地产转售业务之后，现在又成了一本书的作者，此时，我发现自己的经历真的是一次次的重塑。按照他的说法，我的每一次重塑都源于一条陡峭的学习曲线。

掌控了自己，才能掌控财富

吉米坐在乘客的座位上，他们开车从感化院回家。"我有一段时间一直表现很好，但这个势头早已消失。现在一切都完了。"吉米说。"这就是生活。"财富园丁笑着说，"在顺利的时候，我们很容易过度乐观。在不顺利的时候，就要看谁能坚持目标了。幸运的赢家必须善于自我控制。"

吉米陷入了思考："自我控制是什么意思？""自我控制的含义很宽泛。"财富园丁说，"而我们现在谈的是财务上的成功，所以它的含义就是全身心地去追求自己的目标。在不顺利的时候，我们需要一个目标激励我们坚持下去。而在顺利的时候，我们则需要一个目标让我们自己保持动力。目标会帮我们集中思想,这个思想集中的点会决定我们的计划。此外,目标也会汇聚我们的内在智慧,为我们提供前进的指南。"

"这么说,自我控制就是有目标吗?"吉米问道。"自我控制是一种能力,它能让我们准确知道自己需要的东西;它也是一种原则,让我们通过每天的工作去实现自己的目标;它还是一种感觉,让我们像成功者那样去行动。如果你能始终保持这种状态,那么你将达到'每天都能实现自我控制'的最高境界。一定要不时停下来,聆听你内心的声音,你将得到它的指引。"财富园丁答道。

吉米一直在沉默。他最近一直没有进行早晨的练习,但他没有必要向财富园丁承认。而且他已经有两个星期没有检查自己的目标实现情况了。由于工作的问题,吉米每天都疲惫不堪。"我正在考虑出租物业的管理。"吉米最终还是开口了。财富园丁皱了一下眉头说:"你想怎么做呢?"

"对那些拥有公寓的有钱人来说,我认为这是一个很麻烦的问题。"吉米说,"因此,它非常有必要。它肯定能让我接触到有钱人。此外,我还希望它能抵消房地产佣金的周期性。我聘请了两名房地产经纪人做我的私人代理,因此我们可以轻松地拓展业务。""我很赞同你的逻辑。"财富园丁回答道,"在进行一笔投资之前,必须深入研究它的风险。与此同时,我们必须每天关注财富——关注那些已拥有财富的成功人士。"

那天晚上,吉米躺在床上反思自己的目标,体验实现财富自由的感受。第二天早上醒来后,他强迫自己跑了2英里,以便让自己达到最佳状态。锻炼后,他开始反思自己的信念、目标和当天的时间安排。

开车上班的途中，吉米一直在重复着"财富自由"这个词，将注意力集中在他唯一的目标上。每当怀疑或忧虑出现时，他就会把注意力重新集中到自己的目标上。一整天，他都在控制自己的情绪并不时地停下来，与自己的内在智慧沟通。

> 自我控制的本质，就是让我们明确自己到底需要什么，为我们提供日常生活中追求目标的原则。
>
> —— *The Wealthy Gardener*

自我控制就是对我们的内心状态进行控制。这是一种心理层面上的超脱。它需要对思想、意向和情感进行毫不动摇的指挥。它需要我们以坚定的决心去实施一切有助于实现结果的行动。它需要我们做应该做的事情，拒绝不应该做的事情。这是一种高度的自律，是改善我们财务状况的决心。

有人可能会说："好吧，我明白了，但我该如何掌控思想呢？"在我自己的生活中，进步始终依赖于我每天的自我控制能力，我需要始终坚持明确的财富目标并坚信即使遇到阻碍，也要一如既往地追求这个目标。

当然，在令人崩溃的挫折中，我们也会有消极和怀疑的情绪，但我们必须将注意力拉回到目标上。关注目标是自我控制的第一个基本要素。

自我控制的第二个基本要素，就是不断努力地去体验成功感。苏格拉底告诉我们："一定要遵从你自己的意愿。"在实现财富自由之前，我一直在努力"成为"一个已经拥有巨额财富的人。在我看来，即使在平凡的生活中，我也仍是一个非凡的成功者。

20多岁时，仅仅一份工作就让我不知所措。到了40多岁，我在经营三家小企业的同时，还要承担起一个家庭的责任，而且还要参加铁人三项赛。但我始终保持着更乐观的心态。为什么会这样？研究表明，性格会随着年龄的增长而成熟。但不应忽略的是，40多岁时，我仍在坚持日常心理练习。

40多岁时，我仍会疯狂地大声读出自己的目标，借此让这个目标深深植根于我的潜意识。我每晚都会令人费解地独自坐在桑拿房里，想象自己已经成了有钱人。我会想象自己的愿望实现了，我过上了安全、富裕和自由的生活。我让自己心胸开阔，因为只有这样，我才能坚信，普世智慧会看到我对未来的成功心存感激。我认为，在我追求财富的日子里，"感受到成功"是最重要的。

年复一年，日复一日，我逐渐成为自己的主人，实现了自我控制；我逐渐学会只专注于一个目标。我控制自己的思维，一门心思地攻克一项任务。然后，我的思维会迫使我为了这个目标而行动。

在这个自我肯定的过程中，我的内在智慧出现了。自我控制是一种超脱。它让我们的思想专注于我们的目标并让我们相信，其他一切都会自然而然地到来。我们都知道，正确的行动来自专注的思想。

我们必须坚信，当我们每天刻意去关注一个目标时，我们所需要的想法、人、条件和事件自然会水到渠成。我们会逐渐认识到，自我控制会让普世智慧成为我们的帮手。自我控制的本质，就是让我们明确自己到底需要什么，为我们提供日常生活中追求目标的原则，让我们在取得成功之前就感受到自己是一个成功者。

第二部分 | 耕种你的财富花园

你要优秀到让别人无法忽视

一周后,吉米一个人坐在自己的小隔间里,其他经纪人早已经下班,他开始仔细阅读一本关于物业管理的书。除了读书,吉米还利用空闲时间思考解决方案,以应付那对抢走自己生意的双胞胎。

尽管双胞胎拥有服务收费低的优势,但吉米也有自己的优势。他已被行业期刊评选为"值得期待的业内新人"和当地房地产委员会的"年度最佳新人"。此外,他还是两家独立中介机构的顶级经纪人。由于吉米在过去一段时间里表现优异,因此,他完全凭业绩来抬高自己的身价,而那对双胞胎拥有的只是低价格。

作为新战略的一部分,吉米设计了一份专门针对新客户的宣传材料。这份材料包括关于他的新闻报道、获得的奖项和销售数据。宣传材料的封面是一句非常醒目的口号:你可以聘请收费最低的房地产经纪人,也可以聘请最优秀的房地产经纪人。这一关键策略的目的,就是让双胞胎的最大优势转变为劣势。

在为期一周的宣传活动中,他的计划产生了效果。吉米签下了两份合同,挫折感也随着成功的到来而得到了缓解。他目前的计划就是加倍努力,以夺回失去的市场。与此同时,他还在晚上和周末钻研出租物业管理业务。虽然任何人都可以做这行,但要想取得令人满意的效果,却并不是人人都能做到的。

通过研究,吉米发现,大多数商业性房地产业主都往往会对物业管理感到不满。这是一个有利的迹象,因为这表明他们需要更好的服务。于是,吉米规划了自己的新策略,攀登最陡峭的学习曲线,希望了解业务的全貌。为此，他需要组建一个负责维修和掌握物业管理软件的团队。他将从小公寓入手，提供高折扣，以招揽生意。此外，他还会以比市场价低一半的价格提供更优质的服务。就像他作为房地产经纪人一样，他凭借自己的卓越赢得了新业务。只要吉米真能做到卓越，他的生意完全可以通过口碑传播而兴旺。这样，他就可以通过出色的出租业务进一步提高自己的身价，实现滚雪球效应，从整个市场上获利。

> 我们必须做到卓越，卓越到让你的雇主在考虑提拔对象时，心中不会再有其他人选。
> —— The Wealthy Gardener

卓越是指因具有罕见的品质而显得与众不同。凭借最低程度的善意行为，我的业务在三个月内蓬勃发展：我开始每天写两封感谢信。正是因为我在业内的优异成绩，仅仅是简单的"谢谢"便增加了我的收入。

比如，我会根据不同情况写不同的感谢信："感谢您选择我作为您的脊椎按摩师。我保证像对待我的家人一样对待您""非常感谢你的关心和惠顾""感谢您对我的信任以及您的大力推荐"……

其实，我每天写这些感谢信只需要几分钟。我意识到，这些手写的感谢信不仅可以给我带来忠诚的患者和信誉，它们带给患者的感觉会让他们主动替你美言。患者会告诉他们的朋友和家人，让他们知道这些感谢信和我提供的服务，一切都仅仅是因为这个小举动让他们感到惊喜。如此小的举动居然能带来这样的反应，我自己也感到震惊；也就是说，我也和他们产生了相同的感受。

我曾经找全球知名的皮肤外科专家为我做过一次莫氏显微手术，这被认为是目前根治皮肤癌最有效的技术。实际上，这位专家曾和莫斯博士共事，是全球最权威的皮肤癌外科医生。我问他，在他的专业领域内，最出色的人是什么样？他停下思考了良久才说："他要承担很多责任。"

手术一周后，我接到这位专家的电话。他询问我手术之后的感受如何。我把他的举动告诉了所有人。（正如我现在做的那样！）为什么呢？因为那个电话既让我感到意外，又让我意识到这位专家的卓越。我并没有对人们讲这种皮肤癌手术的技术程序，因为这是常规性的。真正令人惊喜的是，这位专家如此关爱患者，亲自给我打电话，了解我的恢复情况。当然，我的患者也一定会有这样的感觉。我为他们治疗背部、颈部或坐骨神经的疼痛，也因此得到报酬。但我的手写感谢信让他们感到意外。正是这种意想不到的事情才让他们印象深刻。

教育家马克·谢弗的建议是："<u>找到你的卓越之处的关键，就是要想想，到底是什么让你令人惊喜、有趣或与众不同。</u>"你的财务安全与你的这种特质息息相关。一定要给人一个觉得你与众不同的理由。

从事脊椎按摩行业数十年来，我为患者提供的一个福利就是每次就诊都会提供按摩服务。我为此聘请了按摩师，曾经有一段时间，我是诊所中唯一做这件事的人。按摩为什么这么有效呢？因为这是一项患者没有想到的服务，它是提供给患者的额外福利。因此，它的作用绝对让人意想不到，让患者印象深刻。卓越不仅对小企业的发展至关重要，它对正在大公司中攀爬事业阶梯的员工同样不可或缺。

我的一位好朋友在一家公用事业公司任职，但多年以来，他一直停留在中层管理岗位上，始终没有得到升迁。40多岁时，他才一步步地被提拔到现在的副总裁位置上。我想了解他升迁的过程，以及如何在如此庞大的公司中获得上司的认可。

他告诉我："所有人都很忙，但雇主总会有新的任务需要下属去完成。这是一种我们日常工作之外的特殊责任。他会问：'谁能承担？'这时，我总是那个自告奋勇的人。因此我比同事睡得更少。我认为，是额外的努力让我得到了上司的关注。"在公司中自愿承担额外的工作，自然容易受到关注。"平平淡淡又有什么不好呢？"人们可能会问。

当然，只要你能接受默默无闻的人生，就没有问题。尽管你可能对工作感觉良好，但是你会失去晋升的机会。你会发现，其他人似乎永远都不会注意到你的努力。能保住饭碗就会让你感到幸运，因为你很难找到任何新的工作机会。虽然你也有很大的梦想，但如果没有个人影响力，你的梦想就不会实现。你甚至会讨厌成功，因为追求成功会让你疲惫不堪。尽管你也会像其他人一样努力工作，但你会觉得自己的工作并没有受到重视。

当然，无关紧要的反面就是卓越。在工作中，我们必须做到卓越，卓越到让你的雇主在考虑提拔对象时，心中不会再有其他人选。所以，你一定要付出额外的努力，去做更多的工作，让你的工作时间永远超过别人的预期；表现出对他人的真正关切；永远做一个拥有解决方案的人；去做追求卓越、成为与众不同的人；尽心尽力为你的雇主排忧解难；全力而为，不要得过且过、有所保留；不满足于合格，力求完美；永远不要抱怨；永远不要随波逐流；善于促进团队的团结；以痴迷的态度追求质量。总而言之，一定要在你的工作中留下自己的印记。我们要么做到卓越，要么就只能被随意替换。

拥有选择权，才能真正拥有财富

在午餐时间，贾里德走进人力资源办公室。人力资源部门的负责人是一位脾气暴躁的中年女性，她负责监督包装厂380名员工的日常工作。

看见贾里德进来，她咆哮道："你到底想要什么？""我来这里要求加薪。"贾里德鼓起勇气说。他的财务状况很紧张，而且马上就要有一个孩子。"坐下吧！"她说。贾里德坐在她桌子旁边的椅子上。她问了他的名字并敲入电脑，然后在屏幕上浏览贾里德的信息。

"你来这里一年了，你已经有过两次加薪了吧？"她问。"一年多前，"贾里德澄清道，"我管理的团队……""好吧，你现在要求加薪多少？"她打断道。贾里德不安地挪动了一下："我希望得到每小时30美元的收入。我刚刚结婚……"

"你有什么权力要求我再给你加薪呢？"她似乎很生气。此时，贾里德觉得这次见面并没有按他的计划进行。他坐在椅子上，挺直身子，试图回到他之前练习过的脚本上，但他的心跳却在加速。"这么说吧，我收到了另一家公司的邀请。"他平静地说道，"我希望您至少给我同等的待遇。其实我更喜欢在这里继续工作。"

"知道了。"她一边说，一边研究着电脑屏幕上的数据，"好的，如果你没有其他事情的话，我会和雇主谈谈，然后再回复你。"那天晚上，财富园丁打开了通往前厅的大门，他惊讶地看到贾里德已经在那里等他了。在过去的一个月里，贾里德一直没有给他打电话。更糟糕的是，他还没有帮父亲的日托中心想办法。贾里德似乎一直是这件事的受害者，他成了父亲为自己搪塞的借口。

"我想和父母以外的人谈谈，"贾里德说，用手指梳理了一下自己的头发，"我今天失业了，但还没有新的计划。"财富园丁愣了一下，然后说："好吧，来吧。"他们走到沙发边坐下来，财富园丁想到婴儿应该在 4 个月后出生。贾里德很可能会破产，而且现在又没有了收入。贾里德马上开始向财富园丁讲述那天在人力资源部中发生的事情。

"我需要一些议价能力。"贾里德叹了口气说，"所以我编造了另一家公司准备为我提供职位的故事。我要求他们提供我编造的公司的同等待遇，但后来他们发现我在说谎。"财富园丁大叫："然后你就被解聘了？""她建议我再去找一份工作。我不会承认我在说谎。所以我直接离开办公室。就这样，我失业了。我想通过谈判来加薪，这样会让我显得更明智一点。"贾里德说。

财富园丁慢慢明白了这件事。"除非你能像农民的拖拉机一样，"他最后说道，"否则，你就得不到经济保障。只有当别人会担心失去你的服务时，你才有议价能力。""哦，我知道了。"贾里德说，"那我该怎么办呢？""和对方坦白吧，"财富园丁说，"你需要自我反省，主动承认错误，即使不为了你自己，也要考虑你的家人。放下你的面子，在他们找到继任者之前，争取拿回你的工作，现在还来得及。你需要从公司得到的，远比他们希望从你身上得到的多。"

> 谈判并不是为了得到你想要的东西，也不是为了给对方他想要的，而是为了让双方各取所需。
>
> —— The Wealthy Gardener

议价能力是影响谈判结果的力量或能力。在成功谈判的必要性问题上，我们听过的糟糕建议太多了。如果我们必须同意某个条款，那么我们便处于不利地位。让我们有底气选择离开的就是我们的议价能力。

那么我们该如何在谈判中获得议价能力呢？在我们的职业生涯中，这种能力源于我们以良好的态度提供有价值的技能。如果你非常优秀，雇主当然承担不起失去你的后果，因为没有了你的贡献，他会寸步难行。如果你既卓越又勤劳，那么其他雇主也愿意得到你。在这种情况下，你需要做的就是了解所有职业选择，然后明确自己的意愿。

财务安全来自高质量的职业规划。例如，我的好朋友帕特是一名理财经理，他的客户是匹兹堡地区最富有的少数人。他为这些客户提供的是保值服务，而不以创造财富为目的。从我这个老古董的角度看，这份每周只有60小时的工作简直就是梦幻一般的工作。

而这个结果同样来自他的议价能力。大学期间，帕特曾在一家著名的俱乐部做服务生，这让他有机会了解有钱人和名人们的生活方式。他毕业于一所州立大学，获得了商业和金融学的双学位。这家俱乐部最有钱的一位顾客邀请帕特来自己公司的银行上班。

帕特接受这份工作，而这位有钱人也成了他的雇主和导师。他建议帕特致力于银行的投资业务，尽量不去碰零售业务；这个建议无疑是非常有价值的。然而，随着时间的推移，这家公司的竞争对手也向帕特伸出了橄榄枝，为他提供了一份报酬丰厚的工作。于是，他找到雇主，说明了这件事并明确说出了自己的意愿，最终，雇主同意重新考虑他的薪酬待遇。

有人可能会说，考虑其他机会表明帕特对导师不忠。要求雇主加薪是否明智？帕特告诉我，他不太担心雇主。在自由市场中，我们永远都不会得到不公平的报酬。我们只能获得自己真正的市场价值。

后来，帕特的雇主兼导师拒绝谈判，帕特离开这家公司，成为金融服务领域的"自由球员"。在接下来的 25 年里，他换了几份类似的工作，不断得到晋升。当然，他并不是接受所有的工作邀请，而是根据自己的考虑做出选择。

最后，帕特积攒了大量人脉，创办了自己的理财公司，开始为自己打工。由于帕特已在业内拥有了一定的知名度，他具有相应的选择权。但考虑到目前的雇主更有可能在谈判中说"不"，因此更明智的做法是静观其变。由于他拥有选择权，因此谈判的失败反而给他带来更有利的新选择。虽然选择权对谈判至关重要，但我们并不总是需要行使这种权力才能取胜。

我有一位亲人，曾在大型银行从事计算机软件设计和管理工作。30 多岁时，他就像一名自由球员那样到处发简历，了解自己的市场价值，借此确定求职方向。在这个过程中，他意外获得了一份月薪高达 25 000 美元的工作，远远高于他在银行的收入，这绝对是一次实质性的提升，考虑到自己要养活一家五口，这份工作邀请几乎让他无法抗拒。思前想后，他认为已没有必要和现任雇主重新就自己的薪资合同进行谈判。过去 10 年中，这家银行仅按通货膨胀率为他提供了很有限的加薪。

他接受了新工作，并提前两周通知目前就职的银行。但现任雇主却不甘心失去他。几天后，雇主为他提供了月薪 30 000 美元的待遇，挽留他继续担任现有职务。突如其来的变化让他不知所措。他最终还是决定留下来，也因此体会到了一条重要的职场之道。十多年来，他一直任劳任怨，很好地完成了本职工作，也非常受雇主和同事的欢迎，但对自己的真正价值一无所知。然而，就是这样一个偶然的机会，让他发现了自己的真正价值。他开玩笑说："我一生中最大的遗憾，就是认为他们会让我离开。我应该告诉雇主，还有人给我提供了一份月薪 40 000 美元的工作！"

我们的待遇和我们在谈判中的议价能力密切相关。"谈判并不是为了得到你想要的东西，也不是为了给对方他想要的，而是为了让双方各取所需。"这种说法在商业咨询中很常见。综合各方面因素，我非常赞同这种说法。

在大多数情况下，成功的谈判就是双方在两个对立的目标中间找到一个点，尽管在这个点上，双方都有可能对交易略有不满。对于一套房子来说，它的合理价格既不是买家想支付的价格，也不是卖家想得到的价格。合理的工资既不是雇主想为员工提供的工资，也不是员工自己想要的工资。这就是自由市场的现实。只有拥有其他选择，我们才能在谈判中具有议价能力。

提高社交能力是取得成功的前提

在吉米的团队中，有两位房地产经纪人为他工作。今天，他们聚在会议室，参加每周中旬的会议。除了取得待售房产、增加自身实力，这个团队还在过去两周内进行了一轮不间断的调查，对公寓业主展开访谈。

"你们两个干得太漂亮了。"吉米说，"我希望你们知道，我很感激你们的辛勤工作。现在请告诉我：公寓业主的态度是怎么样的？""除了骂我，他们什么都没说。"珍气冲冲地说道。这位20多岁的女士是一个能言善辩、非常善于交际的人。她靠在椅子上，满脸苦笑，"这是一群让人恶心的有钱人！"

吉米笑了："他们到底是为什么不满？""还是那些让人头疼的老问题。他们抱怨租户不守规矩，素质太差，还有随后的房屋回收问题。他们认为出租公寓缺乏管理，被租户任意糟蹋。此外，他们也没有收到管理公司承诺的月度报告。大部分公寓的空置率很高。"珍无奈地说。

吉米呵呵地笑了。珍思维敏锐，因此，只需通过这种幽默和玩笑的方式，吉米就可以和她很好地沟通。但对于刚找来的助手布拉德，吉米就需要和他直言不讳的沟通。他在这个团队只待了1个月，还不太适应珍和吉米的幽默。布拉德很严肃，是会计师心目中的电脑高手，和销售相比，他更适合在后台工作。他更擅长应对物业管理中的组织要求。

"你也得到了相同的答复吗，布拉德？"吉米问。"我同意她的观点。"布拉德冷静地说，"我们可以说服大多数业主在目前的租约结束时采用价格更低的管理服务。"这时，门被打开了，房产公司的雇主闯了进来："说吧，你们今天要进行私下的小会议吗？"

吉米点点头："您需要会议室吗？""不，不过我确实感到有点被排斥了。"雇主轻蔑地说道，"这次会议的目的是什么？""我们毕竟是个独立的房地产经纪人团队。"珍说，"您觉得我们在做什么？"还没等雇主发起责难，吉米便插话说："我们在这里开会，协调一下我们的工作，争取有更多的收入。"这个说辞显然让雇主无从挑剔。

他喃喃道："有谣言说你们正在考虑做物业管理。我想提醒你们，你们都受到非竞争条款的约束。""我们当然不会忘记自己的合同。"吉米停顿了一下,"而且您完全可以放心,我们一定会在规则范围内行动。"

雇主盯着他说:"我只是想提醒你,不要忘记这些规定。""知道了,雇主。"吉米说。雇主转身走出房间。珍随手关上了门,不解地问:"您为什么要拍他的马屁?""你说这是拍马屁,"吉米耸了耸肩,"但我觉得这是打发恶霸。一个自高自大的人是最容易被控制的,我认为没有必要激怒他。现在,听着,我已经研究过这个非竞争条款,如果我们在他之前拿到物业管理权,我们就不算是违背这个条款。现在,我们的一个关键目标,就是找到两个人来负责这件事。"

> 人们会忘记你说过的话和做过的事,但他们永远不会忘记你带给他们的感受。
>
> ●●● *The Wealthy Gardener*

社交能力就是能够与人相处愉快、善于与他人交往的能力。那些社交能力强的人,在飞机上,他们是所有人都愿意坐在他们旁边的人;是其他人愿意下班后和他们一起闲逛的人。尽管我们需要在不同的场合扮演各种角色,但我们需要在社交中做真实的自我;它是我们给外界留下的积极印象。与他人相处并获得他人青睐,是一种至关重要的技能。

在工作中,我们既可以提拔某人,也可以对他漠不关心。我们可以改善一个团队的运作机制,或者置身事外。我们可以成为上司的得力干将,也可以对他们的目标漠不关心,只考虑我们自己的问题。当我们支持其他人时,我们总会发现,他们也会支持我们。

这种能力可以通过学习获得。在我自己的生活中,最重要的社交技能就是尽可能地帮助他人。在一个让人感到慵懒的周末，我和一家国际公司的副总裁进行了一次谈话。

他来自一个中产阶级家庭，无疑，他已经达到了事业的巅峰。寒暄了一会儿后，我向他提出了一个常见的问题："在你们这种大公司里，一个人怎样做才能出人头地？"

他直截了当地说："这其实完全靠社交能力，很多明星级别的员工都没有出头之日，因为他们不善于和同事相处，或者难以和雇主相处。这是他们最大的职业陷阱。"美国第35任总统约翰·肯尼迪的夫人杰奎琳就是一个社交典范。有人说："当你和杰奎琳待在一起时，她让你觉得自己是世界上唯一活着的人。"全神贯注地关注他人，自然会让对方感激不尽。

在市场中，客户会说，他们会因为质量而始终使用某一种产品或服务。但事实上，在公众的眼里，大多数产品或服务不过是一种商品而已。税务顾问做的是税务咨询，牙医给客户矫正牙齿，汽修工人的服务就是修理汽车。这种现象在我的工作中表现得很明显，因为我每次度假之后，都会失去一些患者。

假如我的一位忠诚患者意外受伤，而我又不在身边，那么他自然会选择另一家诊所。当地有很多家脊椎治疗诊所，因此，单纯从商业服务层面看，我的服务绝非不可或缺。但是在服务行业中，忠诚度的形成显然是有赖于双方的交往。

建立起真正的关系后，双方都会因为丧失这种关系而受到损失。当客户喜欢我们的时候，他们自然就会支持我们。假如各家诊所的服务水平基本相当，那么在其他条件相同的情况下，个人关系就会成为将客户和我们联系在一起的纽带。当我们建立这些关系时，其实就是在为自己积累社会资本。可以确定的是，雇主肯定会关注你和客户的关系以及你和团队中的同事的关系。

例如，我曾有一位患者克里斯蒂，因为认可我的治疗效果而选择在我的诊所工作。令我高兴的是，尽管工作繁忙，克里斯蒂还是学会了重要的深层组织按摩技术。更可贵的是，她还善于与患者交流，所有患者都很喜欢她。

几年过去了，她已成为诊所中不可或缺的一部分。她的工作计划安排得很满，很多患者只在她工作的日子里预约。考虑到她和患者们的良好关系，我必须想办法让她工作得开心。

我很清楚她为诊所带来的收入，我决定，除了按小时支付她的薪水，还让她在业余时间接待部分患者。这绝对是一笔大生意；我为她提供客户源，让她的收入保持稳定。她让我没有其他选择，毕竟，我很担心失去她。美国黑人女作家玛雅·安吉罗（Maya Angelou）说："人们会忘记你说过的话和做过的事，但他们永远不会忘记你带给他们的感受。"这个道理适用于我们的雇主、客户和同事，这些人会影响我们一生的收入。

第 9 课
有钱人其实都在这样想

逆境会让你成为更强大的自己

这天早上,财富园丁很早就开始全力工作,把自己的成功心得变成有意义的文字和故事。全神贯注地研究后,他终于站起身来,长长地出了一口气,然后走到阳台的窗前。放眼望去,他看到了一幅宁静的画面:明媚的蓝天,郁郁葱葱的草坪,鲜艳的杜鹃花在浓浓的春意中绽放。他看到弗雷德带着小狗,走向门前的邮箱。

财富园丁想,人是一种习惯性的生物,但习惯也会给我们带来伤害。弗雷德就已经彻底习惯于现有的生活,他不想探索任何未知或不可预测的事物。在拿着邮件返回屋里的路上,弗雷德突然向左边蹒跚了一下。他跌跌撞撞地走了几步,险些摔倒,最后停在了郁郁葱葱的草坪上。他似乎恢复了身体平衡,站在原地,但几秒之后便跪了下来。财富园丁急忙从房间里跑出来,冲进隔壁院子里。但是,当他来到弗雷德的身边时,后者已经停止了呼吸。

葬礼在三天后举行。财富园丁坐在最后一排上,面对着这个令人痛苦的情景。弗雷德所在教会的牧师诵读了《圣经》经文,康妮和贾里德肩并肩地站在前排。弗雷德的家人们放声痛哭。吉米和他的同事站在中间的过道上。葬礼结束后,人们聚集在一起,开车回到酿酒厂吃午饭。财富园丁看到吉米独自站在一棵树下,显然已经陷入深深的思考,于是,他向吉米走过去。

吉米轻轻地说:"我知道,我们都会死的,但我确实不想看到,弗雷德在还没有实现开办日托中心的梦想,就离开了人世。""弗雷德本来有足够的机会。"财富园丁说道,"但这位老伙计一拖再拖,直到彻底没有机会。'总有一天'是一种危险的想法。跟我来吧。"他让吉米跟着他走。最终,他们走到弗雷德的棺材旁,棺材停放在一个临时搭建的帐篷下。

"这里躺着拥有无限潜力却尚未实现的男人。"财富园丁说,"他选择了安全和轻松,选择了为自己寻找借口,而不是做出牺牲,直到一切都为时已晚;另外,他也让世界缺少了这个美丽梦想本应创造出的礼物。我们应该对这种选择安逸的行为引以为戒并发誓永远不要忽略我们的内在智慧。"

吉米盯着棺材说:"我当然不会忽略。"财富园丁看向贾里德的方向,他一个人坐在长椅上。他看起来很憔悴,很可能已经喝醉了,在整个仪式期间,他都没有和未婚妻交流,后者已经开车离开了。财富园丁说:"更糟糕的是,这是一种毫无思想的生活。"吉米顺着财富园丁的目光,也看到了贾里德。"你从他的脸上就能感受到他的悲痛,一个只为糊口而活着的人。"财富园丁冷冷地说,"这是一张虚度光阴并充满遗憾的脸,他本来可以过上更有思想的生活。他现在为失去和父亲在一起的

235

时间而哭泣，但总有一天他会为更大的损失而哭泣。他会因为没有目标而哀叹生活。他让自己的时间白白流逝，这反过来让他的生活更加没有意义。他的借口会让他的未来充满遗憾。"

> 逆境教会我们忍耐，我们必须学会熬过危机，我们才能看到最强大的自己。
>
> —— *The Wealthy Gardener*

逆境是一种令人痛苦的困境或不幸的遭遇。我自己也曾遇到过令人崩溃的逆境，当时我甚至在想，死亡是否会比我遭遇的逆境更容易接受。40 岁时，我的经济状况持续改善。我的全部心思都集中在自己的目标上，我的事业蓬勃发展，租赁业务也在稳步增长。与过去几年相比，我的储蓄已达到脊椎按摩师的平均水平。

尽管财富自由还很遥远，但我已经有了自己的计划和方向。我每个工作日都要在诊所里忙 10 小时。我在工作中表现得非常出色，引起了一家大型保险公司的注意。我接到当地保险代表的电话，邀请我和他们见面。那时，这家保险公司在当地的医疗保险覆盖率已达到 80%。

保险代表和我坐在一起，善意地提醒我接待的患者太多了。"你是什么意思？"我问道。他解释说，我的诊所收入已远远超过当地其他脊椎按摩诊所。我告诉他，那是因为我每天的工作时间比其他按摩师多出几小时。他说："如果你不收敛一点，就会接受审计。"他告诫我减少患者接待量、降低收入，否则有可能面临不好的局面。

会面后，我在开车回家的路上心情非常沉重。正如书中之前讲到的，在我从事的医疗行业中，保险支付后的审计检查是最令人担心的事情。这些审计的目的不是发现欺诈或非法行为，而是审查治疗记录。如果保险公司认为我的治疗记录不合规，我将被迫偿还数十万美元的医疗保险费，而且无权要求追索或仲裁。尽管我已经对这种情况做了准备，但是在宾夕法尼亚，还没有哪个按摩师通过了这项审计。

我在思考自己的对策：面对控制着我的财务现金流的保险公司的敲诈勒索，我是否应该放慢诊所发展的步伐？如果这样，我的财富自由之路就会终结。因为我将失去扩大房地产生意的资金。我还能活下去，但除了支付生活费用，我将没有储蓄。或许，我应该坚持正确的立场？我没有什么好隐瞒的。然而，我是否应该冒失去一切的风险呢？

我决定发起挑战。我继续忙于诊所的生意，无视威胁。两个月后，我在邮箱里发现了一个大信封。审计书到了，我开始感到不安。他们要求我提供过去5年的治疗记录，同时要求我在两周内提供这些记录，他们已经准备宣判我的命运了。

逆境是令人痛苦的，令人反感的，而且往往是摧毁性的。它们就像令人反感的暴风雨，无止境地消磨着我们的忍耐力。它们是最痛苦的考验。我确实很害怕，如果我在这场审计中失败，我将一无所有。由于没有其他工作技能，我只能坐以待毙。如果我输了，保险公司将取消未来的所有保险款项，作为对我的罚款。

我提交了保险公司要求的全部记录，等待命运的宣判。几个月过去了，保险公司并没有任何回应。我的头发变得稀疏，面貌变得憔悴，每天坐立不安，彻夜难眠。我感到极端的无助、焦虑和脆弱。然而，经过6个月的痛苦煎熬之后，我发现自己慢慢地觉醒了。我意识到，我们每个人的内心深处都有一盏灯。它是纯粹的爱。它的光芒是我们心灵的本质。

没有人能够从我身上夺走这盏灯。无论如何,我们都应该选择爱和快乐。我决定相信我一直在做的心理练习,这一次,我以全部的身心去祈祷完美的结果。我每天都坚持练习,梦想完全的胜利。

一个普普通通的日子,我收到了审计结果的信件,只有一页纸,信中的措辞同样波澜不惊:您的治疗记录已通过审计。看到这句话时,我激动得几乎说不出话。我将这个消息告诉我的律师,他也感到震惊。我是第一个在宾夕法尼亚通过这项审计的人。成功学大师拿破仑·希尔写道:"每一次不幸、每一次失败、每一次心痛都会孕育出同样的甚至更大的希望。"但这种可怕的逆境到底有什么好处呢?我意识到,逆境既可以摧毁我们,也可以激励我们。

我们可以据此发现内心中的那盏灯,在暴风雨来临时更好地保护它,然后,让它引导我们度过最黑暗的日子,直到我们的不幸烟消云散。

逆境教会我们忍耐。我们必须学会熬过危机。逆境会让我们看到最强大的自己。此外,我们还会体会到,归根到底,我们唯一能控制的,就是我们的想法和态度。走出逆境后,我对自己的韧性有了更准确的理解。这种内在力量或许就是逆境给我们的礼物吧。只有保持对生活的希望、爱和欢乐,我们才能走上最明智的道路。

接受现实是走向成功的起点

葬礼后的几天,财富园丁在后院花园里思考自己的人生。弗雷德的死已经让他的世界停止一个星期。这件事也让财富园丁想到自己的未来。

他被告知,癌症已被确诊,而他显然不愿接受这个事实。他尝试过化疗,但一次治疗就已经让他筋疲力尽,整整 5 天不得安宁。

唯一知道他身患癌症的人是弗雷德,后者如今已在坟墓中。好吧,一切事情都有属于它们的时间和空间:既有笑的时间,也有哭泣的时间;既有生的时间,也有死的时间……弗雷德是一个从未打理过自己田地的园丁。他的犹豫不决到底让他付出了怎样的代价?因为放弃了梦想,他一直都没有体会到真正的幸福和满足感,带着遗憾离开了人世。

财富园丁想到了自己的梦想,为感化院写一本职业发展手册。他需要利用剩下的日子,为这个梦想而努力。这时门铃响了。财富园丁没有离开椅子,过了一会儿,康妮和贾里德进入走廊,一直走到后院。贾里德带着一盒在家里做好的饼干。"你们过得怎么样?"财富园丁问道。

"还是一团糟,"康妮承认道,"我还不能放下这件事。""我也有同感。我还在想,明天晚上,那个老家伙就会出现在我面前,和我一起打牌。但他永远也不会出现了,我必须接受这个事实。"财富园丁认同。财富园丁看着贾里德问:"你呢,孩子?""在过去的一年里,我一直在把忙碌当成借口。"贾里德沉重地叹了口气,"我怎么没有在日程安排中为他抽出点时间呢!"

财富园丁盯着贾里德,很久没有说话。"有些事情,我们无能为力。"他说,"当我们面对这些时刻,我们必须学会接受过去的错误。"尽管财富园丁的话非常温和,但言外之意似乎有点刺耳。康妮开口了:"我最近一直没见过你打理花园。""我还有一些未完成的事情,我想,在今年年底之前,一定要有眉目。"财富园丁说,"而且我剩下的时间也屈指可数了。""我也没有见过你去酿酒厂。"贾里德说。财富园丁看着贾里德:"你父亲去世后,我开始接受生命短暂这个事实。它让我认识到,必须充分利用自己为数不多的日子。"

默许就是为改变或适应某些事物而不情愿地接受它们。接受生活中的现实,是改善我们财务状况的第一步。我们必须学会面对财务压力,而不是对它视而不见,只有这样,我们才能变得更稳健。

在之前提到的审计过程中,我默许了一种不公平且毫无意义的情况。如果我在审计中失败,那么我重新找工作时甚至不比高中毕业生更有优势。保险公司之所以要打击我,是因为我更努力、更有效率、工作时间更长,而且服务的人数更多。

当我最终接受自己完全没有能力影响审计结果时,当我放弃对结果的关心时,当我接受这种不公平就是我现在的处境时,我的痛苦也缓解了很多。我不再与现实抗争,开始更清晰地思考。我可以把精力全部集中在自己的目标上。我可以祈祷最有利的结果,找到内心的明灯并提前对胜利心怀感激。默许让我可以专注于更美好的事情。我重新找到了进行思维练习的时间和精力。

如今,我们或许需要接受这样的现实:即使每周工作40小时,我们也无力进行储蓄;我们既不能拥有财富自由,也无法在富裕社区过上梦想中的生活;如果我们想更上一层楼,就不能再用周末的时间去休闲;薪水最高的工作自然会带来最大的压力,而且需要你解决大问题;成功需要长期的付出,承受痛苦和毫无吸引力的工作。

最终,审计结果证明了我的清白。我的生活原本应该恢复正常。但保险代表再次出乎意料地来访，他祝贺我顺利通过这次审计。离开前，他留下了这样一句话："下次你或许就不会这么顺利了。"这是在威胁我吗？我不确定他的态度，但我很警惕。

在拳台上被打得鲜血淋漓后，我该如何回应？我一生中一直习惯使用"这是 X"这种说法。它是我们人生地图上的一个参考点，表示"我在这里"。在我们的生活中，总会有一个箭头指向这个位置。当我们发现自己在受苦时，就必须接受这个 X。我们必须应对它，必须理解它。我们需要不断地制订计划并据此采取行动。

拒绝接受不愉快的现实是我们痛苦的根源，接受不愉快的现实则是克服痛苦的第一步。遭受打击后，我又要面对保险公司的欺凌，而我认为再次反击是不明智的，保险公司才是最终的胜利者。我开始逐渐减少诊所的业务量，以便和当地其他脊椎按摩师的收入水平相当。

经常有人告诉我，成功就是出拳击败对手，但在很多情况下，成功其实是扛住对方的拳头。它的实质是生存。只有生存下去，为来日再战作规划，我们才有可能赢得战斗。不利的现实是，我的收入正在大幅减少。我必须不断调整自己，接受这个现实。

鉴于我的新情况，我只有一个选择。我要减少自己在诊所的工作时间，这样，我就可以腾出更多时间开展房地产转售业务。第二年，我每周在这两项业务上各付出 30 小时。最初一年，我通过房产转售业务赚了 15 万美元，与此同时，我的脊椎按摩诊所也获得了 9.5 万美元的利润。总收入大大超过了我从事脊椎按摩行业以来收入最高的一年。

默许现实为我开启了全新的方向。我们的生命中总会有一个指向目的地的箭头。当我们因现实而承受磨难时，我们要接受 X，也就是现实。

在写这本书时，我父亲正在度假。有一天，他突然坐在沙发上去世了。死亡就是他的最终位置，自从我父亲去世，我们一直在调整自己。我们接受生命有限的现实，而他的去世也提醒我们，必须接受"时间流逝"这一不可逆转的现实。

让情绪为你指引财富的方向

这是一个满天星斗的夏季夜晚。十几个小帐篷和篝火堆照亮了农场的地面。大约50名与会者在一年一度的雏鹰俱乐部活动上再次相聚。和前几年一样，与会者包括感化院的在校生和毕业生。

"当我将事情做好时，会得到令人满意的报酬。"财富园丁对篝火周围的人说，"这是一种可以给我带来引导的补偿方式。"此时的话题是成功和内心的声音。"我也希望能拿到理想的收入！"一个愤世嫉俗的年轻人笑着说，他20多岁，是感化院的毕业生。离开感化院后，他完成了大学学业，现在是一名家庭顾问。

"你真的认为自己的收入不理想吗？"财富园丁问道。"您什么意思？"那个顾问问。"我的意思是，你有点担心生存问题？你是不是在担心失业？你对自己的工作感到厌倦了吗？你是否一直讨厌周一，因为一想到工作你就会头疼？"财富园丁抛出一串问题。

年轻的顾问笑了："有点，不过还没那么糟糕！""但很多人确实有这些问题。与这些人相比，你应该对自己的工作感到满意。我们所有的负面情绪，担忧、无聊或恐惧，都是在提醒我们适时改变。如果对这些引导置之不理，我们内心的声音就会慢慢消失。"财富园丁说。

篝火周围的人们陷入一阵沉默,他们都在思考。"我觉得应该有所区分。"吉米说,"我认为疲劳或虚弱的心态,会带来消极的情绪,比如绝望或压抑。"财富园丁问:"那你有什么建议呢?""我会全身心地倾听内在智慧。"吉米说,"但我不能相信自己的情绪,除非通过锻炼、休息、冥想或其他能赋予我力量的方式,让我处于最佳心理状态。只有这样,我才能相信这种情绪引导。"

"这是个明智的建议。"财富园丁说,"我们不应该冲动地跟随所有情绪。尽管如此,我们仍可以认出真正的情绪引导系统,因为它会通过无聊、忧虑、沮丧、怀疑、绝望、不安甚至绝望给我们带来启示,特别是在这种情绪变得势不可挡时。"

"这些感觉可以指导我们的生活吗?"一个男孩问道。

所有的目光都转向财富园丁。"我给你们讲个稻草人的故事吧。"他对篝火周围的男孩们说,"稻草人是用稻草做成的,穿着法兰绒衬衫,除了没有大脑、心脏和行走能力,其他各方面都很像人。然而,在被放在田里的几年里,它和其他稻草人一样,在自己熟悉的环境中一动不动。

"正如你们可能想象到的那样,几年后,乌鸦不再害怕稻草人。很快,它们就占据了这块田地。有一天,一只大胆的乌鸦竟然落在稻草人的手臂上,啄了下它的眼睛,然后叼着一根稻草飞走了。第二天,这只乌鸦飞回来,又啄了这个稻草人一下。就这样,稻草人的震慑力逐渐降低。

"每一天,乌鸦都会从稻草人身上叼走一根稻草,让它离死亡更近一步。尽管死亡不会立刻到来,但稻草人不会动弹,而且对自己的情绪引导系统置之不理,因此,它很快就习惯了被乌鸦啄。某天,乌鸦开始啄它的心脏……稻草人在一天天地衰亡，直到完全没有感觉。随着乌鸦继续叼走它身上的稻草，终于有一天，稻草人向前倒在地上，即便如此，它也没有动用一点点力量。"财富园丁环顾了一下四周的篝火。

"用你们的心智、思想和能力去选择吧。"他说，"永远不要忽视思想和情绪的引导。紧紧跟随你们的情感源泉。一定要注意，每天都应该停下来，去倾听你们的内在智慧。"

> 真正重要的东西用眼睛是看不见的，有时候，跟随你情绪的引导，反而会获得巨大的成功。
> —— The Wealthy Gardener

情绪引导是无声无息的感觉牵引力。当我们的思维集中到我们最想得到的东西上时，情绪引导系统就会提醒我们避开即将面临的危险，也会像引力那样把我们拉向机会。

我接待过一位患者金，她在一家工厂工作20年后失去了工作。这次挫折却给了她期待已久的机会，去追求她毕生的梦想。金喜欢动物，她一直想创办和经营一家宠物美容院。但6个月后，她还是找了一份装配线上的工作。毫无疑问，即使有机会，她也没有采取行动。尽管金知道放弃自己的心愿是错误的，但最终，她还是像上面提到的稻草人一样，即使有机会，也没有采取任何行动。

当我们感到无聊、忧虑、怀疑、沮丧、压抑或绝望时，或许就是内心的声音在对我们大声说话。在几十年的生意往来中，我学会了依靠直觉和理性进行准确的决策。在人生道路上，我学会了将满足感视为发出

"出发"信号的绿灯,而把恐惧感视为红灯,它意味着"停下"。满足感和恐惧感引导着我的人生方向。

我创作这本书时,曾有人问我,为什么要写它。正如前一课解释过的,在实现了财富自由的目标后,我开始感到一种忧郁。我认为这种忧郁是内心在呼唤我去寻找新的方向,去进行更深层次的思考或重新调整事务的先后顺序。最终,我顺应了情绪引导系统,为当时大学四年级的儿子讲授人生感悟课程。我投入这项工作后,原来的忧郁便迅速让位于一种满足感。

每周我们都会一起谈论课程内容。我们最终完成了所有的人生感悟课程。但是随后,我再次感到忧郁。这种忧郁同样来自我的情绪引导系统,它促使我继续前进,将这些课程整理成一本精美的书,以便让更多人有机会分享我的体会。

于是,我停下来,听从内在智慧的召唤。我感到一种强烈的直觉,一种不可抵抗的拉力,催促着我走出最后一步,感觉告诉我,必须出版这本书。在静思中,我感到这个决定是正确的,我相信这种感觉。这也是情绪引导系统的精髓——它通过一种向某个方向前进的内在拉力引导着我们。对我来说,挑战在于它会让我面对未知世界。当我们选择方向时,并不总能看到最终的目的地。有时候,我们需要一种感觉为自己导航。

在我创业和追求财务梦想的过程中,即使在看不清新的方向时,我也会努力地走出恐惧,走向满足。追随内心并不容易,但有时我们只能这么做。在很多时候,我们的眼睛看不到内心听到的东西,因此,闭上眼细心体会心的呼唤,或许才是最明智的选择。

成功者敢于承担全部责任

一个工作日的早晨,贾里德牵着父亲的狗,在他母亲家的后院里散步。财富园丁走出来,准备浇花,他们就站在围栏的两边。

"你对我很不满意吧?"贾里德说,"即使你不说,我也能感觉到。"财富园丁停下来,没有说话,他在考虑如何做出最好的回应,因为他知道,这可能是贾里德最需要的人生感悟。"你真的想谈谈吗?"他坦率地问道。

贾里德缓缓地点点头:"我准备好好听听您的教诲。"随后,他们坐在摇椅上,彼此相对。"贾里德,你怎么能感觉到我在生你的气呢?你不是一直说,你不信任第六感这种无形力量吗?"财富园丁问。贾里德摇摇头,没有回答。

"你可能还记得,我曾在桌子上放了一颗橡子,以提醒自己永远不要认为自己知道一切。"财富园丁说,"当我看到一颗沉睡的橡子时,我会想到它的潜力,它会让我在普世智慧面前保持谦卑,在这种无法理解的智慧面前,我们自然会感到自身的渺小。"贾里德凝视着远方:"你在谈论神学问题吗?""你的思想就像那颗橡子,"财富园丁继续道,"有着无限的潜力。但橡子已经在我办公桌上放了 10 多年,在这段时间里,它身上没有发生任何变化。"

贾里德若有所思,没有回应。"大自然真是神奇,"财富园丁说,"我把那颗种子放在潮湿的土壤中,它神奇地复活了。一颗休眠了 10 年的种子,神奇地长成了一棵生机勃勃的树苗。而这棵树苗又会结出数以千计的橡子,就像我桌子上那颗一样。"贾里德深深地呼了一口气:"你想说的重点是……"

财富园丁走到在他们面前这棵 6 英尺高的树前。"看看橡子被埋进土壤后的变化吧,"他说,"而这段时间里,你有什么变化吗?"贾里德安静了一会儿,反驳道:"我不认为这两者之间有什么联系。"

"在人生的花园里,我们不是在成长,就是在走向死亡。我们的思想是一种不可见的力量,是我们潜力的本质,更是我们生存的核心。我们可以控制这种力量,或者什么都不控制。当我们控制自己的思想时,它就会推动我们行动、选择、工作和斗争,这也是所有成就背后的原动力。我们每个人都有神奇的潜力,但最重要的是我们必须对它负责。我们要么尊重它、发挥它的力量,要么就会浪费它。"财富园丁解释。

"我觉得自己已经被过去的错误困住了。"贾里德说。"其实你就是这一切的根源。如果没有目标,你就会被困住,直到你不再找借口。你需要控制自己的思想,专注于结果,为你的人生之树提供生长的力量。"财富园丁说。

贾里德叹了口气:"但我甚至不知道自己在生活中想得到什么。""你现在正面临着一个根本性问题。所以,我必须要问你:你是否正在理清自己的思想,还是已经彻底停止了思考?"财富园丁严肃地问。贾里德闭上眼睛,又叹了口气说:"我到底该从哪里开始呢?""对你现状承担全部责任,"财富园丁说,"你的现状就是你所作所为的总和。"

贾里德走开后,财富园丁坐了一会儿,一个人默默反思。我们每个人都有自己的内在智慧,而我们也可以对它视而不见。财富园丁走近农场时,想到了农场现在的主人桑托斯,于是他笑了。他们已经很久没有交流了,而他确实需要找一个可靠的人帮助自己。

财富园丁与桑托斯在后者的办公室里寒暄几句,随后,财富园丁问:

247

"你还记得，我长时间不在农场时，是你全权负责我的工作吧？""当然。"桑托斯点头。"你有什么体会吗？"财富园丁问。"我每天都很努力，但我做得好不好只能靠收成来验证。这个世界对才能、头脑、品格或意愿是公正的，而每天工作时的专注程度同样是评价一个人的重要标准。我已经认识到这一点，如今我每天都在践行。"桑托斯说。

财富园丁笑了："我打算再做一次长途旅行，而且这次在外面停留的时间会更长。我离开时想再次把自己的生意交给你。我需要你在照顾自己生意的同时，也能帮我打理生意，如果你管理得好，我会把剩余的生意也交给你。""你是说农场、葡萄园和酿酒厂？"桑托斯激动地喘着粗气问。"你能让我的生意有序运行吗？"财富园丁问，"我需要一位强有力的领导者，你准备好迎接挑战了吗？"

"这将是我一生中最大的荣幸，您完全可以信任我。"桑托斯很自信。

> 驶向暗夜的水手不会因为风暴而改变航向，我们必须对自己的状况完全负责，当我们责怪周围的环境时，就会失去改善自我的力量。
>
> —— *The Wealthy Gardener*

完全的责任就是对所有事情负责。2000—2002年美国股市网络股崩盘期间，我的储蓄价值一度减少到最初的一半。我是在牛市高潮入市的，此时我只能看着自己的资金灰飞烟灭。这场金融危机是我无法控制的。这不是我的错，对吧？但是我认为，我必须对储蓄的损失负全责。一位富有的叔叔曾经给我一个建议：永远不要把钱放到自己输不起的市场上。为什么呢？在股票市场上，任何资金都不能永远保值。

由于 2000 年开始在股市上的惨痛遭遇，我逐渐转向房地产投资。

我承认，第一年里我确实无法创收。我本可以将责任归于市场上的过度竞争。我想原谅自己，把自己描绘成经济、职业、地位或其他什么要素的受害者。但我拒绝找借口，而且更加坚定地进行思维练习。我会想象患者给诊所打电话的情景，我学会控制自己，激发内心的感激之情，并集中精力静思自己的目标。而我也确实等来了电话响个不停的那一刻。在这之后，我更加确信，千万不要觉得自己无能为力。无论我们面前的现实如何，我们都可以通过自己的选择、时间和思想来创造条件。

我们永远都要对自己的财务状况负责。选择错误的职业是我们自己的错。生活的不安全感是我们的错。时间太少是我们的错。没有积蓄更是我们的错。我们只能接受这一切，而且我们要面对这一切。当我们责怪他人或周围的环境时，我们就会失去改善自我的力量。

即使在接受保险费用支付后审计的那段危机时期，我也只责怪自己。尽管我受到了威胁，但我没有为了避免威胁而改变职业。就像驶向暗夜的水手一样，我不会为了躲避风暴而改变航向。励志演讲家托尼·罗宾斯曾经说过："你总会得到某种结果。"当这个结果不如愿时，我们就要像吃药一样咽下它，而它是改变局面的最好手段。

努力的方向决定成就的高度

吉米盯着办公桌上的新笔记本电脑。屏幕上的数字显示，他经营的房地产业务和物业管理业务均呈上升趋势。事实上，他现在可以把日常工作的重点放在进一步降低成本上。他希望能开启稳步攀升的道路,以实现财富自由的长期目标。但是,看到自己的支票账户余额仅有 19 000 美元时,他感到一种愈发强烈的幻灭感。这就是他整整一年的储蓄。以这个数字作为计算净资产的起点,吉米可以计算出为了实现自己的最终目标,他在不同的时期需要存多少钱。吉米意识到,他需要更深刻的洞察力,他必须知道应该在哪里能挣到这笔钱。

他从办公桌后站起来,上了车,然后开车径直去了导师家。几分钟后,他走到财富园丁房子后面的花园,发现财富园丁正在清理杂草。吉米坐在椅子上,财富园丁并没有发现他来了。

"直到杂草出现在您面前时,您才会惊慌失措吧。"吉米开玩笑说。"哦,你这个鬼鬼祟祟的小混蛋。"财富园丁大声说道,"你比老鼠还安静。你在这里干什么?"吉米很快地笑了笑:"我只是顺路到您这里聊一会儿。"财富园丁慢慢站起来,挺直了背。

财富园丁问道:"谈点什么?""关于财富自由的问题。"吉米说,他向财富园丁提到,尽管他的业务最近涨势喜人,但他仍然感到沮丧。这个 23 岁的年轻人第一次进行了计算,但他发现,这些数字根本就不足以实现未来的期望。"让我相信自己的财务梦想,确实很容易。"吉米说,"但用计算器和电子表格计算一番之后,我发现,财富自由真的没那么容易。"

"我们一起散步,边走边聊吧。"财富园丁说。他们在葡萄园中漫步,一直走到山顶才停下来。在这里,他们可以欣赏邻近农场的全景。玉米已经长到齐头的高度。"这真是一派生机盎然的秋收景象啊!"财富园丁说,"不过,如果你在 8 个月之前想象这里,这一切还不存在,所以说这确实是一个奇迹。你知道农民为了这次丰收需要做些什么吗?"

吉米皱着眉说："每天一睁开眼睛，他们就得辛苦劳作？"

"差不多，"财富园丁笑着说，"这就是农场需要农民付出的努力。但这只是农民为取得丰收所投入的看得见的付出。而且这也不是丰收的绝对原因，不是吗？"

"我不明白您的意思。"吉米有点困惑。"农民需要在春天播种，而且整个夏天都需要在田间劳动。这意味着，他们必须每天都向着丰收的方向努力。所有农民都是遵守自然法则的乐观主义者。"财富园丁说。

"我想是这样的。"吉米若有所思。"你现在已经很清楚自己想得到什么。因此，沿着这个方向过好每一天，不要为其他的事情担心。只要做好自己的分内之事，每天用你的注意力去浇灌它，你就会看到你的梦想生根发芽。要坚信成功一定会到来，计划总是来自有准备的头脑。当我们的思想有了目标和信仰时，收获就会随之而来。你无法想象的机会将会浮出水面。有了清晰的目标和坚定不移的信念，财富的种子必将在合适的季节生长壮大。"财富园丁说。

> 只要我们朝着自己选择的方向前进就是好事。
> —— *The Wealthy Gardener*

方向就是我们前进的道路。当我们的目标看似不可能实现时，选择人生方向可能是唯一有意义的策略。方向为我们提供一种目的感，让我们每天都能体会到满足，还会给我们带来新的机会。《堂吉诃德》作者塞万提斯说："过程比结果更重要。"

三十几岁时，我和妻子曾牵手走在一条绿树成荫的街道上。我记得当时自己在想，街边的每个房主都有一份工作，而每一份工作都足以让他们拥有一栋房屋。而我在最顺利的几个月里的收入也仅能偿还大学贷款，在收入微薄的几个月里，我几乎没有能力支付水电费。偿还学生贷款或许是一个方向，但这更像是在偿还一套无形房产的抵押贷款。

沿着既定方向，我开始每天节省 1 美元。我买了一个 2 英尺高的塑料可乐瓶，在它的颈部切出一个槽，把它变成了存钱罐。每天节省 1 美元是我积累财富的开端，并最终引导我走向财富自由。每天节省 1 美元，看起来微不足道，却给我带来了深远的影响。这个简单的做法激发了我的财富意识。每当有了闲钱，我就会把它们存入塑料瓶。我会时不时地把塑料瓶的钱存入银行。它提供了我前进的方向。但更重要的是，迈出这一小步给我带来了希望。

我对这个关键时刻最美好的回忆是，朝着财富自由的方向前进时，我觉得自己每一天的工作都是有意义的。当然，这条通往目标的道路上存在着很多挑战。但任何旅程的开端都是方向的选择，这是在我们迈出第一步之前就需要完成的事情。

在选择方向时，如果我们只考虑那些可以计算和绘制出来的目的地，那么我们就会把自己的目标限制在现实的框架内、把梦想缩小到理性的范围内。要充分发挥我们的潜力，就不能畏惧看似无法实现的宏大目标。

我们只需要为自己的愿望设定一个明确的方向，然后坚信只要按照目标调整我们的行动，任何问题都将迎刃而解。贫困和财务不安全永远都不应是财富道路上的景观。只要合理利用我们的每天、每小时，发挥我们的影响力，就能为实现财富自由奠定坚实的基础。

越自律越自由

财富园丁站在讲台后面，扫视了一下整个教室。"好了。"他大声说，"大家能认真听我说话吗？我们今年已经探讨了很多基础性问题，主要是关于财务成功。我们已经讨论了如何赚钱并获得经济保障，这样你们就永远都不必依赖自己无法控制的力量。今天我想讨论的是，在竞争激烈的就业市场中获得成功所需要的主要优势。"财富园丁在黑板上写字的时候，整个教室非常安静：

成功很难——但自律是你的优势！

"你们将在今年毕业。"他继续说道，"但是你们想要在外面取得成功，注定需要做出牺牲。成功很难，大多数人都无法忍受这种艰难。但是，你们注定像战士那样甘愿为了获得满足感而暂时忍受痛苦。你们绝不能在艰难的挑战面前退缩。你们可能会觉得困难很大，难以解决。但你们一定要战斗，不能屈服于逆境。你们会面对恐惧，但绝不能自怜或给自己找借口。你们要通过最艰难的途径实现目标，而你们一定会为此感到高兴。平庸是最艰难的生活方式，你们当然不想让自己永远生活得很艰难，所以你们不能选择平庸。"

吉米环视了一下教室，他相信，男孩们已被这堂课程所震慑，但又充满了希望和憧憬。"你们的目标是通过付出其他人无法承受的努力去创造价值。"财富园丁继续说道，"这意味着你们可以成为胜利者。你们的批评者会因为你们的严谨和卓越而闭嘴。"他在小黑板上写着：

幸福 = 方向

生活的方向源于自律

迎难而上：所有成长都需要面对阻力

努力向前：获得荣耀需要超越舒适

迎接失败：挑战你的现有能力

不要抱怨：痛苦能帮你消灭软弱

志存高远：心怀大目标，不安于现状

  教室陷入一片沉寂，所有人的目光都集中在这些文字上。一个坐在教室中间的男孩叹了口气。"这看起来不太有趣。"他说，其他男孩跟着笑了。"它不需要有趣。"财富园丁说，"但它能带来更美好、更幸福的生活。现在，有人可以告诉我自律的第一条规则吗？"前排的一个学生举起手："做我们不愿意做的事情？"

  "非常准确。"财富园丁马上说，"做你抗拒的事情，选择阻力最大的道路。自律可以让我们建立起稳定的习惯。每天首先去做最不愿意做的事情，从不例外！现在，有谁知道自律的下一条规则呢？""努力向前？"一个男孩一字不漏地读着标语说，"获得荣耀需要超越舒适！"

  "你今天表现得太好了！"财富园丁大声喊道，"就像爬进了我脑袋里一样。是的，即使碰了壁，你的每一次努力也是有意义的。而待在舒适区里，你永远都不会成长。只有在进入痛苦阶段后的行动，才能给我们带来成长和荣耀。""这么说，我们就应该用失败来挑战自己吗？"一个学生看着黑板上的字说出自律第三条规则。男孩们都笑了起来，在欢快的气氛中,连吉米也忍不住笑了。

"嗯,这的确是一个让人意外的问题!"财富园丁有点喘不过气,"我正要说这件事。人们并不知道自己的潜力,因为他们还没有经历过足够多的失败。你做了10次标准的俯卧撑,就可以说自己付出了很大努力。但你只有做到没法再多做一次俯卧撑时,才可以说自己已经竭尽全力。在工作中,我们应该主动迎接失败。但人们不会这样做,因为额外的努力和暂时的失败总会让人不舒服。那么,什么是自律的第四条规则呢?"

"不要抱怨!"男孩们齐声喊道。"你们说对了!"财富园丁喊道,"痛苦是你的盟友,它会帮你消灭软弱。接受它,而且要感到幸运。轻松愉快的生活不可能给我们带来任何有价值的事业。无论是成功者还是没有成功的人,都讨厌不舒服的感觉,但成功者无论如何都会忍住,坚持下去。他们不需要喜欢它。他们只是在做自己的工作。能否不抱怨地做事,往往就是成功与平庸的分水岭。"男孩们开始爆笑起来。

"自律的最后一条规则是什么?"财富园丁问。"志存高远!"男孩们齐声喊道。"为什么不给自己设定更远大的目标呢?目标是你们的未来。不要把它放得太低。一定要让它大到足以让你感到害怕。<u>一定要选择会让你感到不舒服的目标。目标越大,结果越好。</u>如果你敢于做梦,又能用常人所不具有的自律忍受暂时的困难,那么你就会在芸芸众生中脱颖而出。"财富园丁总结道。

自律就是拥有敢于承受令人不悦、艰难、痛苦、疲惫、可怕和令人不适的任务的意志。我的梦想就是实现财富自由。这始终是我的秘密任务，因为我的生活一直显得低调平和，我一直在有条不紊地工作，甘于接受貌似平庸的选择。实现财富自由这一天最终到来时，我已经快50岁了。这也是我对达成目标设定的岁数；我已经想象了100万次。直到它发生了，我才有时间思考实现它的过程。

财富自由渐渐改变了我的生活，我曾经在中产阶级的圈子中生活和工作，也曾深陷债务危机，但我还是凭借各种方式，做到了在50岁前退休。这是个不寻常的结果，尤其是考虑到我微不足道的起点。事后看来，最重要的无疑是我的奋斗。几十年来，我一直在面对痛苦、艰难的挑战，最终赢得自尊和满足感。一路走来，最美好的回忆当然是那些以高度的自律克服困境的艰难时刻。

成功很难。但平庸也是如此。在积累财富的那些年里，我从未对每天的痛苦感到享受，但征服这种痛苦让我得到了回报。自律就是做你必须做的事情，即使你不想做。它会吞噬我们的傲慢，让我们做出理性的选择，避免冲动并坚持既定的目标。自律就是在当下需要的事物和未来需要的事物之间做出选择。

而在所有自律性原则中，有一个原则处于统领地位。这个原则最容易做到，但也是最容易被忽略。它是我们在每天的生活都要遵循的一条纪律，那就是迎难而上。

工作的终极价值是发挥影响力

在感化院讲完课，财富园丁和吉米一起开卡车回家。吉米谈到了当晚的情形以及男孩们的反应。"我没搞懂一件事,"吉米说,"我的自律远远超过其他房地产经纪人。但接连几个星期了,我的工作都没有任何结果。因此,成功不应该只与职业道德有关。""我想知道这是怎么回事。"财富园丁微笑着说,将车开到家门口。他们一起走进屋,财富园丁问:"什么能给你带来最好的结果呢?"

"是工作的影响,"吉米说,"我的意思是,在某些日子里,我无论多忙都不会得到什么成果。但是在另一些日子里,我却能完成很多重要的事情。而且在这两种情况下,我付出的努力都是一样的。"财富园丁点点头说:"我们都知道,不同的人会在相同的工作时间内得到完全不同的结果。付出了同样的努力,但影响甚微。"

吉米点点头,问财富园丁:"但是现在我该如何保证自己的成果呢?"

"让我给你讲个故事吧,或许有助于让你明白什么是有目标的努力,"财富园丁说,"我曾经当过一支青年篮球队的教练。我告诉球员们,一定要活跃,竭尽全力,而且要压倒对手。但我的建议只会让他们在比赛中变得匆忙,让他们陷入疯狂和疲惫。他们没有目的地飞奔,毫无收获。于是,我把关键统计数据做成图表,我开始追踪他们在比赛中的影响力统计数据。于是,球员们有了目标。他们不再毫无目的地奔跑,他们开始抢篮板、控球、抢断、关注投篮的命中率。通过追踪这些关键统计数据,我们发现尽管有些球员在场上跑来跑去,但对比赛没有任何影响,而其他球员则通过关键统计数据展现出对比赛的影响力。"财富园丁将身子靠在椅背上,对自己的阐述感到非常满意。

吉米点点头,说:"我也可以将影响力统计数据用到自己的工作中。"

"我们一天只有这么多时间。"财富园丁说,"如果没有客观的衡量标准,我们就会像那些球员一样,认为努力是他们唯一的目标。但我们真正的目标是发挥影响力。许多成年人始终不能理解'忙碌'和'贡献'的区别。而统计数据会澄清二者的差异。"

吉米也靠在椅背上,脸上显露出豁然开朗的表情:"这就可以解释,尽管我在10小时的工作时间里付出了同样的努力,但结果不同。"

"就像你说的那样,"财富园丁赞同地说,"在追求事业的过程中,总有一些能带来成功结果的重要活动。这些活动就是我们工作的目标。我们必须将重点放在影响力统计数据上,以指导我们的工作走向成功。""有道理,"吉米说,"我也要开始追踪自己的了。"

影响力统计是指有助于推动我们取得成功结果的可量化投入。财富来自始终能带来预期结果的可量化投入。

这些对工作有影响力的活动可以按小时统计,也有些活动更适宜按完成情况进行统计。通过追踪影响力统计数据,我们可以集中精力,区分毫无意义的奔忙和卓有成效的努力。

我们往往会看到,并非所有努力都能带来成果。

做脊椎按摩师时,我开始意识到追踪工作效果的重要性。我害怕每周都需要上报的强制性保险文件。我厌恶核对以前的账单。这项工作乏味、单调、令人沮丧而且永无止境。更加折磨人的是,我还不能把这项毫无意义的任务委托给其他人。于是每周三,我都要用6小时忍受折磨,每周一次,难以逃脱。

此外,这一天我还要在候诊室打扫地板。完成文书工作后,我会出去跑步。有时,我会开车去商店,为新购置的房地产项目购买材料。患者经常会给我打电话;如果我在诊所的话,我会请他们过来聊一聊。当开始追踪为取得成果而花费的时间时,我必须先弄清楚,到底是哪些活动推动我得到了关键成果。我称之为影响性活动。

因此,我开始关注对保险回款最重要的活动。然后,我会追踪自己每周用在影响性活动上的时间。

我们该如何识别工作中的影响性活动呢?

不妨问自己一个问题:如果你每天只能用 2 小时去完成一项重要的工作,那么你应该把有限的时间分配给哪些任务呢?这个问题会迫使你明确需要执行的任务。

第二个问题也有助于明确任务:今天不执行哪些任务,后果最恶劣?哪两项影响力统计数据对赢得比赛最重要?我使用台式计时器追踪花在影响性活动上的时间,从而对每周星期三的影响力统计数据进行记录。只要我坐在办公桌边的椅子上,只要计时器开始滴答滴答地运行,我就要全身心地投入某项和保险费用相关的关键任务中。这天,如果我需要进行任何与此无关的活动,包括去洗手间,都要暂停桌面上的计时器。

第一天,在 6 小时的办公时间里,计时器走了 74 分钟。那天,我大部分的时间都花在房地产业务、吃午餐、锻炼、医治患者和打电话上。我真的非常意外!如果没有追踪这些时间,我肯定会高估自己实际投入的时间。像平时一样忙碌,但收效甚微。

不到一个月,我就能在每周三为这项可怕的任务完整投入 6 小时。追踪工作能否带来更好的结果?那一年,尽管账单的项目和金额和前一年差不多，但我收回的保险费用却增加了 24 000 美元。

忙碌表明我们在做事，有效意味着我们按预期完成了工作，而高效则意味着率先完成最重要的事情。在追踪能带来关键结果的任务时，我们要在每周的日程表上明确标注出实际需要投入的时间。我发现，要实现财富自由，就必须用大量的影响力统计数据督促自己。

所有人都愿意帮你，但你要明确提出请求

财富园丁和吉米坐在面向花园的摇椅上。橡树的叶子已经变成了橙红色；傍晚的秋风清新明爽。"那么，你的最终目标是什么？"财富园丁问道，"从现在起的 5 年里，你希望自己能发展到什么程度？"

"让我想想，"吉米回答，"为什么是 5 年呢？""为什么不是 5 年呢？"财富园丁耸耸肩，"在 5 年内，你将变成一个新的人，到那时，你的生活条件将发生翻天覆地的变化。我从未想过比 5 年更远的计划。花园每过 5 年都会呈现出一派新的面貌。"

"好吧，5 年内，"吉米说，"我会成为一名房地产经纪人，然后，我会聘请 10 ~ 15 名房地产代理人。此外，我预计管理的公寓数量将增加到 400 套。最后，我想资助反对醉酒驾车的公益事业，这也是为我过去的错误赎罪。"想到吉米遭遇的意外，财富园丁停顿了一下。

"这确实是一项雄心勃勃的计划。"财富园丁简单地说道，"但现在，我想让你帮一个忙。我要离开花园，重新接受治疗，因此，我会有很长一段时间无法料理自己的事情。你愿意接手我在感化院的课程吗？你是我最好的学生，我觉得你现在完全能够做好这件事。教育这些孩子对

你来说是很自然的。"吉米犹豫了一下说:"我需要一点时间考虑考虑。"财富园丁看起来很严肃:"你可以拒绝我,但我认为你将来肯定会后悔的。而如果我不问你,我自己肯定会后悔的。"吉米望着远处的景色。

"当然,你不必急于做决定。"财富园丁补充道,"我要在两个月之后离开。考虑一下吧。你有权拒绝这个请求,但我必须向你提出请求,而不是假装自己知道你的答案。"吉米说:"为公平起见,现在我也想问你一个问题。过去的四个月里,你几乎成了一个隐士。你似乎是病了,你瘦了,而且声音有点沙哑。你为什么不告诉我,到底发生了什么事情?"

"我想,你应该知道这件事。"财富园丁叹了口气,"我一直在写一本你可以在感化院上课时用到的书。因为我明年一整年都无法去感化院,所以,我希望能留下一本书。我正在编写一份教学大纲。这个项目几乎耗费了我所有的工作时间。""这是你的未完成事业吗?"吉米问。"是的,就是它。"财富园丁点点头,"我必须在离开这里之前完成这件事。但正如你看到的那样,它正在慢慢吸干我的生命。"他们啜饮着冰茶,都没有说话。一阵秋风吹过他们头顶的树枝,树叶轻飘飘地落在地上。"你做房地产经纪人多久了?"财富园丁问。

吉米算了一下说:"大约18个月。""再过6个月,你就完成了2年的学徒期。"财富园丁说,"这样,你就可以拥有一家自己的房地产中介公司了。""嗯,是的。从法律上说,我确实可以这么做,但这不太实际。"吉米说。"你有没有问问你的雇主,他是否愿意把公司卖给你?"财富园丁问。"愿意做什么?"吉米吃惊地问道,"他永远不会卖给我。而且我没有资金去买,我甚至都没有考虑过这件事。""哎,看来,我最好的学生还有很多需要学习的东西啊。"财富园丁叹了口气,盯着远处的地平线沉默了一会儿,才开口,"你都没有给他一个回答的机会,就替他回答了,这样做明智吗?"吉米看上去有点傻眼了:"你觉得这有可能吗?"

"要让它成为可能,需要什么呢?这才是更好的问题。"财富园丁提醒道。"我需要一个愿意出售的雇主,"吉米说,"我还需要一大笔现金来支付。哦,顺便说一下,我需要在不到 6 个月的时间里完成这两件事!""你认为这是不可能的吗?"财富园丁问。

吉米开始为自己辩解:"我应该相信什么呢?我是否应该天真地认为,不管面对什么障碍,只要给自己设定一个截止日期,我就可以做到?""也许不是,但你忘记了一件叫作请求的事情。"财富园丁说,"小铰链可以摇动大门。问自己想得到怎样的生活,就是这个小铰链,尽管我们经常忽视这个小东西,但它却能摇动最坚实的大门。"

吉米盯着他,随后,他的凝视逐渐变成一种感激的表情:"你会为我购买这家公司提供资金吗?""是的,的确如此。"财富园丁回答,"但这个答案等着你去提出请求。我们的梦想往往因为没有提出请求而失败。在我们的人生中,很多机会在沉默中消失。而提出请求则为我们打开机遇的大门。""好吧!"吉米咧嘴笑着说道,"那我们就开诚布公地说吧。你愿意为好朋友拿出数百万美元作为慷慨的礼物吗?""我可不会,"财富园丁笑着说,"但你很聪明,因为你知道,即使被拒绝也不会对你造成伤害。被否定的问题并不一定是挫折,其实很少能算得上挫折。"

> 命运的大门对那些沉默的人永远是紧锁的,大胆的请求是打开机遇大门的钥匙。

提出请求是一种可以打开机遇之门的行为。如果你不想提出请求，梦想或许会就此失去。人生会因为缺乏大胆的请求而停滞不前。问问自己想要得到什么，以及你需要怎样做才能实现这个目标？在我的商业生涯中，我深刻体会到大胆提出请求的力量。如果不去请求得到想要的东西，我就不会实现财富自由。多年来，我一直不停地提出请求，这确实需要勇气和筹划，甚至会带来很多不安。

我曾请求购买一座令很多人垂涎的诊所大楼，但苦于没有首付款。我提出分5年支付收购款，而最大的一笔付款就是最后一笔。卖家当时哑口无言，但最后还是说"好吧"。

对我来说，这就像支付租金一样。但因为"租金"就是未来支付的购置款，因此，这套房子几乎是免费的。如果我没有提出这个请求，我又会得到什么？房地产经纪人当然不愿意向卖家给出我报的低价。所以当卖家接受我的条件时，经纪人感到震惊。

我很幸运，经纪人的工作就是提出问题，而不是替卖家回答问题。之后我向银行申请了再融资贷款。拿到的贷款不仅足以支付全部金额，还有14万美元的富余。此外，我每月还能净赚3 000美元。这些复式公寓和现金流对我来说甚至比免费还划算。如果我当初没有提出请求，我又会得到什么呢？一套法院拍卖房屋的市场价是19万美元，而我当初的报价只有75 000美元。指望银行将价格降到这个水平是不现实的。但是，我要做的还是请求，而不是替他们回答。

我推断，对这套易漏水的房产进行修缮还需要额外支出75 000美元。我不是免费工作的，我是为了拿到利润才去修缮这些房屋的。因此，从我的角度看，这是一个合理的报价。但银行对我的请求不予理睬。直到有一天，他们主动问我的房地产经纪人，我的报价是否还有效。而今天，我就住在这套房子里。如果我当初没有提出请求，我又会得到什么呢？

积累小优势，持续滚动财富雪球

财富园丁和吉米在门前的石头台阶上坐下，吉米总结了他买下雇主公司的计划，他说："我的雇主说只要价格合适，他会考虑卖掉的。但一周后，他向我提了一个令人咋舌的价格。我告诉他，价格过高了，所以我决定退出交易。"

财富园丁皱了一下眉头："你的克制和对金钱的谨慎确实让我印象深刻。这对你未来的财务前景来说肯定是一个好兆头。""您想说什么？"吉米问。停顿了一会儿后，财富园丁站起来，带着吉米走到金鱼池旁边，这个池塘建在石头庭院里，他们开始喂鱼。

"财富来自为了在未来得到更多回报而暂时做出的牺牲。"财富园丁慢慢地说道，"在每个金鱼池中，我们总能看到几条金鱼明显比其他金鱼大。起初，这些大金鱼的优势微不足道，也许只是出生的时候比其他金鱼大一点，而它们如今成为大金鱼，就是源于以前微不足道的优势。"吉米点点头，没有说话，看着鱼儿们吃食。"由于体形上的优势，这些较大的金鱼每天可以吃到更多的食物。这反过来又让它们的体形越来越大。随着时间的推移，这就变成了一个良性循环。这些金鱼在体形上的优势越大，每天吃到的食物就越多，这样，它们每天都会比其他金鱼成长得更多。"财富园丁停下来，看着金鱼在池塘里转着圈游。

"我们的财富积累过程也是这样。"他慢慢地说，"因为财富最初也源于微不足道的优势。我们经常会听到有人抱怨有钱人越来越富,而这些抱怨者最初就没能取得任何优势。"

"这也是您变得越来越富有的方式吗?"吉米问道,"您也是通过最初微不足道的优势而崛起的吗?"

"我必须通过管理收入和支出来建立财务优势。"财富园丁说,"这样我就可以利用这种优势继续积累财富。推迟奢侈品的消费、接受长时间的工作,让我的财富最终超过其他人。当我的朋友们还过着轻松愉快的生活时,我已成为池塘里最大的那条金鱼了。因此,我的财富最初同样源于微不足道的优势。你必须赚更多的钱,以此巩固自己的优势。"

吉米说:"您的慷慨就是我现在的优势。不过,我担心错过这个机会。"

"我们都有不止一次的机会,钱总会流向聪明人手里。如果你能保证资金的安全,并能提供成功的投资记录,就不用担心找不到投资者。你找到其他值得收购的房地产中介公司了吗?"财富园丁问。吉米停顿了一下,听得出他是在叹气:"我已经改变了方向。如果我一定要买一家企业的话,我希望它是一家物业管理公司。因为这类企业未来现金流的可预测性较强,因而更容易评估。我已经找到一位愿意出售公司的雇主,但问题是,他的要价是我们出价的两倍。"

"还有什么其他方法可以促成这笔交易吗?"财富园丁又问。"是的,我想给你介绍一笔我看好的投资,我觉得还算合理。"吉米说。财富园丁咧嘴一笑,在接下来的30分钟里,他们对这项业务进行了深入探讨。吉米认为,根据过去的纳税申报表和收益折现估值,这笔投资的价格是合理的。财富园丁深入研究了损益表、年度收入、总收入和税后净利润数据的一致性。

"如果你得到了这项业务，对你来说最有意义的是什么？"财富园丁问。吉米说："净利润和现金流量。但我的目标是开拓新的收入渠道，增加收入总额。""作为雇主，你打算给自己多少钱呢？"财富园丁继续问。"嗯，这个还不是很清楚。"吉米不情愿地承认道，"如果它是我自己的企业，我会将全部利润申报纳税。按照目前的财务报表，我每月能拿到5 000美元。"

"你会用这笔钱做什么呢？"财富园丁很关心。吉米笑了笑说："我还没有决定。""哦，真的吗？"财富园丁反驳道，"但我认为你的目标应该是实现财富自由。如果你想变得富有，那么花掉利润绝不是个好办法。只有留下所有利润，才能实现财富自由。"

"要省下自己的每一分全部收入？"吉米有点不解。财富园丁说："虽然不一定是全部收入，但你注定需要做出牺牲，如果你想凭借房地产佣金生活，那么利润绝对是不能动的。它们是你迎来丰收的种子资金，只有留住这笔钱，你的庄稼才能生长，才能结出更多的种子，这些种子又会发芽长大，结出新的种子，如此循环不已。""我能做到这一点，"吉米笑着说，"我一定要利用自己的利润去播种财富。"

> 暂时性的牺牲换来微小的优势，这些微小的优势不断积累，最终形成滚雪球效应。
>
> —— *The Wealthy Gardener*

富裕就是一种拥有大量资金的状态。30多岁时，我正处在为财富而奋斗的中间阶段，财富之路的终点对我来说还遥不可及。侄女生日聚会那天晚上，我和30位家人和朋友到场。孩子们在一起游戏，母亲们在聊家常，父亲们则在畅饮。聚会将要结束时，一位律师朋友走过来，抱住我说："我一直在关注你的事业。你一直都量入为出，而我们这些人却在大手大脚地花钱。你将来肯定会比我们都富有。"

尽管他第二天肯定不会记得自己说过的话，但我从未忘记那一幕。他看到的是，我正在不声不响地积攒钱财，循序渐进地增加我的经济优势；我一直在赚钱，以守住这份优势。我不仅在省钱，还一直在投资。我在悄无声息地为将来积攒财富。

40多岁时，我终于接近财富自由的目标。有一天，我见到一家大银行的总裁和商业贷款总监。尽管非常担心，但我还是为这次会面做了精心准备。我准备了一个文件夹，还为对方提供了针对关键贷款的详细建议书，其中包括一份证明我拥有240万美元净资产的声明。多年来，我一直储蓄，而且在这段时间里，我一直和这家银行保持着业务关系。

我带着儿子迈克参加了这次会面，他当时还是一个金融专业的学生。我的信贷员琳达在前门迎接我们。她热情地接待了我们，又陪我们参观了银行的办公室。在每个办公室里，她都向我们逐个介绍负责各项业务的员工，对方都站起来和我们握手。他们的尊重让我们感觉自己就像是皇室成员一样。在那10分钟里，我觉得自己正在经历只有其他人才能体验的生活。

最后，银行高层人士也以高规格的礼仪接待了我们。我不仅得到了贷款，还经历了一个父亲曾经梦寐以求的时刻：我带着儿子，向他展示了一场赚钱的小型战役，让他体会到艰苦劳动的果实、牺牲的回报以及如沐春风的礼遇，也向对方证明自己就是最值得他们信赖的客户。

我一直开二手车，但我用现金支付了两个孩子的大学学费；我一直住在一个小镇的房子里，但我购置了 70 套能带来充裕现金流的出租公寓；我在兽医诊所的地下室工作过很多年，但后来我拥有了商业区中最好的专业建筑。

我习惯在周末和工作日晚上加班工作，而不是休闲娱乐，比如喝酒或打高尔夫球，但我能享受到为实现财富自由而积攒金钱的那份安宁和愉悦。我花时间和精力去打造自己的资本堡垒。经历了多年的艰难后，我的堡垒已经足够强大，足以抵御任何危机。

我知道，由于富裕的力量，我的亲人们永远不必担心，我就是他们的安全网。而资本的力量对我来说也是一张安全网。当你拥有足够的金钱，最终的好处就是你永远不必为钱担心，安心是无价的。富裕本身就是一种力量，而且没有什么能取代它。

如果我们破产了，我们需要用生命去创造一个能让自己成长的金钱雪球。而随着时间的推移，金钱会变成一个精灵，它在满足愿望方面的能力无与伦比。

我储蓄的起点就是每天 1 美元，此后 20 年里，我的储蓄稳定增加，而我付出的代价就是延迟满足、放下虚荣心。 这个过程往往沉闷乏味，与激情毫不相干。

但是当我回想起那段时光，我就会看到暂时性的牺牲所换来的微小的优势。当我工作时，这些微小的优势不断积累，最终它们汇聚成真正的优势，让我在财务方面占了上风。那位喝醉的律师朋友显然是对的：我不同于所在社区中的其他人。我会改变自己的生活，这是其他人做不到的。

放下对失败的悔恨，才能重新迎来成功

财富园丁完成了早上的冥想，吹灭了一支蜡烛。正好是 9 点钟，他听到有人在敲门。吉米正准备进屋，但财富园丁却走了出去，说："今天，我想出去散步。"

"好的。"吉米耸了耸肩。他们沿着蜿蜒的小路穿过葡萄园，稳步前行。其间，他们谈到很多琐碎的事情，一直走到庄园边缘一个宁静的池塘边。在这里，他们可以看到附近小山上玛丽的墓碑。"我最后还有一点没完成的事情。"财富园丁说。空气中掠过一阵寒意，财富园丁停顿了一下，才说，"我这次的离开将是永别。我很快就能和玛丽在一起了。"

吉米的眼睛微微睁大："我知道，你总有一天会离开我们的。""我患有晚期癌症。我知道这件事已经有一年了。治疗只会让我的病情更加严重。我需要接受自己的命运，而不是让自己在病痛中再苟活 6 个月。"财富园丁坦白一切。吉米听到这个消息后非常吃惊："您估计还有多少时间？""几周，或者可能只有几天，我自己也不确定。"财富园丁释然。"您为什么不早点告诉我呢？"吉米很难过。

财富园丁叹了口气："我很了解你，吉米。如果我一年前告诉你，我的病就会彻底搞乱你的生活。""也许这个决定最好由我自己来做出。"吉米反对。"希望你能原谅我。"财富园丁回答道。他们坐在长凳上，一阵风吹过，在池塘上掀起一丝丝的涟漪，野鸭一阵骚动。

"我把你带到这里，还有另一个原因。"财富园丁小心翼翼地继续说，"我需要和你谈谈玛丽。孩子，你已经赎罪了。在我死之前，我希望知道你已经原谅了自己。我必须知道你会原谅你自己。"吉米整整一分钟

一言不发。"我做不到,"他冷冷地说,"这是我生命的一部分,我要终生承担这份罪孽。"

财富园丁沉默了,很久没有说话。"玛丽在事故中去世后,"他开始说道,"弗雷德帮助我走出了困境。当我走进感化院时,大墙里面是一个惶恐不安的少年。你并不是我想象的那种人。你也是一个容易受到伤害的人,你确实犯了一个令人遗憾的错误。但你拥有找到我并向我道歉的能力和勇气。"

财富园丁转过身,看着他的学生。"我在这场悲剧中失去了我的妻子,吉米,但我得到了一个儿子。因为找到了你,我的晚年变得更有意义。从我们见面那天起,你就成了我生命中最大的恩赐。你治愈了我内心的伤痛,现在,我请求你原谅自己。在我最后的日子里,这是我唯一的请求。"财富园丁说出心里的秘密。吉米慢慢摇了摇头说:"我真的不能帮你,我做不到。"

"我请求你这样做,"财富园丁说,"不是为了我,而是为了你自己。你的错误只是一个孩子的错误,而他不是现在的你,也不应影响到现在的你。我的人生已经走到了尽头,而你的人生还很长。一个光明的未来正在等着你,前提是你必须原谅自己过去的错误。我原谅你。你可以相信,玛丽肯定也会原谅你。"吉米深深地吸了一口气,稳住了声音。"是我将她从你的生命中彻底抹去,"他最后说道,"是我导致了她的死亡,我不能忘记这件事。我应该为此感到内疚和痛苦。这是我永远的伤疤,我不会忘记。我想用它来证明,我自己的生命很重要。有一天,我要让你为我而感到骄傲。"

"把这些话留在心里吧,"财富园丁说,他的声音在颤抖,"我无条件地接受你的忏悔。我对你的爱是无法衡量的。没有人会比我更为你感到骄傲。"吉米似乎要说话,却欲言又止。他低下了头,努力让自己保持镇定。财富园丁抓住吉米的手。"不要让伤痛把你变成另外一个人。我的孩子,这不是你的错。你没有什么需要向我证明的。我已经宽恕你了。"财富园丁扶着吉米说,"现在,我请你原谅自己。这是我临终前唯一的请求。"

吉米闭上了眼睛,泪滴顺着他的脸颊滑了下来。他慢慢用双手捂住脸,轻轻地抽泣着。他整整哭了 1 小时,才从悲痛中走出来。

> 不要用一次失败定义自己的整个人生,自我宽恕才能让我们拥有更光明的未来。
>
> ••• *The Wealthy Gardener*

自我宽恕就是放下对失败或错误的内疚、悔恨、羞愧、自我憎恨或自我轻视。在我 52 岁的一天,我哥哥乔站在停车场边。这时,一辆汽车在高速公路上转了一圈,撞到了中间隔离带上,然后突然转向他站立的地方。在最后时刻,他意识到这辆车正向他冲过来。他迅速跳到自己汽车的后面,试图避免被直接冲撞。但失控车辆直接撞向他的汽车,又撞在他的身上。冲击让他飞到了空中,落在 20 英尺外,当场死亡。

肇事者是一名 80 岁的女子,事故发生后,她趴在方向盘后面昏迷不醒。后来,她声称自己在驾车过程中出现昏厥。车上的另一名乘客是她失明的丈夫。事故发生后,这名女子被送到医院,经检查,没有受伤。据报道,她对车祸的受害者漠不关心。

警方对事故展开了全面调查。事实表明，事故发生前，她一直在当地一家银行办理业务，在那里，她差点因为低血糖而昏迷。丈夫坚决要求她不能开车，但她还是固执己见。车祸发生 1 分钟之后，我哥哥死了。直到 3 小时后我才得到消息。母亲悲伤的呼唤永远在我心中回响。"乔发生了意外，"她喊着，心似乎已经破碎了，"他走了。"

这场荒谬的事故过后，无尽的思绪在我们的脑海中盘旋。亲人的意外逝去令我们无比痛苦。但深陷痛苦或报复的情绪而不能自拔，不会给我们带来任何解脱。我们拒绝向肇事者提出指控。我们选择原谅，是为了我们自己。在遭受悲剧性的损失或令人心碎的失败之后，只有选择宽恕，我们才能走出悲剧，让自己免受伤害。

<u>宽恕并不意味着我们可以忽略痛苦；而是意味着我们决定不让痛苦主宰我们生活中余下的东西。</u>宽恕会治愈我们心灵的伤口。它让我们选择安静，选择平和的生活。但愿我们也能宽容地原谅自己。

我的一位朋友一直从事古董生意。她在一条繁华的商业街上找到了一间店铺。她认为庞大的客流量有利于扩大商业规模、提高店铺的知名度，因此，她接受了非常高的租金。两年内，她的生意被迫关门。

她的钱用完了，她必须接受这个失败，这让她一直生活在懊悔中。其实，人们不在乎她的店铺，因为她的商店完全被淹没在人流中。

她说："在繁忙的街上，人们只关心马路上的人流与车流，根本就不会留意我的招牌。"每次谈论起这件事，她都闷闷不乐，难以释怀，无法走出那段痛苦的回忆。她就像一个走上本垒板的击球手，挥了个好棒，却没有打到球。事情其实很简单，她完全可以再去尝试。但她最大的错误在于，她用这一次的失败定义自己的整个人生。她没有继续尝试，向前走下去。她只是打败了自己，再也没有去冒险。面对失败的挑战，我们需要原谅自己当时不了解全部情况。

不管你曾经怎样埋怨自己，但是现在你一定要原谅自己。当你觉得有必要在脑海中重播一个负面情景时，请考虑阅读以下这段关于宽恕的话，它可以帮助你放下过去的错误。

不要因为不完美的行为伤害自己，原谅自己过去的错误需要勇气和智慧。记住，昨天的遗憾不能定义今天的你。

发掘习惯的力量，打造终极人生战略

谈话第二天，吉米取消了当天的工作，坐在玛丽的墓碑旁。看着水面上的涟漪，白云飘浮在天空中，他感到万分懊悔，但也感受到了一种陌生的平静。中午，财富园丁也来了，他从吉米身后走过来，一只手搭在吉米的肩膀上。"你介意我陪你一会儿吗？"财富园丁问。

"当然不介意。"吉米微笑着说。财富园丁坐在他旁边的地上。"我能问你一个关于死亡的问题吗？"吉米问道。"好的，但请记住，我还没有走到那一步。"财富园丁微笑道。吉米微微地笑了笑说："你对我最后的建议是什么？"财富园丁沉默了很长一段时间。

"要提出最终的建议的确不容易，"他承认道，"但如果一定要说，我会说永远不要和独角兽一起玩蛙跳。"吉米笑了："算了吧，我是认真的！"

"那好吧，我必须告诉你的是，一定要养成成功的习惯。起初是我们创造习惯，然后是习惯创造我们。这是终极的人生战略。"财富园丁语重心长地说。

吉米好奇地看着他。"成功可能是一种生活方式，"财富园丁继续道，"它建立在做正确事情的基础之上。我们做正确事情的时间越长，这些正确的事情就越有可能成为我们的习惯性行为模式。我并不是说，习惯会让我们毫不费力地取得成功，而是说，随着时间的推移，我们经常重复的活动将成为近乎自发性的行动。习惯会迫使我们采取某种行动并最终控制我们。"

吉米思考着这句话，什么也没说。他想到了自己每天都会写下目标，这种仪式对他来说已成为自然而然的事情。他知道，这就是一种习惯，因为似乎有某种力量在迫使他这么做。写完目标后，他总会感觉更好。而没有去做这个仪式时，他就会感觉不佳。

财富园丁接着说："还有一件事，吉米。生活是艰难的。一定要靠近力量的源泉。关注无声的提醒，让内心的声音指导你的思想；关注你的智慧。你会发现，内心的声音总会让你找到信仰，明确目标。"

吉米点点头："我在感化院讲课时可以用您的手册吗？"

"我觉得可以，但只有你自己才能决定。"财富园丁回答道。

"您不打算把这本书送给我吗？"吉米有点疑惑。

财富园丁说："如果你已经准备好了，就根本不需要这本书。如果你准备好接受这本书了，它就会自己找到你。"

"我需要时间来解决这个问题。"吉米开玩笑说，"但另一方面，认真地说，我认为自己对个人理财知之甚少。我们谈论的话题，其实只是有助于创造财富的行为。"

"因为行为是最困难的。当然我还是会教你其他的，"财富园丁说道，"每天早上，请留出 1 小时与我见面。我会向你传授财富的 10 颗种子。"

> 习惯是我们养成的，而习惯也塑造了我们。
> ••• *The Wealthy Gardener*

习惯就是一种始终遵循直至无法改变的行为模式。对于那些没有铁一样的自律性或摧毁障碍的意志力的人来说，这似乎是他们天然的借口，习惯的力量最终会击垮他们，让他们屈服。而对我来说，习惯就是我日常目标、工作、心理练习、自我控制、日常冥想、非凡的努力以及最终实现财富自由的基石和源泉。

习惯是一种技能，弥补了我许多一般的素质和常见的缺点。接下来是一个教会我谦卑的故事，它让我认识到习惯的力量。虽然这个例子讲的是锻炼，但它最终是为了激发我们的全部潜力。它的核心就是让成功的习惯成为我们的一部分，从而为我们的成功奠定基础。

将近 50 岁时，由于工作非常繁忙，我把每天的心理练习时间缩短到 30 分钟。之前，我已在桑拿浴室或涡流浴缸里创造了一种工作后的练习方式，大约需要 10 分钟。

有时，我会用整整 30 分钟去游泳，省去涡流浴缸的练习。有时，我会游 20 分钟，然后在涡流浴缸里练习 10 分钟。有几天，我跑步就花掉了 30 分钟，然后直接省去了桑拿房的练习。还有一段时间，我跑 20 分钟，然后再到桑拿房练习 10 分钟。年复一年，我发现自己根本没有持续锻炼 30 分钟的意志力！我到底出了什么问题？

如果过了 50 岁，我是不是会更加懒散？我不这么认为，因为我仍有能力每天写作 10 小时。我仍有精力参加房屋装修的劳动，而且体力丝毫不亚于 30 岁时。既然如此，我为什么会在锻炼方面出问题呢？

通过更深入的体会，我意识到，我已经训练自己下意识地选择了短时间锻炼。尽管这个过程仅需要 1 年，但随着时间的推移，我已经重新设置自己的大脑。就像巴甫洛夫实验中的狗一样，每一次短时间的锻炼之后，我都会奖励自己去享受一下，而长时间的锻炼后则没有奖励，实际上，这就是在训练大脑来控制我。

我们同样也可以把坏习惯转化为好习惯。在接下来的一年里，每次在完成 30 分钟的训练后，我都会通过"奖励"重新训练我的大脑。

习惯是我们养成的，而习惯也塑造了我们。我明白了一个关于我的财务成功的事实：习惯的力量是我们日常目标、工作、心理练习、自我控制、日常冥想、非凡的努力以及最终实现财富自由的基石和源泉。

第 10 课
富翁的 10 条财富心法

知道自己为什么需要财富，才能最终拥有财富

开课第一天，财富园丁告诉吉米："任何一个五年级学生都可以掌握创造财富所需要的策略。而大多数人在这条道路上遭遇失败的原因，是他的行为方式。"吉米想了想，问："财富是一个自律问题吗？"

"是的，但又不完全是。最重要的是知道你想要得到什么。定一个清晰、明确的目标，还要有一个具体的实现日期，与此同时，你还要知道为什么要实现这个目标。富有的人都知道他们为什么会变富。他们肯定有更深层的原因。当攀登之路变得陡峭时，人的自律性会减弱，但'追求财富'这个令人信服的目标足以让我们坚定决心。"财富园丁解释。

"您是说，有钱人更清楚他们为什么要得到财富吗？"吉米又问。

"我确实是这个意思。所有人都想得到财富，但他们对金钱的欲望会与很多其他欲望发生冲突。金钱只会降临在那些追求财富并愿意为之放弃其他欲望的人身上。有钱人往往习惯于缩小目标范围，集中运用他

们有限的时间和精力。他们会避免盲目地追求，因为他们想要得到的是财富和梦寐以求的生活。"财富园丁说。

"比如兰博基尼？"吉米咧嘴一笑。"所有会让你热血沸腾的东西，"财富园丁笑着说，"实际上，大多数有钱人反而有着更低调、更节俭的生活方式。他们是累积者，而不是挥霍者。他们专注于长期。尽管理由各不相同，但每个有钱人都想得到财富。"

"难道不是每个人都想得到财富吗？"吉米几乎是在问自己。

"是的，虽然普通人也希望得到财富，但他们不愿为之而做出牺牲。"财富园丁说，"有钱人拥有更远大的愿景，因此他们会为实现明天的进步而牺牲今天的享受。他们知道自己需要的是什么，而且……"

"而且他们知道自己为什么需要，"吉米微笑着打断道，"您似乎是在暗示，财富更多是源于思考。"

"思考财富是积累财富的起点。"财富园丁闭上眼睛，"我们的观念往往会成为现实，这就是我的生活哲学。"吉米扬起眉毛，好奇地问："高收入和未来的财富没有关系吗？""这个观点似乎合乎逻辑，但真正的财富永远不会青睐那些不把财富看作头等大事的人，无论他们的收入如何。积攒财富需要与之适应的行动和选择。有钱人永远都在思考如何积累财富。而且每个人都会有不同的想法。"财富园丁说。

"他们之间究竟有什么不同呢？"吉米不解。

"他们会思考自己的方向；他们知道自己的目标；他们会独自思考；他们会研究并规划增加财富的方法。他们知道自己的身价，知道自己赚了多少钱、花了多少钱，以及花在哪里。有钱人会因为财富的增长而更加快乐。一方面，他们始终在努力地通过增加收入来获得更多利润；另一方面，他们也在不遗余力地减少开支。"财富园丁说。

吉米问："这么说，收获财富的第一粒种子就是思考致富？"

财富园丁笑着说："是的，但你还要知道这为什么对你很重要。"

> 只有那些清楚自己需要什么、为什么需要它并愿意花费大量时间思考这个目标的人，才会得到财富的青睐。
>
> —— *The Wealthy Gardener*

财富就是大量的财产或金钱。最终得到财富的人一定反复思考过财富问题。你需要一个明确的目标和一个伟大的事业。让财富的愿景永驻心头。写下你的目标，每天睡前和起床后静心阅读。感受你的财富在不断积累，并用你的付出去换取回报。感受安静的时间，直到你坚信自己将实现财富自由。

感受成功，直到这种感觉成为你的直觉。让财富深深植根于你的脑海；用信仰取代所有疑虑。

明天的有钱人就是今天的累积者。他们是专注、自律而稳定的收入获得者，他们从不过度消费。他们思考财富及其对生活的意义，他们甘愿放弃眼下的奢侈消费。

了解人们为什么想得到财富，无疑是积累财富的前提。有钱人更清楚自己为什么想得到财富。

在选择和行动之前，积累财富需要不同寻常的思考。有钱人对财富的需要肯定高过他们对舒适、奢侈或社会地位的需要。

富人的特征：节俭，节俭，还是节俭

"试图在不减少开销的情况下变得富有，就像试图在不消耗热量的情况下减肥一样。"开课第二天，财富园丁躺在沙发上，虚弱无力地说。吉米坐在旁边的摇椅上。"这一点很难反驳，"吉米觉得这个比喻很有趣，"但我确实看到有钱人们开着高档汽车，住着漂亮的豪宅。"财富园丁放松了一下身体，直起了腰："你怎么知道这些人积累起了财富？"

吉米并没有马上回答这个问题。"其实你并不知道，对吗？你只看到了他们的开销，而不是他们的账户。你看到的是高收入者在消费'高端产品'。但他们的开销越高，他们就越不可能储蓄。"财富园丁很肯定。"或许他们负担得起这些消费，而且还攒下钱。"吉米反对。

"这并非不可能，"财富园丁赞许地说，"但真的不太可能。原因是，不管其他方面如何，大多数人都倾向于将消费提高到收入水平。尽管我会在明天进一步讲解这个问题，但它确实可以说明，为什么最终只有少数人能拥有财富。对大多数人来说，他们会花掉全部收入，所剩寥寥。这种趋势在高收入者中尤为普遍。"

吉米在考虑财富园丁的话："但你确实拥有很多财富啊。""我拥有的东西给我带来了金钱，"财富园丁笑着说，"但我的开销始终低于我的收入增长速度。从行业上说，我是一个农民，农民比大多数专业人士更善于将收入转为储蓄。节俭对我来说很容易，因为我的需求很少。我喜欢简单低调。"吉米非常赞许这个说法："我喜欢的是简单和自由。"财富园丁扬起眉毛说："比如，有人会把新车停在我的破房子外面。而他住着昂贵的联排别墅，配有豪华的游泳池、健身房和网球场。"

吉米停顿了一下，才说："我也需要一辆汽车和一套房子。"

"当然，你确实需要，"财富园丁同意地说，"但只有聪明的人才能区分需要和想要。你需要的是一辆车，但你想要的是一辆新车。你需要的是一套房子，但你想要的是一套豪华的联排别墅。如果你每年的收入不到 25 000 美元，这种财务上的限制就会告诉你，需要和想要是不一样的。事实上，你想要的远远超出你的基本需要。这就是不断扩大的生活方式陷阱。"吉米叹了一口气："但我可不想像穷人那样生活。"

财富园丁表示赞同："你当然可以选择。但千万不要欺骗自己。消费确实令人愉快，但唯有节俭才能带来自由。消费会让我们体会到即时的满足，但它也可能让你变成工资的奴隶。豪华轿车和高档房屋是有代价的，它们会耗尽你的财富。"

吉米在认真思考这些话，因而没有立即回答。"每个人都希望解决他们的财务问题，"财富园丁叹了口气，"但没有人喜欢吃药，而节俭就是解决财务问题的良药。""我不反对做出牺牲，"吉米反驳道，"但为了在财富游戏中获胜，我更倾向于增加收入。"

"个人缺乏节俭，就会像一个漏水的大坝，"财富园丁说，"尽管上游的河流慷慨注入，但依旧没有办法蓄水。同样，一个人有收入但不知节俭，他必将一无所有。"吉米勉强地笑了笑说："是的，这该死的河！"

> 延迟满足是积累财富的关键，即时满足是长期财富增长的死敌，财务成功的本质并不是我们赚了多少，而是我们留下了多少。
>
> ——*The Wealthy Gardener*

节俭就是尽可能少地花钱,只购买真正必要的东西。有一句谚语:"一个人不能既享受盛宴,又变得富有。"本杰明·富兰克林写道:"要小心花钱;一个小小的漏洞会让一艘大船沉没。"在过去,人们把攒钱的人视为吝啬鬼;如今,这样攒钱的人已经很少了,甚至已成为奇观。节俭并不多见,积累财富更不多见。

据估计,只有不到3%的美国人能成为第一代百万富翁。而且这些人往往到50岁之后才能进入这个阶层。他们信奉勤奋、严谨和自律。他们不会借钱消费,而且大多住在中产阶级社区。大多数百万富翁不会炫富,朋友和家人大多不知道他们如此富有,他们大多开二手车。他们拥有强大的心理防卫能力和自我保护能力,这能帮助他们在竞争中脱颖而出,即使那些拥有财富优势的人,在他们面前也往往自叹弗如。

财务上的防御心理要求人们低调,还要有一点点谦逊,更需要大量的独立思考。有钱人之所以成为有钱人,是因为他们像破产者一样生活;破产者之所以始终穷困潦倒,是因为他们总喜欢像有钱人那样生活。未来的百万富翁要善于控制开销,他们需要推迟满足。

延迟满足是积累财富的关键。即时满足是长期财富增长的死敌。财务成功是无数微小的努力和投入的结果。财务成功的本质并不是我们赚了多少,而是我们留下了多少。这才是财务状况的根基。

重中之重!保证你的赢利能力

财富园丁说:"财富建立在赢利能力的基础上,这是一种赚钱的能力,可以让你有更多钱来进行储蓄。""你说的是可自由支配收入吗?"吉米问道。"是的,就是这东西。在一家企业中,如果所有者把利润用于购买奢侈品,那么他最终往往会失败。在生活中,这种习惯会导致积累不足。购买不必要的物品会造成资金匮乏。只有把多余的钱积攒起来,我们才能变富裕。"财富园丁回答道。

吉米想了想,说:"我认为,大多数人都知道需要储蓄和投资的道理。但常见的问题是,他们都是彻头彻尾的月光族。"财富园丁皱起眉头:"家庭开销是首先要解决的问题。这需要有效的进攻,也就是要赚更多的钱;但也需要合理的防守,也就是要少花钱。有钱人通常会在两方面同时赢得胜利。收益源自均衡的游戏计划。""如果收入达到上限,那该怎么办呢?"吉米反驳道,"假设他们的月收入本身就不足以支付生活费。"

"那么他们就会陷入财务不安全中,"财富园丁说,"他们是典型的被工资奴役的人。他们活着的唯一目标就是支付生活费和纳税。"吉米叹了口气,在他看来,没有比这更糟糕的命运了。"我们需要设置财务限制,"财富园丁说,"我们必须将薪水的一部分留出来,以创造一种资金紧张的局面。这样做会降低我们的支出,确保财富积累。"

吉米叹了口气:"我完全不明白您的意思。""回想一下,昨天我们讨论过你每年收入 2.5 万美元的事情。假如这是你的收入上限,那么你不觉得自己的支出方式肯定会不同于每年赚 12.5 万美元的人吗?"财富园丁解释。"我承认,这毫无疑问。"吉米开始懂了。

"嗯,这种支出差异就是因为财务限制的存在。当你收入有限时,你肯定会做到节俭。对吧?"财富园丁循循善诱。"是的。"吉米说。

财富园丁继续说:"你有没有听过'先付钱给自己'?""当然,要先存钱,然后再去花剩下的。"吉米回答。

"这种方式的合理之处在于，它会营造出一种资金紧张的局面。如果只有很少的钱可以消费，我们就会选择我们需要的，而不是我们想要的。不管怎么说，我们总要设法在存钱的情况下活下去。"财富园丁说。

"您也在实施这个计划吗？"吉米问。"可以这么说，"财富园丁说，"这也是把金钱存入银行的唯一途径。它能确保我们不会遭遇帕金森定律。"吉米笑了："这个定律是什么意思？"

"很高兴你问这个问题，"财富园丁苦笑着说，"这个定律指出，无论赚多少钱，人们都倾向于花掉全部收入，而且还要多花掉一点点。他们的开支会与收入同步增长。如今，很多人的收入已是他们第一份工作的数倍。但不知何故，他们似乎仍需要花掉全部收入来维持目前的生活。无论他们赚了多少，似乎都没有任何结余。这也可以解释为什么大多数人都会破产。"

"这就是花钱造成财务失败的原因所在吧，"吉米说，"但是先付钱给自己会造成一种财务限制，从而确保每月的赢利能力。"

赢利能力就是产生剩余资金的能力。破产者会反对在每月初预先节流部分收入的做法。他们会这样反对："我怎么能在月初预先留出存款呢，因为我上个月月底就没有剩下任何钱。"这的确是一个合乎逻辑的问题，但财富累积者的思维方式则截然不同。

比如，他们可能会提前留下 100 美元，然后随着时间的推移，他们会逐渐提高留下的金额。他们接受生活方式的改变、削减日常开支。

必须把财务不安全的生活方式转变为每月产生结余的生活方式。

"但如果我削减开支，可收入仍然不足以带来足够的结余，该怎么办呢？"赢利能力可能需要我们赚得更多。每周工作 40 小时是为了生存。最低水平的努力当然不会带来财富的增长。增加收入可能需要我们做两份工作、接受更高的教育或增加副业以提高赢利能力。

如果你想得到更多，你就需要更多的工作。如果我们能充分利用自己清醒的每小时，那么我们就有钱可存。<u>如果我们能让开销的增长速度低于收入的增长速度，而且将剩余资金用来储蓄或投资，我们就可以在有限的工作生涯中变得更加富有。</u>

财富最大的敌人不是贫困，而是债务

财富园丁说："如果你想得到自由，就必须让自己摆脱债务。债务是自由社会中的奴隶主，逼人做苦差事。债务剥夺了人们未来的时间和金钱。它用工资将工人紧紧地束缚起来。""奴隶是一个非常刺耳的比喻。"吉米反驳道。"除了食物、住所、衣服和偿还债务，你觉得工作还有什么目的呢？"财富园丁摇着头问道，"这肯定是一种奴役形式。在这样的生活中，你还能希望有更好的情况吗？"

吉米说："唯一的希望就是赚更多的钱，尽快偿还债务。""你说的是实话，"财富园丁笑着说，"债务很容易把人们推入困境，让人们掉进旋涡，很难脱身。债务人会慢慢地感受到，他们的未来已经被卖给了债权人。他们被彻底困住了。虽然他们的生活可能看起来没问题，但利息会吞噬他们的全部收入。当债务消耗了每月的收入时，他们的内心自然会疲惫不堪。"

"我宁可死,也不愿这么活着。"吉米说,"只要有时间,我会做三份工作。没有别的办法,否则我就得让债务终身控制我。"财富园丁笑了笑,从咖啡桌上拿起一堆纸,递给吉米。这是一笔58.5万美元的商业贷款,利率为6%,附有20年的摊还时间表。"欢迎你借钱啊,"财富园丁笑着说,"我现在就是你的主人了。"

吉米翻阅着这堆文件。这是他用来购买大型物业管理公司的贷款。"我每月需要偿还4 191美元,"吉米说,"我拿得出这么多钱,而且还能留下一些利润。""是的,我们已经核对了这些数字。任何能给你带来利润的债务都是良性的负债。但告诉我,你知道这笔贷款的总额吗?"财富园丁问道。吉米对这个愚蠢的问题感到有点意外:"58.5万美元啊。""这还不够精确,"财富园丁说,"你需要在20年内合计支付1 005 869美元。这才是你真正的成本。只考虑每月偿还的本金显然是不完整的,这只是眼前的支出。"

"好吧,但在我看来,应该是企业去支付利息费用,而不是我。"吉米说。财富园丁说:"我也同意,如果用利润支付利息的话,问题确实没那么严重。但太多的人完全是根据每月的偿还能力来借钱的。比如用借款去支付教育、房产、车辆甚至家具等开销,都是非常危险的做法。它们背后的偿付机制实际上就是一个伪装起来的恶魔。"

"但如果前提是我有能力承担的话——"吉米不认同。"今天能承担的金额,或许到明天就无力承担了。谁有预见未来的智慧呢?你能保证自己一直收入稳定、身体健康吗?经济衰退时,最大的受害者就是债务人。要让自己摆脱烦恼,首先就要摆脱债务。"财富园丁打断他。"好的,但所有人都需要一套房屋和一辆车啊。"吉米说。"一定要把你的抵押贷款额度控制在年度收入的两倍以下。"财富园丁给出了自己的建议,"至于汽车,你没有必要购买超过 3 万美元的汽车。"

"我设计的这笔贷款,实际上只是一次介绍债务流程的教育,"财富园丁说,"这笔贷款会如何改变你的生活呢?"吉米耸了耸肩说:"我每月会额外节省 4 191 美元。"财富园丁说:"如果外人不觉得你的生活很奢华,那就说明你在做正确的事情。每当你还清一笔负债,你就有更多的资金用来偿还其他债务,最终,剩下的钱成为你的储蓄。"

> 债务就像锁链一样,把我变成了还债的奴隶,没有债务的生活才是自由的生活。
>
> —— The Wealthy Gardener

债务是一种支付或偿还的义务,是一种亏欠的状态。对我们的赢利能力来说,再没有比债务更具威胁性的敌人,没有利润,我们就没有钱来储蓄,我们也就失去了致富的希望。债务用我们今天的欲望而夺走了未来的希望。所以说,要摆脱债务,摆脱危险。

获得自由的方法是暂时放弃所有的自由。利用每一天的清醒时间偿还债务。比如,你可以通过额外工作每月多赚 1 000 美元,而后去偿还债务。

首先偿还利率最高的债务,这在经济上是明智之举;而首先消灭最小的债务,可以为债务人赢得心理上的优势,同样是可行之举。从小的胜利开始,你每还清一笔债务,都会增加可用来偿还剩余债务的自由现金。债务人要么承受工作的痛苦,要么忍受被奴役的痛苦。债务就像一个残酷的奴隶主,在我们睡觉时抽取利息。

安·威尔逊给我们的建议是："摆脱债务，远离债务，是人生的一把金钥匙。债务是人生最大的障碍，是财富的寄生虫。"它的目的就是奴役我们。

最简单的致富方法：把现金存进银行

财富园丁承认："我无法保证储蓄一定能让你非常富裕，但它肯定会让你更快乐、更富有。"吉米笑了笑说："我以为钱买不到幸福呢。""恰恰相反。"财富园丁笑着说。他躺在沙发上，身上盖着毛毯，这是授课的第五天，财富园丁看起来已经非常虚弱了，"担心使人痛苦。没有储蓄，你一定会担心。有了储蓄，这种情况就会得到改善。"

吉米想了想财富园丁说的话，才说："好吧，但我认为，人们应该都知道要节省开支，只是他们没有这样做。"财富园丁凝视着窗外说："人们都是在为当下而活着，却放弃了未来。他们没有在当下与未来之间找到平衡点。""有些人会批评储蓄者，"吉米反思道，"他们认为，追求财富是一种肤浅的生活方式，他们认为最好的生活方式应该是花钱和享受。"

"我们每个人都会选择自己的生活方式。"财富园丁说，"但任何建议别人不要存钱的人都是傻瓜，他们根本没有资格对别人提建议。"吉米点点头，但没有回答。"我年轻时也像其他人一样忙忙碌碌，"财富园丁叹了口气，"但我是为了自己而忙碌。我会迫切地把收入存进银行。由于有储蓄，我获得了参加一次高级宴会的机会，而那些没有储蓄的人享受不到这个机会。"

吉米奇怪地看着他："那是什么宴会啊？""所有权和投资宴会。要成为有钱人，我们就必须从消费者转变为所有权持有者和投资者。股票、债券、房地产和企业所有权，这就是通往财富的光明大道。没有积蓄，这个宴会上就没有你的位置。当你的储蓄达到一定金额时，宴会的大门自然会对你敞开。"财富园丁解释道。

"这就是你变得比其他人更富有的原因吗？"吉米问道。"我和朋友之间的差异并不是我们的人生起点，"财富园丁继续说道，"我们在同样的学校读书。但是我很快就开始储蓄，他们在花钱，而我在存钱，储蓄让我有更多的人生选择。其他人也知道自己应该储蓄，但储蓄对他们来说显然不是当务之急。没有了紧迫感，他们的注意力就会投向其他方面。"

"我敢打赌，他们没有把支出看作自己变得平庸的原因。"吉米插口说。"我敢肯定你说的是对的。没有人愿意被责备。朋友们说我很幸运。"财富园丁说，"在他们眼里，我的富有完全是偶然的运气。但是，如果说运气就是机会遇到了有准备的人，那么当机会来临时，你的准备就会变成一堆现金。"

吉米笑了笑，说："一堆现金是进入机会盛宴的入场券。但是，你为什么能在别人花钱的时候攒钱呢？"财富园丁回答道："我思考过这一点。我们需要的似乎是不同的东西，而我们的欲望自然也会把我们带向不同的方向。我一直希望掌控生活中的事务。这种控制欲望迫使我存钱，而其他人似乎并不在乎。

"此外，我的生活方式很简单。我只是在存钱，用剩下的钱生活。我很喜欢园艺。我选择了一种适度的生活方式，而我的朋友则用借来的钱过度消费。抵押贷款、汽车、乡村俱乐部和豪华家具吞噬了他们的剩余资金。我在节约和投资的同时，也放弃了这些消费的机会。

"最终，微小的财务优势让我能够以更快的速度增加财富。就像小池塘中那条最初只有微小优势的金鱼一样，由于最初的优势，我的资产增长率最终比身边的人高了一倍。我成为资产的所有者，而他们仍是消费者。我最终超越了他们。""实现超越只是因为你的积蓄吗？"吉米问道。"我的财务优势源于一路上的很多小事。"财富园丁说，"但如果没有节约和储蓄，这一切都不会发生。我希望掌控自己的生活，而我的朋友们则疲于应付。他们不去储蓄，因为退休生活似乎离他们还很遥远，直到他们有一天发现一切都为时已晚。"

储蓄当头：把现金放进银行应该成为我们的头等大事；每月储蓄乃势在必行之举。如果不把储蓄作为当务之急，我们就会随意花钱，然后去想自己的钱到底去哪里了。这种紧迫性至关重要，因为空空如也的银行账户只会带来绝望、脆弱和依赖性。更糟糕的是，它会让聪明的人也害怕丢掉吃力不讨好的工作。银行里的钱确实能改变我们的生活。储蓄可以缓冲突如其来的灾难。它让我们有能力度过严重的危机。

储蓄需要自律性，一旦拥有足够储蓄，我们就有资格去参加财富园丁说的那场盛宴。如果我们不储蓄，无论赚多少，都只能过破产者的生活。<u>获得财富像是一场马拉松，想要获胜，你就需要每天厉行节约，直到有一天加入投资者和所有者的盛宴。</u>一旦得到这个机会，我们就可以赢得经济优势。每月月初，按一定比例将自己的薪水存起来。这样你就可以在积累财富的同时养成可持续的消费习惯；它既不需要你非常有毅力，又能让你的财富稳步增长。由于你不可能花掉还没有赚到手的钱，因此，在钱到手之前就将它存入银行是非常重要的。

追踪财务指标，直达财富自由

财富园丁建议，吉米在星期六再次和他会面，他在争分夺秒。第六天，财富园丁告诉吉米："追踪指标是为了深入了解影响财富状况的日常选择并据此提高我们的自律性。净资产就是我们可以追踪的最重要的财务指标；这个简单的数字反映了你的现实财务状况。"吉米点点头："就是用资产总额减去债务总额吧？"

财富园丁眨了眨眼睛，对吉米说："你说得完全正确，它是一个不断变化的指标，取决于你每周的收入和支出、你如何使用自己的利润以及你为自己做了哪些投资。净资产是你某个时刻的财务状况的快照，尽管它会随着时间的推移而变化。"

"好的，那我怎么才能算出自己的净资产呢？"吉米问。"好吧，让我们一起来看看吧。你现在有什么负债？"财富园丁问。吉米想了想，才慢慢开口："我买了一辆由经销商提供融资的新车，价格为38 500美元。联排别墅的成本是15万美元，但作为首次购房者，我有资格获得14.45万美元的贷款。除此之外，我还借了3 500美元购置家具。而且我现在还有58万美元的商业贷款。"

财富园丁点了点头："这就是你的全部负债。把它们加起来吧。"片刻之后，吉米说："766 500美元。""好的，你现在有什么东西能马上卖掉变现吗？"财富园丁问。吉米看起来有点困惑："我想，能马上卖掉换钱的也只有这些东西吧。最乐观地估计，这辆车可以卖出 38 000 美元。联排别墅的评估价是 15 万美元。家具价值 3 500 美元。物业管理业务的估值为 60 万美元。"

"你在银行里有多少存款？"财富园丁又问。吉米想了想说："15 000 美元。""把这笔存款和能马上变现的金额加起来，就是你的资产总额。"财富园丁提醒道。过了一会儿，吉米说："总数是 806 500 美元。""那么请告诉我，你现在的净资产是多少呢？"财富园丁笑道。吉米使用手机计算器算了一下："应该用 806 500 美元减去 766 500 美元，净资产的总额为 40 000 美元。"

"现在，请允许我提个问题。你是以 3 500 美元的价格购买的家具，你真的认为可以再按这个价格卖给别人吗？"财富园丁问。"不，但我之所以选了这个数字，是因为——"吉米解释道。财富园丁打断了吉米的话："我不在乎你为什么会给出错误的估值。但资产的价值是你现在能拿到手的现金数量。请把家具的估值减半吧。"吉米重新做了一遍计算："好吧，我现在的净资产为 38 250 美元。"

"如果这是精确的指标，那么你就可以衡量你的选择带来的影响了。如果你下个月节省 500 美元，或者减少 500 美元的债务，你的净资产将增加这么多。如果你再购买一个 30 000 美元的室内游泳池，尽管可以让你的房子估值增加 20 000 美元，却会让你的净资产减少 10 000 美元。如果你从积蓄中拿出 3 000 美元去度假，那么你的净资产将减少 3 000 美元。净资产计算表就是反映你财务状况的动态 X 光片。"财富园丁说。

"我明白了，这肯定会对做决策有所帮助。"吉米欣喜地说。财富园丁赞许地说："出于许多原因，追踪当前的财务指标势在必行，它能显示我们的财富增长情况。我们可以在网上找到很多简单的净资产计算工具。追踪净资产，可以让你在这场马拉松式的财富累积大赛中始终沿着正确的方向前进。"

"生活中的进步必然有助于增强我们的决心。"吉米说。"我相信这点至关重要，"财富园丁喝了一口茶，"努力工作，坚持储蓄，不断投资，始终如一。这些是推进我们财富增长的齿轮。始终寻求方向的人往往更有可能坚持下去。"

指标是一种客观的衡量标准，也是判断成功的依据。能衡量的东西注定会引起我们的关注。如果你想积累财富，就需要衡量财富，随时追踪你的关键指标。

持续追踪财务指标可以防范生活中的风险。一个人在花钱、负债、还债、储蓄、投资、外出就餐时所做的每一件事都会对其净资产产生影响。追踪净资产是制定决策和采取行动的宝贵工具。

看着这颗小种子一点点成长，无疑会让你感受到无比的喜悦和欣慰。

财富的增长，取决于跑赢通货膨胀的能力

第七天，财富园丁对吉米说："通货膨胀是一种能吞噬金钱的怪物。它会悄无声息地吞噬我们手里的钱，因为它让我们的钱丧失了购买力。"他戳了戳壁炉里的火，坐在沙发上。这是一个星期天，吉米感觉财富园

丁看起来很有生气。这或许只是他一厢情愿的想法。

"吞噬金钱是什么意思?"吉米问道。"我的意思是现金贬值。到目前为止,我们已经讨论了储蓄的必要性。"财富园丁说,"然而,由于通货膨胀的存在,我们还需要更好地利用现金。也就是说,必须把现金用于投资,否则它们迟早会失去购买力。"

"哦,您现在说的是,把我的钱从银行账户转移到股票、债券、房地产或企业上面?"吉米问。

"这就是现实。通货膨胀会吞噬我们存在银行里的钱。"财富园丁说。吉米还没有正式的投资经验。"您能详细说明吗?"他问财富园丁。财富园丁在考虑,应该用最简单的方法解释通货膨胀对货币价值的影响。"你肯定熟悉小说《瑞普·凡·温克尔》中的故事,那个睡了 20 年才醒来的男人,他错过了美国革命、妻子的去世、女儿的婚礼甚至孙子的出生。"财富园丁说。

吉米点点头,没有回答。财富园丁继续说:"但作者没有提到,这个不幸的家伙睡着时,钱包还塞着 100 美元。20 年后他醒来时,他高兴地发现这 100 美元没有被偷走。但他很快就发现,睡了这么长时间之后,世间的物价已经增加了一倍。"

吉米笑了:"所以说,虽然他没有失去钱包里的 100 美元,但是在醒来时,他发现,和入睡时相比,这笔钱现在只能买到一半的东西。由于通货膨胀,瑞普醒来后更穷了。""你肯定读过这个版本,"财富园丁说,"他的例子和我们的情况并无太大差别。从历史上的通货膨胀率看,物价每 20 年翻一番。因此,当你想到存在银行里的钱时,不要忘记瑞普身上发生的事情。"

"明白了，"吉米说，"所以说，我们应该把现金拿来投资。""别无选择，"财富园丁耸耸肩，"我们每天都在与通货膨胀抗争。通货膨胀率平均每年增长 2%～3%。那么请你告诉我，你需要多高的投资回报率才能避免瑞普的遭遇？""我必须实现 3% 的投资收益率，才能维持资金的购买力。"吉米懂了。

"这就对了。你的钱必须以同等的速度增值才能保持价值，而且是扣除全部成本和税收后的增值率。如果你的投资收益率仅仅等于通货膨胀率，那么你的实际回报率就是零。要变得更富有，你就必须竭尽全力，只有这样才能打败通货膨胀率。"财富园丁说。吉米点点头，咧开嘴笑了："您说的是名义收益率和实际收益率的关系。我最近在一本金融书中读到过。"

"你这家伙真行！"财富园丁惊叹道，"你让我解释这个概念，把我累得够呛，结果你早就知道这回事——""我只是想确定，您确实理解这个概念。"吉米开玩笑说，"现在，我确实理解了这个问题，我们之所以把资金用于投资，是为了让这笔钱增值。我们当然希望我们的资金增值速度能超过通货膨胀率的增速。我们的实际收益率就是超过通货膨胀率的增值部分。就是这样吧？"财富园丁嘟嘟囔囔地说："我想，可以到此为止了。"

"非常感谢您。"吉米愉快地说，"跟上通货膨胀很重要。通货膨胀率本身没有意义，关键是要打败通货膨胀。"

通货膨胀是指商品和服务的成本上升。1980 年，投资者可以用他们来之不易的现金投资应税货币市场，这笔投资的年化收益率为 12.68%。很多不老练的投资者会说，那都是过去的美好时光了。这些令人羡慕的高收益率刺激了当时的储蓄趋势,因为很多人认为,他们的投资必定会得到回报。

但是,1980年美国货币市场的实际收益率是多少呢?对那些希望把储蓄变成巨额财富的累积者来说,"真实收益率"至关重要。

据报道,1980年美国货币市场回报率为12.68%,这诱使人们大量地储蓄。而同年的通货膨胀率却高达13.5%。那么1980年货币市场的实际收益率是多少呢?要计算实际收益率,就需要从名义收益率中减去通货膨胀率,即:

$$12.68\% - 13.5\% = -0.82\%$$

可以看到,1980年,如果投资的收益率为12.68%,那么大多数人的资金实际上在贬值。所有受利率驱动进入货币市场的投资者,最终都将成为输家。但具有讽刺意味的是,很多老年人至今还在津津乐道地谈论那个时代的高额收益率,而将通货膨胀的影响完全抛在脑后。

通货膨胀悄然侵蚀了他们的钱财。

那么我们应该把资金投在哪里才能打败通货膨胀呢?

这也是所有财富追求者需要面对的问题。投资艺术和技巧的核心就是,在没有历史经验为我们指引方向的情况下,我们该怎么做。

积累财富的第一步是把钱存进银行,但想有效利用这些钱,就需要与通货膨胀作斗争。<u>跑赢通货膨胀可以提高购买力并最终赢得财富。</u>

只有一种方法可以跟上商品和服务成本的上涨速度——购买有升值潜力的资产。

如何实现风险最小化

第八天，财富园丁对吉米说："对金钱来说，唯一容易的事情就是失去它。当你感觉万无一失的时候，就要当心了。"

吉米停下来认真思考着："我应该避免冒险吗？"

财富园丁说："我并不是说要规避所有风险，而是想告诉你，只有在特定条件下才应该去主动承担风险。以健康的心态面对亏损，是智慧的基本特征。用来之不易的资金投资时，理性的目标不是先想到收益，而是避免亏损。""股票市场怎么样，波动太大，对吧？"吉米问。

"那要看你的投资期限。"财富园丁说。吉米默默领会着。

"股市适合那些能平静接受 20%～30% 跌幅的投资者。如果你在股市摸爬滚打数十年，那么你甚至会遭遇 40% 以上的损失。但是价值往往属于那些甘于等待的人。所以股票投资的时间至少应该是 10 年。只有那些还留在股市中的人才有可能成为胜利者。而那些依据情绪操作的人，往往会成为失败者。"财富园丁说。

"那低买高卖应该没有问题吧？"吉米问。"如果做得好，那当然再好不过了，但短期交易是一种投机，"财富园丁说，"只有买入并持有才是真正的投资。"

"好吧，让我们具体谈谈投资。"吉米说，"我怎样才能将资金安全地从银行转入股市？"

"一定要循序渐进，稳扎稳打。"财富园丁说。吉米点点头，似乎对这种方法将信将疑。"通过一种被称为平均成本法的投资策略，我们可以将风险降至最低。这是一个有趣的术语，它意味着你每月都要向股票市场投入固定金额的资金。这个策略的关键，就是必须在市场低谷期间追加投资。如果你没有在市场情绪普遍悲观时追加投资，你就无法通过这种策略获得收益。"财富园丁说。

"需要稳定、持续地买进，"吉米说，"我该买什么股票呢？"

财富园丁说："风险最小的方法，就是永远不要认为你聪明到总能选出赚钱的股票。对大多数人来说，明智的方法就是投资覆盖面更广的指数基金。想象一下，你的钱分布在很多美国股票、很多外国股票和很多债券上面。将资金投入覆盖面非常大的指数基金中，你必然会取得令大多数基金经理自叹弗如的成绩。"

"这就是股市投资的全部内容吗？"吉米问道。

财富园丁说："是的，简单到难以置信，是吧？财富与投资策略的复杂程度几乎没有关系。那些赚到钱的人只考虑自己的行为。他们始终不断努力地赚钱，然后循序渐进地投资，即使世界上所有的投资天才都预测厄运即将到来，他们也不为所动。"

"其他投资方式怎么样？"吉米进一步问。"房地产投资更复杂，"财富园丁说，"你可以在培训中体会到——""我参加过房地产经纪人的培训班，"吉米打断道，"但那不是讲投资的。"

"我还没有想这一点。投资房地产需要更陡峭的学习曲线，以尽量减少风险。此外，它比股票需要更多的资金。房地产投资者必须熟悉现金流、计算现金收益率、估计维修成本、费用率和房地产评估方法。这些专业知识有助于降低风险。这场比赛的安全性有赖于严格的购买标准。"财富园丁说。

"投资中最重要的似乎就是避免犯愚蠢的错误。"吉米说。

财富园丁说："的确是这样，但真正的困难在于，愚蠢的错误通常只能在事后察觉。投资者面临的挑战是提前发现问题。"

> 收益最大化是一种仅在高度具体的情况下才有意义的策略，风险最小化就是保证我们能活下来。
>
> —— The Wealthy Gardener

风险最小化就是最大程度降低赔钱的概率。

金融史学家彼得·伯恩斯坦提出了一种观点，这个观点值得写下来，挂在每个投资者的墙上："收益最大化是一种仅在高度具体的情况下才有意义的策略。通常，活下来是通向财富的唯一途径。让我再说一遍：活下来是通向财富的唯一途径。"

成功的投资者对错误和错判有一种天然的恐惧。放慢脚步、稳扎稳打是一个明智的建议。在股市中，关注长期收益是实现风险最小化的前提。对那些忙于赚取更多资金进行投资的普通人来说，指数基金或许是最适合的工具。

指数基金的表现优于大多数管理主动型基金，因此，它们也是你用血汗钱进行投资的理想方式。虽然注册会计师或律师等相对公正的专业人士会支持这种常见投资策略，但不能从指数基金中获利的基金经理很可能会对它们保持沉默。确定了一种简单的策略后，投资的风险就会更多地来自不良行为。风险是在恐惧的威胁或贪婪的诱惑下产生的结果。

安全性要求投资者在股票市场崩盘时不急于卖出，而在其他人的收益超过你时不要变得贪婪。

如果说活下来是通向财富的道路，那么控制情绪可以确保我们沿着这个方向不断前进。如果你被一个令人兴奋的股票或机会所诱惑，那么你一定要重拾理性，选择平凡和质朴。

你真的明白复利是什么吗

第九天，财富园丁对吉米说："我向你保证，任何聪明的投资者都对复利心存敬畏。人们很难准确地理解，当所有收入一直被用于再投资时，财富是如何随时间增长的。"

吉米摇了摇头，开玩笑地说："恕我直言，我想在这个问题上挑战一下我的导师。'72 法则'是怎么回事？"

"72 法则，"财富园丁笑着说，"你是最近在财务书上看到的吧？我承认，这确实是一个非常有用的方法，可以计算一笔钱以固定利率增长，需多长时间才能翻倍。我想你已经完全明白了吧？"

吉米说："只需将 72 除以一笔投资的固定收益率，我们就能得到本金翻倍所需要的时间。比如，投资一种年化收益率为 9% 的理财产品，需要 8 年才能增值一倍，因为 72 除以 9 等于 8。"

财富园丁点点头，闭上眼睛，深深地呼吸了一下。他的脸色憔悴，吉米感觉到，他正在做最后的坚持，他似乎希望自己还能坚持下去。财富园丁说："公式会限制投资可能得到的结果。假设你耐心地积攒了一生，终于有了 10 万美元的储蓄。这样，你就有了选择权，你可以用这 10 万美元投资房地产，甚至是创办自己的企业。当然，也可以把这笔资金放到股市上。但是，你应该明白，储蓄越多，你的机会就越大。"

吉米坐在摇椅上，没有说话。"假设你选择投资房地产以获得正现金流，"财富园丁说，"你研究过这个领域，非常熟悉这些数字。然后，你用10万美元购买复式公寓。如果税后的正现金流为12 000美元，那么你的收益率是多少呢？你的资金是更适合投资复式公寓呢？还是更适合放到股票市场上呢？"

吉米使用计算器开始计算，"投资复式公寓的话，可以有12%的现金收益率，"他说，"所以，投资复式公寓似乎更有意义。"

"但只有将全部利润用于再投资，这个方法才有意义，"财富园丁说，"而且你需要花更多时间来管理复式公寓，它才能带给你真正有意义的回报。租金收入远不如股票市场收入那么被动。"

"好吧，但杠杆是房地产市场的一个巨大优势。"吉米说。

"你说得对，杠杆确实是一种增加财富的战略。如果你贷款购置了这套复式公寓，结果会怎样呢？在这个例子中，你只投入2万美元自有资金，但是每月需要偿还450美元的新贷款。在使用杠杆的情况下，复式公寓投资的收益率是多少呢？"财富园丁问。

吉米算了一下："年利润会降至5 600美元。但是在这种情况下，最初的现金支出只有2万美元。所以说，现金收益率是……28%！哇，复式公寓真是一种膨胀性增长的资产。"

财富园丁说："这样的回报率在美国很常见。如果你开办了自己的小企业，或者购买了一家连锁加盟店，结果会怎样呢？假设这项新业务的成本为75 000美元，并且可以使用贷款。由于开始新业务需要时间，因此你决定辞去目前的工作，全力经营自己的企业。"

财富园丁停了一会儿，让吉米有时间充分想象这个情景。然后财富园丁说："在接下来的 10 年里，你每年能从这家公司拿到 75 000 美元的薪水。那么你的投资回报率是多少呢？"

吉米问："扣除我的薪水后，公司还有利润吗？"

财富园丁答道："这是公司的全部利润。"

"那么我的投资回报率就是 0，"吉米敏锐地说，"我只是给自己买了一份工作。我花了 75 000 美元开办了一家企业并从这家企业拿到劳动收入，但其实是我在投资之前就已经拥有的。这简直是在浪费钱。"

财富园丁微微笑了笑："你明白了吧。要使你的财富实现复利带来的倍数增长，你必须赚取超额利润并将利润用于再投资。"

> 复利就是将我们每年获得的利息计入下一年的本金中，在未来继续给我们计息。如此循环往复，本金会越滚越大。

倍数就是在几十年内将一个数字与自身相乘若干次。财富是像橡树一样缓慢地成长起来的。第一年，这棵橡树长到了 4 英尺。之后，它每年只能长高 2 英寸，第三年时，它也只有 8 英尺。又经过 4 年的缓慢增长，这棵橡树再次长高 1 倍，达到了 16 英尺。

在最初的几年之后，这棵橡树每天的长势几乎难以察觉，但是它在几十年里却长高了很多，就像财富的增加一样，实现了倍数效应。努力赚钱、数十年如一日地储蓄并把全部剩余资金用于投资，长此以往，财富自然会到来。

刚开始储蓄时，我们每月存入银行的钱是净值增长的唯一来源。假设我们在第一年投资 7 000 美元，而后在第二年投资 7 000 美元，那么我们的银行账户里会有 14 000 美元，这确实令人兴奋。

但是要让这笔钱翻倍，变为 28 000 美元，还需要两年的储蓄。当储蓄达到这个数字时，如果存款的年利率为 10%，我们每年就可以得到 2 800 美元的利息。虽然这个数额不是很多，但我们依然会感到高兴，这毕竟是我们无须花费时间或精力就能拿到的钱。

慢慢地，我们开始将利息用于投资，我们的财富不断增加。财富的种子开始成长。稳定的储蓄会让我们的财富实现难以想象的倍数增长，实现财富的倍数效应不仅要求我们储蓄，还需要我们长期坚持。

睡觉时也能赚钱，才是真正的富翁

"财富增长的终极目标是安全与个人自由，"财富园丁慢慢地说道，"当投资带给你的回报超过你的工作收入时，你就会体验少有人品尝过的自由。"

这是第十天，吉米感到一种挥之不去的忧郁。"嗯，您知道，我想要实现财富自由。"吉米温柔地说，"但是昨晚，我们的谈话让我深感困扰。您似乎是在暗示，将资金投入企业并不是非常好的投资模式。"

财富园丁深深地呼了一口气："工作就是用你的时间换取金钱。而投资则是用钱换钱。工作是一个你用劳动赚钱的方式，而投资是让金钱为你赚钱的方式。二者有着很大的不同。"

吉米点点头："您指的是主动收入和被动收入吧？""事实上，创造被动收入是那些想实现财富自由的人的目标。它是一项业务或一家企业创造的利润、现金流和收益，它不需要所有者亲自参与劳动。它是神秘的黄金之河。"财富园丁说。

"生意就不能提供被动收入吗？"吉米不解。"这是我自己实现财富自由的方式，"财富园丁说，此时他显然已经筋疲力尽，"我是一个园丁，我的生活方式很简单。因为我的生活成本很低，所以我需要从生意中拿出的资金很有限。这就可以让我把利润用于再生产，不断扩大业务规模。这个过程已经持续了 20 年，这些投资给我带来了可观的被动收入。"

"但您从未让自己完全从生意中解脱出来啊。"吉米纳闷。"这也是一种选择，"财富园丁笑着说，"对我来说，赚取被动收入的目标并不是闲散地生活；我的目标是不断进行选择，从而让自己在追求更丰富、更充实的生活时有更多的选择。"

"您需要在股票市场上赚多少钱才会退休？"吉米问。

"我退休后的需求也很少，我每年可以轻松赚到 3 万美元。做园艺是免费的，阅读是免费的。锻炼、长途跋涉和冥想都是免费的。"财富园丁说，"我每周到感化院上课。但你要知道，即使维持这么简单的生活，也需要有 100 万美元的流动资产。"

"100 万美元？"吉米尖叫道。财富园丁说："根据经验，要过上安全可靠的退休生活，我们每年要从积蓄中拿出 3%。你是数学高手，很快就能算出来 100 万美元的 3% 是 3 万美元。"

"我认为没有多少人能做到这一点。"吉米说。财富园丁说："哦，他们当然可以，但他们不会这样做。财富自由需要我们牺牲享受并数十年如一日地坚守。节省资金必须成为我们的重中之重，然后，还要对投资报以充分的耐心。"吉米说："还好我们有社会保障。"

"但是比社会保障更可靠的是自给自足,"财富园丁说,"当你依赖别人、哪怕是你的政府时,你都无法保证自己的安全。我前半生的奋斗就是为了能在晚年享受到自由。"

吉米看着这位已经走到生命尽头的朋友说:"这样的代价值得吗?"

"我别无选择,"财富园丁虚弱无力地说道,"我始终全身心地追求这个目标。有些动物生来就是自由的,对它们来说,生活在栅栏内是不合情理的。自由绝不是一种选择。"

被动收入是不需所有者直接参与即可获得的利润、现金流和收益;它包括所有类型的房地产收入、银行账户或养老金带来的利息收入;为发明、专利、出版物或歌曲支付的版税;在有价证券和大宗商品(如股票、货币、黄金、白银、ETF和债券)中以股息和资本利得方式收取的股息和利息。对收入水平一般的普通人来说,出租房产往往是取得高收入的常见途径。假设某人退休后每年的开支为3万美元,那么他就需要拥有100万美元。在这种情况下,即便是一个雄心勃勃的中产阶级人士,也会因资源有限而不得不去寻找新财源。

第 11 课
美德是财富最好的伙伴

和吉米道别后,财富园丁独自回到家中,躺在床上。此时,他的眼泪夺眶而出,他闭上了眼睛。

吉米就是他的家人,就是他的养子,而现在,他们或许永远不会见面。

财富园丁的生命即将结束,吉米对他说的最后一句话,也是问他的最后一个问题:"这样的代价值得吗?"

追求财富是一场需要美德相伴的精神之旅。

它会为人们提供价值,它以我们对时间的有效利用为基础。

它是一种有策略、有计划的努力奋斗,而不是优哉游哉或一成不变的生活。

想到这些,财富园丁缓缓地从床上下来,坐到电脑前。

他想到了吉米,他正在考虑自己那本书的最后一课。

他是如何在斗争中成长的?

他在追求财富的过程中到底培养了哪些品质?

他鼓起勇气,鼓足力量,开始打字:

1. 简单

追求财富需要尽可能做到简单。我每天早晨都会冥想，为自己的心智充电。在承受压力的日子里，我用心思考，让自己保持冷静和理性。我完全专注于眼前的任务，而且我的全神贯注似乎能让时间过得更慢。我会让自己回归清净，避免世间纷扰，以便沉思。对财富自由的追求让我拥有了凡事就简的美德。

2. 超然

追求财富需要我们摆脱对物质的依恋。由于志向，我放弃奢侈和放纵。我选择的生活方式远比我能承担的更低调简单。我的志向要求我学会克制冲动、延迟享受并警惕诱惑的侵袭。对财富自由的追求让我拥有了克制消费的美德。

3. 自律

追求财富促使我学会自律。无论是否愿意，我每天都会努力做自己必须做的事情。我和我的目标之间有一种奇怪的阻力。我要求自己每天首先解决最不想做的任务。我每天都需要审视自己的目标，不会让自己毫无收获地度过每一天。我每天都通过锻炼保证自己的能量达到巅峰状态，不会让自己萎靡不振地度过每一天。正是因为我所追求的财富目标，我培养了对行为高度自律的美德，无论我是否喜欢这种行为。

4. 积极参与

追求财富需要我们积极参与。在空闲时间里,我会坚持学习,探索令人好奇的未知世界,完善技能,寻求智慧。我永远不会浪费时间。我彻底根除了因为思想消极而浪费时间的行为,我会用很多时间独自思考、阅读和规划人生。我一直从事副业以赚取利润,为我的投资积攒储蓄。对财富自由的追求让我学会了将时间用于追求人生目标的美德。

5. 灵性

追求财富为我带来了灵性。我的财富需要运气的迸发、休息、灵感、不可思议的巧合和机遇。我全神贯注的心理练习似乎为我带来了新力量、唤醒了固有的能量并激发出我的"普世智慧"。对财富的渴望促使我全力以赴地去寻求机会。我以火一般的感激之情对待每一个愿望;我对自己的目标坚信不疑;我竭尽所能地消除所有疑虑。对财富自由的追求让我拥有了掌控内心世界的能力,进而让巧合和机缘成为现实。

6. 有效性

追求财富需要我们有效利用自己的时间。为了获得财富,我的所有工作都必须有一个明确的目标:我的净资产。自我发展、目标审视、坚持锻炼及合理规划都是我的任务。只有不断追踪有影响力统计数据和货币指标,我的净资产才能实现最快速度的增长。通过避免各种形式的娱乐,我戒掉了大部分消极的嗜好并在这个过程中积累了财富。对财富自由的追求让我过上了一种充实的生活并掌握了提高个人效率的美德。

7. 坚持不懈

追求财富迫使我每天都要做到坚持不懈。我认识到，所有坚持不懈的行为都源自一项事业或一个重要目标的激励。我的目标是实现财富自由，这个目标激励我经受住数十年的考验和逆境。我永不满足，这也是让我完成艰苦工作的一种基本动力。对财富自由的追求让我养成了坚持不懈的美德。

8. 耐心

对财富的追求教会我耐心的美德。我从失败中学到，缺乏耐心只会带来挫折。每当我的资金因高风险投资而遭受损失，我不会因为缺乏耐心而继续亏钱。随着我越来越有耐心，我学会了以 5 年为期考察自己的投资。只有在这么长的时间里，我才能积累起足够的本金；我才能取得稳定的投资收益。由于追求财富，我认识到好事多磨的道理。我开始变得更有耐心，学会了坚持，学会了遏制暂时的需求。

9. 牺牲

追求财富教会我牺牲。我认识到自己不可能拥有一切，因此，我必须在拥有财富和拥有时间之间做出选择。于是，我选择了牺牲时间来换取财富。此外，我还学会了在想要的东西和需要的东西之间做出选择。我牺牲了眼下的消费，节约了金钱，而其他人则在浪费钱财，我因此得到的是更宝贵的安全保障。对财富自由的追求让我学会了甘愿牺牲的美德。

10. 自我控制

追求财富要求我控制自己的思想。我学会每天在脑海中勾勒自己的财富愿景。我学会了控制思维，以集中内心的能量。我重构自己的金钱观。我说服自己，我值得拥有可观的财富。我不再干扰自己的前进步伐。我发现了以前不曾看到的机会。在意志的控制下，我只采取能给我带来财富的行动。对财富自由的追求让我的个性变得更强大，我学会了控制自己的思想。

11. 勇敢

追求财富需要我们在恐惧和勇敢之间做出选择，并坚持不懈地战斗下去。在接受有风险的机会时，旁观者会看到我的勇气。他们在我坚定的前进脚步中看不到任何恐惧。在高度不确定的时期，我的勇气让我继续前进。正是这种能力，让我在艰难的局面下做出正确的选择。每当我身处困境时，我都会发现自己的能力得到了激发。对财富自由的追求让我拥有了勇敢的美德。

12. 为工作献身

对财富自由的追求让我学会了投身于工作的奉献精神。当我获得了清晰的自我认知：我的价值观、倾向、能力、志向和内心的声音，我选择了适合自己的工作。我选择了最吸引我、最能为我带来回报的工作。对财富自由的追求，让我学会以奉献精神投身于自己深爱并能带来超额回报的工作。

13. 准确判断

追求财富需要我们始终做出准确的判断。我面临的选择要求我具备分析能力，能够分析利弊、赞成和反对的理由，以及判断收益和损失的可能性。净值指标是判断行为对错的唯一客观标准。尽管事实已经证明，毫无偏差的客观和理性思考是我们积累财富的无价之宝，但我并没有完全放弃直觉、预感或情绪的指引。对财富自由的追求，让我学会了保持谨慎、谦逊和内在智慧并理性地看待自己在关键判断上的错误。

14. 为公众利益而奉献

正是由于对财富自由的追求，我学会了为公众利益而奉献。我的经济追求完全遵循一种简单的模式：我的财富取决于我是否能满足他人的需求、我做得有多好、我是否容易被替代以及我为多少人提供了服务。财富水平反映了我为他人奉献的价值。对财富自由的追求，让我学会了为公众利益而奉献的美德。

15. 满足

正是由于对财富的追求，我感受到了能量并体会到我这些年来付出的巨大努力所带来的满足感。我在不断前进，体验到

311

了意想不到的快乐。财务上的伟大目标为我提供了希望和期待。我的努力让我不会因未能实现的梦想而后悔。对财富自由的追求让我学会，不管结果如何，都应付出非凡的努力。

……

财富园丁重新审阅了一遍这些文字，最终毫无修改地保存了全文。他已筋疲力尽，这恰恰是他为这个终点设想的状态。

他相信，一个人就应该疲惫而满足地离开人世。这才是一种充分利用了每分每秒的人生。他已经尽了自己最大的努力，让自己的能力在生活中发挥到了极致。

他最后一次浏览了全书的目录，生怕自己的财富原则受到质疑。很多因坚持理性而厌倦生活的人，很可能会批评他对"无形力量"的信仰。反之，那些坚信精神力量的人，也注定会批评他对积累金钱的强调。然而，在面对死亡时，他毫无顾忌地说出了藏在内心深处的想法。

最后，他点击了屏幕上的"提交"，然后上床睡觉。他坚强地守着生命中的最后时光，直到打印好的书稿被放进了他的邮箱。拿到书稿后，他踱到安静的池塘边，仔仔细细地进行了最后一次审阅，在书稿的开头处写下一首诗。然后，他跟跟跄跄地走回家。他把书稿放进一个塑料袋，偷偷地埋在自己的花园里。也许吉米会找到它，当然，这部承载着他的人生感悟的书稿也许会永远消失。

他决定让命运做最后的主宰。然后，他疲惫而满足地躺在了床上。在生命的最后时刻，当他的意识在宁静的睡眠中渐渐模糊时，他看到，吉米找到了这本书，满怀激情地阅读它，思考它……

THE WEALTHY GARDENER

第三部分
在你的财富花园中迎接丰收

让时间和金钱去工作,你只需坐下来等待结果。

传奇基金经理彼得·林奇

第 12 课
财富智慧的代际传承

财富园丁合上的棺木被放置在妻子的墓碑旁,这里可以俯瞰下面的池塘。天空中飘着绵绵不断的毛毛细雨。桑托斯和他的家庭成员都来到现场,他们站在康妮身边,康妮泪流满面,她的悲伤丝毫不亚于丈夫弗雷德的葬礼时。在哀悼者向遗体做最后道别并送上鲜花时,吉米向他们分发书签,在这个过程中,他注意到贾里德并没有来。书签上有财富园丁在去世的几天前书写的题词。

当人们走过棺木时,吉米的思绪开始飘荡,他想到自己和财富园丁关于充实生活的讨论。很多时候,财富园丁都会重复他最喜欢的比喻,将生命比作一块土地:我们可以把一个人的一生比作一块土地。它实实在在地存在。它蕴藏着惊人的潜力并时刻准备对那个人的每一个动作做出反应。财富园丁说过,这块土地一定会爆发出惊人的力量。我们每个人都会得到一块可以耕耘的土地,用我们选择的工作去书写自己的人生。只要有远见、想象力和智慧,我们就能在这块起初看似不起眼的土地上创造未来的成功,我们将应以感激之情面对这块土地,用辛勤的汗水去浇灌它。否则,它就会荒废,到处是破旧不堪、摇摇欲坠的建筑物，周围杂草丛生，垃圾遍地。土地的未来取决于我们对它采取的行动。它身上有着产生奇迹的潜力，但前提是我们必须足够聪明，能看到这种潜力并深刻地意识到，作为人，我们的成就取决于我们能否发挥自己的天赋。

财富园丁在世时的一言一词总是那么富有说服力，特别是谈到在生活中充分发挥个人潜力这个话题时。他会说："每个人似乎都有与众不同的潜力，而只有当我们选择了自己的人生道路、追求自己的目标、用自己的能力回馈社会时，这些潜力才有意义。"

吉米觉得，如果说在这悲伤的日子里还有什么值得欣慰的，那就是财富园丁确实度过了充实的一生。他一生都在追求自己的理想，他始终有目的地利用时间，投身于一份事业，与内在智慧和谐相处，他充分表达了自己的个性。

葬礼结束时，天色已晚。天空逐渐变得昏暗，月亮悄然爬上枝头，吉米回到寂静无声的池塘边，独自一个人坐下来。在橡树下幽暗的长凳上，他凝视着小山丘上那两块墓碑，在这个宁静的夜晚，他的思绪倾泻而出。在那场事故后，财富园丁曾对他说，这场悲剧带来的痛苦，恰恰也是让我们忘却它的良药。最后，他的目光落到了一张他白天时分发的书签上。他在这个无比孤独的时刻，第一次读到了写在书签上的遗言：

亲爱的园丁们：

生活就是一场比赛，我们的对手是时间。生活的目标就是过上有目标的生活，而我们可以选择目标的具体内容。要赢得比赛，你必须赢得时间。为了赢得时间，你需要保持微笑。为了赢得时间,你需要过好每一天。为了赢得时间,请充分利用你的工作时间。遵循你的兴趣,始终忠于你的内在智慧。请你用爱和信念装满自己的内心。你一定要知道,你拥有选择自己道路的自由。永远记住——决定这场与时间赛跑的最终比分的,不是命运,也不是环境,而是你自己。

财富园丁

最后一堂灵魂财商课

葬礼结束后的第二天,吉米收到一封信。在过去一个星期的假期里,吉米一直在沉痛哀悼他的导师。这封信让他震惊得目瞪口呆。他认出信上的笔迹是财富园丁的。他拿着信封,径直走进自己的联排别墅。

吉米坐在沙发上,默默盯着信封。几分钟过去了,他用尽全身力气,深深吸了一口气,才慢慢地打开信封:

吉米:

  我委托你担任感化院学生及其他失足青年学校信托基金的执行人。此外,我还给你留下一本有关财务成功的手册。如果你没能找到我为这些课程写下的文字,那么我最后的努力就会化为泡影。这里有几条线索可以帮助你找到这份宝藏:在生命的花园里,那里有它们的线索。每个花园都有自己的课程。你必须找到这些标志,然后就能找到这些课程。花园的制造者不会向那些拒绝挖掘宝藏的人透露秘密。而你应该首先去发现最富有园丁的内在品质——并始终跟随你的内心。

祝你好运。

财富园丁

吉米满头雾水地思索着这个神秘的谜语。然后，他回忆起财富园丁在几周前的奇怪叮嘱：如果吉米准备好接受那本书，那么它就会找到他。他确信，从这场突然出现的寻宝活动中，他将完成自己的最后一课。

既然无法用理性去解释这些线索，吉米索性选择用过去一年里学到的方法，将问题转入自己的潜意识。他会唤醒无形的力量，让自己得以集中注意力，强化信念。财富园丁曾说过，当我们与无形的力量合为一体时，我们的财富之路和梦想之旅将一帆风顺。

吉米以绝对的信仰进入冥想的世界，他希望借此找到答案。他知道，不要纠结于具体的问题，而是应该在思维中厘清自己想得到什么。然后，他会尝试去感受答案，以平和的心态等待答案的到来。

第一天，什么都没有发生。

第二天，吉米仍以坚定的信念和期待继续自己的思维练习。随后，他开始写下这样的语句："我终于发现了财富园丁的内在品质。"他以感激之情不断重复这句话，让它成为帮助自己集中精力的"咒语"。他甚至开始想象，一旦解开谜语，他会有怎样的感受。

这一天，他逐渐感受到一种冲动和灵感，让他驱车前往财富园丁的家。他在那里四处寻找更多的线索，他甚至试着打开财富园丁的电脑，却不知道密码。密码的提示语是：答案就在心中。

这条信息进一步证实，要解开财富园丁谜语需要动用我们的感官。

它的解决方案或许超越理性的范畴，这可能是财富园丁故意设计的。

第三天，灵感突然闪现在吉米的脑海中，当时他正在洗澡。他想起花园中的那个花园模型，那是感化院为感谢财富园丁而赠送给他的礼物。

吉米感觉到，这种灵光闪现注定是财富园丁最后的人生感悟：当我们将思想集中到一个被赋予强烈情感和信念的预期结果上时，我们就会找到让它成为现实的办法。吉米来到财富园丁的家。他走到后院，开始阅读"雏鹰俱乐部"的使命宣言：

努力过自己想要的生活

我是一个用时间去积累丰盛的人；面对任何环境，我都能主宰自己的情绪；我是一个拒绝不劳而获的人；不管结果如何，我都为曾经的付出感到自豪；我从不满足于得过且过、不求上进的日子，而是在内心中不断提醒自己，"为什么不能是我？"

我是一个有目标、有追求的人；每天准时出现在工作岗位上，勤奋工作；我在工作中寻求的是满足，而不是快乐；我努力让自己与众不同，让世界变得更美好；不过，即使我的行动没有带来预期的影响，我也不会因为不够努力而后悔，因为我已经竭尽全力。即使走到生命的尽头，我也不会因为虚度一生而后悔，因为我曾经付出过，我曾经全力以赴地奋斗过，而且我深刻地认识到，我终生都在为一个清晰的目标而努力，我已经竭尽全力，通过了人生的考验。

这块模型上的文描述了"最富有的园丁"的品质，它理应成为这个花园的标志。他跪在模型旁边，惊叹于引领他来到这里的内在智慧。难道这不就是思想、直觉和观念带给他的奇迹吗？意识不就是最伟大的奇迹吗？当机会眷顾我们时，难道它真的是巧合吗？在偶然性的背后，还有哪些令人难以置信的力量呢？

他回忆起财富园丁留下的线索：在生命的花园里，只要你去寻找，总会找到标志。此外，每个花园都留下了财富园丁的人生课程。当你找到标志，找到课程就成了水到渠成的事情。花园的缔造者永远不会向那些拒绝探寻课程的人透露秘密。

吉米开始挖掘模型下面的泥土。

几秒后，他找到了一个塑料袋，里面有一本装帧精美的书。他坐在湿润的泥土上，翻开这本书。那一刻，他感觉自己的双手在颤抖。

吉米看到书页里夹了一张便签，但他还是先看了一下封面。这本书的书名是《成功园丁的参考手册》，作者未知。他翻开书，感受到一种想要靠近财富园丁的冲动。这种冲动让他踉踉跄跄地走到孤零零的长凳边，坐下来望着两块墓碑旁的池塘。他把书放在膝盖上，浏览了一段诗文，这是一系列人生感悟的序言：

在年老时，回想这些课程让我看清人生之路。
生命之书，由写在每一页上的勇气所决定。

吉米回忆起导师的话：<u>积累物质财富，需要我们以极大的勇气了解自己的思想，过自己的生活</u>。成功源于工作、自由和个人成长，它们是创造财富的必要条件。最令人意外的是，成功的生活是一次精神之旅。吉米翻过一页，抚摸一颗颗"财富成功的种子"……

马上开始

迈出第一步，我们往往就能坚持下去，但最难的是开始。当你开始的时候，目标就已经实现了一半。

有效行动

有效行动是指能够实现目标或为目标创造条件的行动。想想那位老练的农夫说的话"如果收成不好，也许你该换换种子。"

了解你的财务生命周期

大自然中的一切都在沿着某个方向缓慢成长，小树慢慢长成大树。我们的财务生命周期也会像季节一样有序更替。

吉米慢慢翻阅这本书，浏览着财富园丁关于成功和财富的人生感悟。他的思想飘向很远的远方。

他或许应该继续发展自己的房地产业务，或者进一步专注于扩大房地产管理业务。他很清楚，他需要用财富获得自由。有了财富，他就能追随内心的声音，在未来尝试更多可能。

浏览了一遍这本书后，吉米凝视着导师墓碑。他想，有两件事是可以肯定的：他需要深入研究这本汇聚了财富园丁思想精华的书，领悟书中传递的人生智慧；而他将使用这本书向感化院的男孩们传道授业。

THE WEALTHY GARDENER
后 记

我希望孩子的孩子
都能走上成功的光明大道

一个孤独的身影沿着一条光秃秃的小径缓缓走着,他似乎已陷入沉思,突然间,他停在附近的花园旁。过了一会儿,他看到一位园丁正在劳动,单调乏味,异常辛苦,他在用心经营着自己的花园。那一年是公元1200年,这位园丁就是阿西西的圣方济各,方济各会的创办者。

那个人走上前来,向这位未来的圣人提出一个古怪的问题:"如果你知道自己今晚会死去,那么你将如何度过人生中最后的一天呢?"

方济各沉思片刻,然后给出了一个发人深省的回答:"我会继续耕耘我的花园。"然后,方济各继续工作。

道德是使我们的生活变得富足和令人满意的关键。

如果你已经花时间阅读了这本书,那么可以说我们已进行了长时间的亲密交流,现在,你已经知道了我所知道的一切。我花了数十年才实现财富自由，花了 3 年才将人生感悟课程定型为现在这种易于接受的形式。借助我的课程，你或许只需用一半的时间即可实现财富自由。归根到底，你需要了解自己的想法，过自己的生活。

我之所以将个人的想法、信念和思维习惯公之于众，是因为我自己也曾在追求财富自由的路上经受过打击和磨难。我并不是说自己无所不知，但我确实知道哪些是对我有价值的。而且我可以向你保证，分享自己的心得并不容易。

当然，如果这本书对你有帮助，我希望你能将它推荐给正在寻求解决方案的朋友，为所有像你一样拥有财富梦想、渴望摆脱金钱困扰的人点亮一盏明灯。

在离别时刻，我必须谦逊地承认，在为儿子创作这本书的时候，我希望也能造福他自己的孩子以及他孩子的孩子……我希望，所有人都能走上成功的光明大道。

取得财务成功的方式必将随着时代的变迁而变化，但其基本原则永恒不变，就像天空中的恒星一样，永远闪烁着智慧之光。你愿意帮个忙，和他人分享这些人生感悟的精髓吗？

感谢你的时间、关注和支持，希望以后再见。但请允许我告诉你们，即使我们没能相见，我们的心也已经通过书中的文字联结起来了。

中资海派图书

《财富流》

[英]罗杰·詹姆斯·汉密尔顿 著

张淼 译

定价：69.80 元

快速发现性格优势，有效提升财富层级
认清天赋，明确方向，构建财富护城河

人人都渴望拥有足够的金钱，但只有少数人能在财富之路上畅行无阻，而多数人迷失了方向却不自知。

在《财富流》中，作者罗杰教我们认清自己的财富性格优势，并找到与自己对应的财富性格进行天赋互补、充分发挥每种天赋的优势；还教会我们如何运用这种天赋管理时间和金钱、构建人脉以及组建团队，使得"财富流"持续加深、拓宽。

本书测试了我们的财富性格类型，也评估了我们的财富所属层级；在引导我们严谨分析财富现状之后，用易于理解的"财富灯塔"模型，逐一诠释不同类型的人从红外层（背负债务）攀升到紫外层（成为传奇）的财富自由进阶之路，以完整的体系呈现个体自我价值变现的"财富流"行进轨迹。

海派阅读 GRAND CHINA

READING YOUR LIFE

人与知识的美好链接

20 年来，中资海派陪伴数百万读者在阅读中收获更好的事业、更多的财富、更美满的生活和更和谐的人际关系，拓展读者的视界，见证读者的成长和进步。现在，我们可以通过电子书（微信读书、掌阅、今日头条、得到、当当云阅读、Kindle 等平台），有声书（喜马拉雅等平台），视频解读和线上线下读书会等更多方式，满足不同场景的读者体验。

关注微信公众号"**海派阅读**"，随时了解更多更全的图书及活动资讯，获取更多优惠惊喜。你还可以将阅读需求和建议告诉我们，认识更多志同道合的书友。让派酱陪伴读者们一起成长。

微信搜一搜　海派阅读

了解更多图书资讯，请扫描封底下方二维码，加入"海派读书会"。

也可以通过以下方式与我们取得联系：

📞 采购热线：18926056206 / 18926056062　　📞 服务热线：0755-25970306

✉ 投稿请至：szmiss@126.com　　　　　　　📱 新浪微博：中资海派图书

更多精彩请访问中资海派官网　　　www.hpbook.com.cn